Duden

100 Prüfungsfragen Abitur

Politik und Wirtschaft

Dudenverlag
Mannheim · Zürich

Bibliografische Information der Deutschen Nationalbibliothek
Die Deutsche Nationalbibliothek verzeichnet diese Publikation in der Deutschen Nationalbibliografie; detaillierte bibliografische Daten sind im Internet über http//dnb.ddb.de abrufbar.

Redaktionelle Leitung: Simone Senk
Redaktion: Gabi Gumbel
Autor: Ulrich Bauer

Herstellung: Andreas Preising
Layout: Horst Bachmann
Umschlaggestaltung: Hemm-communication.design, Filderstadt
Satz: Kösel, Krugzell
Druck und Bindung: Mediengruppe APPL, Wemding
Printed in Germany

ISBN 978-3-411-74041-3

Inhaltsverzeichnis

KAPITEL 1

Die Abiprüfung Politik und Wirtschaft – Anforderungen und Tipps

1.1 Inhalt und Aufbau der Klausur

Trotz gewisser Unterschiede in den verschiedenen Bundesländern gibt es hinsichtlich Inhalt und Aufbau der Abiturklausuren in den Fächern Politik (je nach Bundesland auch Sozialkunde bzw. Gemeinschaftskunde) und Wirtschaft wesentliche Gemeinsamkeiten:

- Die Aufgaben beziehen sich sowohl auf fachliche Inhalte als auch auf fachliche Fertigkeiten.
- Die Klausuren bestehen aus mehreren Aufgaben, die sich häufig auf beigegebene Arbeitsmaterialien wie Texte, Statistiken, Grafiken oder Karikaturen beziehen.

Die Aufgaben können drei **Anforderungsbereichen (AFB)** zugeordnet werden, denen bestimmte Arbeitsanweisungen **(Operatoren)** entsprechen. Die Anforderungsbereiche spiegeln den Schwierigkeitsgrad einer Aufgabe und den Grad der Selbstständigkeit bei deren Bearbeitung wider. Die Aufgaben verschiedener Anforderungsbereiche unterscheiden sich daher hinsichtlich der erreichbaren Bewertungspunkte.

Bereich	Bedeutung	Anteil an der Bewertung
AFB I: Reproduktion von gelerntem Wissen	u. a. Wiedergeben und Beschreiben von Fachwissen unter Verwendung der Fachterminologie; Benennen und Anwenden von Arbeitstechniken und Methoden	30%
AFB II: Reorganisation und Transfer	u. a. Erklären kategorialer, struktureller und zeitlicher Zusammenhänge; Verknüpfen und Einordnen z. B. politischer, ökonomischer, soziologischer Sachverhalte	40%
AFB III: Reflexion und Problemlösung	u. a. reflexiver Umgang mit Problemstellungen sowie der eigenen Urteilsbildung; Entwickeln von Handlungsoptionen; Entfalten einer strukturierten, multiperspektivischen und problemorientierten Fragestellung; Umsetzen von Kenntnissen und Erkenntnissen in gestaltender Form	30%

Die Anforderungen in der Abiturprüfung liegen demnach schwerpunktmäßig im selbstständigen Erklären, Bearbeiten und Ordnen bekannter Inhalte und dem angemessenen Anwenden gelernter Inhalte und Methoden auf andere Sachverhalte (Anforderungsbereich II). Anforderungen im Leistungskurs bzw. Neigungsfach verlangen, dass nicht ausschließlich mit reiner Reproduktion (Anforderungsbereich I) eine ausreichende Leistung erbracht werden kann. Gute und bessere Bewertungen setzen Leistungen voraus, die über den Anforderungsbereich II hinausgehen und mit einem wesentlichen Anteil dem Anforderungsbereich III zuzuordnen sind.

1.2 Die Operatoren

Für die Lösung einer Aufgabe ist es wichtig, den Schwierigkeitsgrad beurteilen zu können. Dabei helfen die Operatoren. Operatoren sind **Arbeitsanweisungen** (Aufgabenstellungen), die Signalwörter enthalten, mit deren Hilfe es möglich ist, die Aufgaben den Anforderungsbereichen zuzuordnen.
Bei einigen Operatoren ist die Zuordnung zu einem Anforderungsbereich allerdings nicht eindeutig gegeben und hängt von der Gesamtformulierung der Aufgabe sowie der Komplexität des beigefügten Arbeitsmaterials ab. Einige der Operatoren werden überwiegend für das Fach Wirtschaft verwendet (z. B. berechnen, ermitteln).

Häufig verwendete Operatoren und deren Bedeutung:

	Operator	Bedeutung
vorwiegend AFB I	Nennen/Benennen Sie … Geben Sie wieder … Fassen Sie zusammen …	Informationen aus vorgegebenem Material entnehmen oder Kenntnisse ohne Materialvorgabe unkommentiert anführen
vorwiegend AFB I	Beschreiben Sie … Legen Sie dar … Stellen Sie dar …	wesentliche Aspekte eines Sachverhalts im logischen Zusammenhang unter Verwendung der Fachsprache wiedergeben
vorwiegend AFB I	Berechnen Sie … Ermitteln Sie …	Aufgaben anhand der vorgegebenen Daten und Sachverhalte mit bekannten Rechenverfahren lösen
vorwiegend AFB II	Werten Sie aus …	Daten oder Einzelergebnisse zu einer abschließenden Gesamtaussage zusammenführen
vorwiegend AFB II	Arbeiten Sie heraus …	aus Materialien nicht explizit genannte Sachverhalte ermitteln und Zusammenhänge zwischen ihnen herstellen
vorwiegend AFB II	Analysieren Sie …	Materialien oder Sachverhalte systematisch und unter Einbeziehung von Sachwissen gezielt untersuchen und auswerten
vorwiegend AFB II	Charakterisieren Sie …	Sachverhalte in ihren Eigenarten beschreiben und diese unter einem bestimmten Gesichtspunkt zusammenführen

	Operator	Bedeutung
vorwiegend AFB II	Erklären Sie ...	Informationen durch eigenes Wissen und eigene Einsichten begründet in einen Zusammenhang stellen
	Erläutern Sie ...	Sachverhalte im Zusammenhang beschreiben und anschaulich mit Beispielen oder Belegen erklären
	Vergleichen Sie ...	Gemeinsamkeiten und Unterschiede gewichtend einander gegenüberstellen und ein Ergebnis formulieren
	Ordnen Sie zu ...	einen Sachverhalt in einen theoretischen oder zeitgeschichtlichen Zusammenhang setzen
	Weisen Sie nach ...	die Textaussage, These, Argumentation etc. auf Grundlage eigener Kenntnisse untersuchen und zu einem selbstständigen Ergebnis kommen
vorwiegend AFB III	Prüfen Sie ... Überprüfen Sie ...	vorgegebene Aussagen bzw. Behauptungen an konkreten Sachverhalten und innerer Stimmigkeit messen
	Bewerten Sie ... Beurteilen Sie ... Nehmen Sie Stellung ...	Aussagen, Behauptungen, Vorschläge oder Maßnahmen beurteilen, eine persönliche Stellungnahme abgeben und dabei die eigenen Wertmaßstäbe offenlegen
	Erörtern Sie ...	zu einer vorgegebenen Problemstellung durch Abwägen von Argumenten ein begründetes Urteil fällen
	Gestalten Sie ... Entwerfen Sie ...	selbstständig entwickelte Ergebnisse zielgruppenorientiert, sachlogisch strukturiert und fachsprachlich korrekt darstellen
	Setzen Sie sich auseinander ... Diskutieren Sie ...	zu einem Sachverhalt, einem Problem etc. eine Argumentation entwickeln, die zu einer begründeten Bewertung führt
	Begründen Sie ...	eine Einschätzung oder ein Analyseergebnis durch entsprechende Belege, Beispiele oder Argumente absichern

1.3 Tipps zum Bearbeiten der Klausuraufgaben

In vielen Bundesländern müssen Sie aus mehreren Klausurvorschlägen eine Klausur auswählen. Entscheiden Sie sich nicht spontan für das Thema, von dem Sie glauben, dass Sie darauf besser vorbereitet sind. **Lesen Sie sich in Ruhe alle Klausurvorschläge durch** (alle Aufgabenstellungen und die Materialien). Es ist nicht auszuschließen, dass das von Ihnen zunächst bevorzugte Thema im Verhältnis deutlich schwierigere Aufgabenstellungen enthält als das andere Thema bzw. die anderen Themen.

Konzentrierte Lektüre und genaue Beachtung der Aufgabenstellung

- Lesen Sie die gewählte Klausur konzentriert durch. Achten Sie auf die **Operatoren** und machen Sie sich klar, welche Anforderungen die Aufgaben enthalten. Die neben der Aufgabenstellung angegebenen Bewertungspunkte können ein Indikator für den „Tiefgang" der erwarteten Lösung sein.

- Haben Sie beim Durchlesen das ungute Gefühl, nicht mit den Aufgabenstellungen zurechtzukommen: **don't panic!** Auch die Bearbeitung nur eines Teils der Aufgaben kann zu einem akzeptablen Ergebnis führen. In jeder Klausur gibt es zudem Aufgaben, die letztlich unabhängig vom Thema gelöst werden können und primär **methodische Fertigkeiten** erfordern.

Strukturiertes Vorgehen bei der Beantwortung der Fragen

- Bearbeiten Sie die Aufgaben nach Möglichkeit in der **vorgegebenen Reihenfolge.** Sie sind i.d.R. so gestellt, dass sie vom einfacheren zum komplexeren Sachverhalt fortschreiten. Lösungen vorheriger Aufgaben können eine Voraussetzung zur Lösung folgender Problemstellungen bilden.
- Bei komplexeren Aufgaben sollten Sie Ihre Lösung zunächst stichwortartig auf **Konzeptpapier** festhalten (Struktur, wichtige Argumente und Beispiele) und erst dann die Reinschrift ausformulieren. Das verhilft Ihnen zu klareren Formulierungen und „zwingt" Sie zu mehr Systematik.
- Sollten Sie nicht weiterkommen, dann beißen Sie sich nicht fest, sondern gehen Sie zur nächsten Aufgabe über. Lassen Sie in Ihren Aufzeichnungen genügend Platz, um das Fehlende später nachzutragen.
- **Teilen Sie sich die zur Verfügung stehende Zeit ein.** Bedenken Sie, dass Sie für die Bearbeitung von Aufgabenstellungen aus dem AFB III i.d.R. die meiste Zeit ansetzen müssen.

Auf die Form achten

- Gliedern Sie alle Lösungen deutlich. Schon ein neuer Absatz und eine Leerzeile erleichtern die **Lesbarkeit** ungemein. Benutzen Sie bei komplexeren Aufgaben **Zwischenüberschriften.**
- Achten Sie bei Ihren Lösungen auf eine **angemessene Fachsprache.** Es soll deutlich werden, dass Sie **wichtige Fachausdrücke** beherrschen.
- Achten Sie auf die Einhaltung der Regeln für **Rechtschreibung, Zeichensetzung und Grammatik** sowie die **formale Korrektheit** (klare Kennzeichnung der Aufgabe, Nummerierung der Seiten, deutliche Verweise auf Ergänzungen zu einzelnen Aufgaben, sauberes Durchstreichen, Verweis auf das Konzeptpapier, falls die Zeit für eine Reinschrift nicht gereicht hat).

Kritische Durchsicht des Textes

Nehmen Sie sich nach der Bearbeitung aller Teilaufgaben die **Zeit, noch einmal alles durchzulesen.** Immer dann, wenn Sie selbst bei der Lektüre des Textes Verständnisprobleme haben, gibt es wohl Korrekturbedarf.

Viel Erfolg im Abi!

KAPITEL 2

Politisches System: Teilhabe und Demokratie

Alle Fragen im Überblick

AFB I

1 Beschreiben Sie, wie die Verbände in der Bundesrepublik Deutschland typisiert werden können.

2 Nennen Sie die Funktionen von Wahlen in der parlamentarischen Demokratie.

3 Der Autor beschäftigt sich mit der Bürgergesellschaft in der Demokratie. Legen Sie dar, was der Autor darunter versteht.

4 Der Autor befasst sich mit dem Wählerverhalten, seinen Ursachen und Auswirkungen. Stellen Sie seine Argumentation dar.

AFB II

5 Charakterisieren Sie den in der Bundesrepublik Deutschland lange vorherrschenden Parteientyp „Volkspartei".

6 Arbeiten Sie heraus, welche Entwicklungen des deutschen Parteiensystems der Autor beschreibt und worin er dessen Ursachen und Probleme sieht.

7 Charakterisieren Sie die repräsentative und die plebiszitäre Demokratie als Grundtypen der Demokratie.

8 Parteienverbote sind in der Bundesrepublik Deutschland möglich, aber politisch umstritten. Erläutern Sie Argumente für und gegen ein Parteienverbot.

9 Analysieren Sie die Aufgaben und Wege der Einflussnahme von Parteien, Verbänden und Bürgerinitiativen auf die politische Willensbildung.

10 Oft wird argumentiert, dass sich Deutschland in einem Dauerwahlkampf befinde, der die Arbeitsfähigkeit von Legislative und Exekutive lähme. Erläutern Sie diese Aussage.

11 Arbeiten Sie Symptome und Ursachen der behaupteten „Krise der Demokratie" heraus. Berücksichtigen Sie auch den Text von Rose (s. Aufgabe 3).

12 Vergleichen Sie mithilfe geeigneter Kriterien bürgergesellschaftliche Gruppierungen und politische Parteien im Hinblick auf ihre Mitwirkung am politischen Willensbildungsprozess.

AFB III

13 Überprüfen Sie, inwieweit sich die Aussagen der Autoren Hartenstein (s. Aufgabe 4) und Adam (s. Aufgabe 6) zum Wählerverhalten anhand der Ergebnisse der Bundestagswahlen belegen lassen.

14 Erörtern Sie, inwieweit die Bürgergesellschaft geeignet ist, der „Abkehr der Bürger von der Politik" entgegenzuwirken.

15 Prüfen Sie – ausgehend von einer Definition der Begriffe Verhältnis- und Mehrheitswahlrecht, ob es gerechtfertigt ist, das System in der Bundesrepublik als „dominantes Verhältniswahlrecht" zu klassifizieren.

16 Bewerten Sie die Forderung nach mehr Elementen direkter Demokratie in Deutschland.

Beschreiben Sie, wie die Verbände in der Bundesrepublik Deutschland typisiert werden können.

AFB I

Üblich ist eine Typisierung der Verbände nach ihrem **Tätigkeitsfeld bzw. der Art des vertretenen Interesses.** Man unterscheidet Verbände, die in den Bereichen Wirtschaft, Soziales oder Sport und Freizeit tätig sind.

- **Wirtschafts- und Arbeitsleben:** Zu diesem Segment gehören die bedeutendsten und einflussreichsten Interessengruppen wie Gewerkschaften (z.B. der Dachverband DGB, die Einzelgewerkschaften IG Metall und ver.di), Arbeitgeberverbände (z.B. Gesamtmetall), Verbraucherverbände, Berufsverbände (z.B. Verein Deutscher Ingenieure, VDI; Bundesverband Deutscher Sachverständiger und Fachgutachter e.V., BDSF) und die Kammern (z.B. Industrie- und Handelskammer, Ärztekammer).
- **Sozialer Bereich:** Hier finden sich zahlreiche Verbände, die die sozialen Interessen ihrer Mitglieder vertreten. Dazu gehören z.B. die Wohlfahrtsverbände (z.B. Caritas, Arbeiterwohlfahrt), der Deutsche Mieterbund, die Vertriebenenverbände und der Verband der Kriegs- und Wehrdienstopfer, Behinderten und Sozialrentner (VdK).
- **Sport- und Freizeitbereich:** Darunter fallen auch besonders mitgliederstarke Verbände wie der Deutsche Sportbund oder der ADAC.
- **Vereine, die ideelle und gesellschaftspolitische Ziele verfolgen:** Diesem Bereich sind auch Interessengruppen zuzuordnen, die in der Öffentlichkeit sehr bekannt sind, z.B. die Umweltorganisation Greenpeace, die globalisierungskritische Organisation Attac oder die Menschenrechtsorganisation Amnesty International.
- **Öffentliche Gebietskörperschaften:** Hierzu gehört z.B. der Deutsche Städtetag.

Interessenverband

Interessenverbände (*pressure groups*, organisierte Interessen) sind Zusammenschlüsse von Personen, die ihre gemeinsamen Interessen in der Öffentlichkeit durchsetzen wollen. Dies kann über die Ausübung von öffentlichem Druck über die Medien oder durch die Einflussnahme auf die Gesetzgebung geschehen (Lobbyismus).
Im politischen System der Bundesrepublik Deutschland sind Verbände sehr einflussreich. Das enge Zusammenspiel von Staat, Parteien und Verbänden wird als **Korporatismus** oder **kooperativer Staat** bezeichnet.

AFB I

2 Nennen Sie die Funktionen von Wahlen in der parlamentarischen Demokratie.

Neben der Bestimmung über die Zusammensetzung des Parlaments haben Wahlen in der Demokratie Legitimations-, Repräsentations-, Partizipations-, Integrations- und Kontrollfunktion.

- **Auswahl** der Herrschenden und Zuweisung der politischen Macht: Im Wahlakt werden im Prinzip diejenigen Personen und Parteien (aus)gewählt, die für einen bestimmten Zeitraum die Regierung bilden und damit maßgeblich die Politik bestimmen, und diejenigen Personen und Parteien, die die Opposition bilden (kompetitive Wahlen).
- **Politische Legitimation** der Herrschenden auf Zeit: In der Demokratie erhalten gewählte Politiker grundsätzlich nur einen zeitlich begrenzten Auftrag. Übliche Zeiträume sind vier oder fünf Jahre. Die Abgeordneten des Bundestages werden dabei direkt, die Regierung indirekt legitimiert. Die Gewählten sind legitimiert, im Namen aller und für alle verbindlich zu entscheiden.
- **Repräsentation:** Wahlen sind auch dazu da, den Wählerwillen sozusagen in einer Momentaufnahme widerzuspiegeln. Darüber hinaus bieten Wahlen in besonderer Weise die Möglichkeit der Interessenvertretung. Die gewählten Abgeordneten repräsentieren allerdings das gesamte Volk.
- **Politische Partizipation:** In Wahlen üben die Wähler die Volkssouveränität aus und haben die einfachste und direkteste Möglichkeit der Teilhabe an der Politik.
- **Politische Integration:** Die gemeinsame Teilnahme möglichst vieler Wähler an der Wahl stärkt die Stabilität des politischen Systems. Ein wichtiger Gradmesser für die politische Integration ist die Wahlbeteiligung. Durch die Wahlen wird gesellschaftliche Vielfalt dergestalt vermittelt, dass sich im Ergebnis ein handlungsfähiger Gemeinwille herausbildet.
- **Politische Kontrolle:** In der Wahl kontrollieren die Wähler die Regierenden, indem sie sie entweder in ihren Ämtern bzw. Funktionen bestätigen oder abwählen und so einen Machtwechsel herbeiführen. Durch die regelmäßige Wiederholung der Wahl ist sichergestellt, dass eine Machtkontrolle stattfindet.

Der Autor beschäftigt sich mit der Bürgergesellschaft in der Demokratie. Legen Sie dar, was der Autor darunter versteht.

AFB I

M1

Ulrich Rose zur Etablierung der Bürgergesellschaft (2004):

Die Szene wiederholt sich mittlerweile an jedem Wahlabend. Kaum liegen erste Hochrechnungen und Trendmeldungen vor, da wird in getragener Tonlage die Abkehr der Bürger von der Politik konstatiert, wird raunend gar eine Krise der Demokratie beschworen. Belege dafür, so scheint es, gibt es reichlich: immer mehr Wahlenthaltungen, Abkehr von den etablierten Parteien, Erfolge der Schnauze-voll-Extremisten.

Nicht, dass diese Diagnosen gänzlich falsch wären. Aber sie übersehen, wie politisch lebendig es zugeht in der Republik – abseits der etablierten Politik, der Parteigremienroutine und der Ortsvereinsödnis. Zwar ziehen sich viele ins Private zurück, doch wachsen bei immer mehr Menschen die Bereitschaft und der Wille, sich einzumischen, die Dinge mitzugestalten. Das hat viele Facetten. [...] Im Schatten der sogenannten großen Politik etabliert sich die Bürgergesellschaft, die „civic society". [...] Gemeint ist irgendwie die Eigenverantwortung der Bürger, aber auch deren Anspruch, sich einzumischen, beteiligt zu sein, mitzuentscheiden. So entsteht, mühselig genug, nicht nur eine neue Kultur bürgerlicher Teilhabe, sondern zugleich eine Kultur der Vielfalt. Eine, in der sich Einzelne nicht mehr dauerhaft verpflichten, sondern oft genug nur für einzelne Projekte, aus ganz konkretem Anlass zusammenfinden. [...]

Die Bürgergesellschaft, die sich im Zwischenraum zwischen dem Privaten und dem Staatlichen entwickelt, betreibt damit auch so etwas wie die Rückeroberung der Gesellschaft. Gegen einen Staat, der in immer mehr Bereiche immer weiter vordringt, dessen Bürokratie das Netz der Vorschriften und Bevormundungen immer dichter knüpft, schaffen engagierte, verantwortliche Bürger ein Gegengewicht. Eines, das nicht zwangsläufig ein Gegensatz sein muss, sondern eines, das die in die Jahre gekommenen politischen Institutionen ergänzt. So erfährt die angeblich entpolitisierte Gesellschaft genau von dieser Ebene her eine neue Politisierung. Deren Akteure aber begnügen sich immer weniger damit, gnädig oder auch ungnädig angehört zu werden. Sie fordern zu Recht, auch mitzuentscheiden, abzustimmen in den Fragen, die sie angehen. Und zwar nicht nur an Wahltagen.

(Ulrich Rose: Abseits der Politik. In: Badische Zeitung vom 25. 9. 2004, Auszug)

Der Autor stellt fest, dass sich immer mehr Bürger „abseits der etablierten Politik" engagieren. Diesen Bereich nennt er **Bürgergesellschaft** bzw. **civil society.** Die Bürgergesellschaft hat nach Meinung des Autors mit **Eigenverantwortung** und dem Anspruch, „sich einzumischen, beteiligt zu sein, mitzuentscheiden" zu tun. Daraus entstehen eine „neue Kultur bürgerlicher

3

AFB I

Fortsetzung: Der Autor beschäftigt sich mit der Bürgergesellschaft in der Demokratie. Legen Sie dar, was der Autor darunter versteht.

Teilhabe" und „eine Kultur der Vielfalt". In dieser neuen politischen Kultur engagieren sich viele Bürger zeitlich begrenzt in konkreten Projekten.
Nach Meinung des Autors ist die Bürgergesellschaft „im Zwischenraum zwischen dem Privaten und dem Staatlichen" angesiedelt und wirkt als **Gegengewicht und Ergänzung** zu den überkommenen politischen Institutionen. Die Bürgergesellschaft bewirkt eine „neue Politisierung" jenseits der Wahltage.

Bürgergesellschaft (civil society)

Der Begriff Bürgergesellschaft (civil society, **Zivilgesellschaft**) beschreibt eine demokratische Gesellschaft, die von der aktiven Teilnahme ihrer Mitglieder am öffentlichen Leben geprägt ist. Dabei geht das **freiwillige Engagement der Bürger** weit über die Teilnahme an Wahlen hinaus.
Die Zivilgesellschaft wird oft als dritte Sphäre neben den Sphären des Staates und der Wirtschaft gesehen. Innerhalb dieser Sphäre schließen sich die Bürger zusammen, um ihre **überindividuellen Interessen** gemeinsam wahrzunehmen. Träger der Bürgergesellschaft sind Gruppierungen, die sich nicht auf aktuelle karitative und wohltätige Aufgaben beschränken, sondern darüber hinaus den Anspruch erheben, auf die gesellschaftliche Entwicklung gestalterisch Einfluss zu nehmen.
In diesem Sinn kann die Idee der Bürgergesellschaft als eigenständiges **Politikmodell** betrachtet werden, das eine umfassendere demokratische Teilhabe auf der Basis von **Eigeninitiative** und **Selbstorganisation** außerhalb von unmittelbaren staatlichen und wirtschaftlichen Einflussnahmen anstrebt.

4

Der Autor befasst sich mit dem Wählerverhalten, seinen Ursachen und Auswirkungen. Stellen Sie seine Argumentation dar.

AFB I

M1

Wolfgang Hartenstein zur Veränderung des Wahlverhaltens in der Bundesrepublik (2002):

Neben den sozialen Veränderungen gibt es einen Wandel der Einstellungen, der zu Änderungen im Wahlverhalten geführt hat und auch in Zukunft nachhaltige Auswirkungen auf die Stimmabgabe haben dürfte. Die wichtigste Auswirkung dieses Mentalitätswandels liegt darin, dass sich die Bindungen zwischen Parteien und WählerInnen lockern. [...] Diese Trends haben viele Namen: Privatisierung, Individualisierung, Entsolidarisierung und Pluralisierung der Lebensstile [...]. Gleichzeitig gewinnen unkonventionelle Beteiligungsformen – wie Bürgerinitiativen – in manchen Lebensbereichen an Attraktivität. Am stärksten sind Parteien und Parlamente vom Vertrauensverlust und der wachsenden Distanz betroffen. [...]

Wenn die großen Parteien bei ihrem Werben um die flexible Mitte immer weniger voneinander zu unterscheiden sind, verbreitet sich das Gefühl, es mache keinen so großen Unterschied, wer an den sogenannten Hebeln der Macht sitzt. Wenn aber die Parteien einander ähnlicher werden, dann gibt es auch weniger Hemmungen, zwischen den Parteien zu wechseln (oder aber der Wahl ganz fernzubleiben). [...]

Von den Medien und ihrer Art des Umgangs mit Politikern und politischen Themen geht eine erhebliche Wirkung auf den raschen Wechsel der Präferenzen und Meinungen aus, weil die Top-Themen sich in immer kürzeren Zyklen abwechseln. Die kurzatmige und zur Vereinfachung drängende Art der Darbietung und der Zwang (oder die Versuchung) für Politiker, augenblicklich vor Kamera und Mikrofon auf die jeweils neueste Wendung zu reagieren, führen zu neuartigen Kriterien bei der Beurteilung von Politikern und Parteien. Wie im Theater nicht das Stück und der Text für mehr oder weniger Beifall sorgen, sondern die Darstellung durch die Schauspieler und die Qualität der Inszenierung, so entscheiden auch auf der politischen Bühne gelungene Auftritte und die Tagesform über den Erfolg.

(Wolfgang Hartenstein: Fünf Jahrzehnte Wahlen in der Bundesrepublik Deutschland: Stabilität und Wandel. In: Aus Politik und Zeitgeschichte, B 21/2002)

Der Autor macht **soziale Veränderungen** und einen Wandel der Einstellungen bzw. einen **Mentalitätswandel** für die Änderungen im Wahlverhalten verantwortlich. Er versteht darunter: „Privatisierung, Individualisierung, Entsolidarisierung und Pluralisierung der Lebensstile“. Dadurch lockern sich die Bindungen zwischen Parteien und Wählern. Parallel dazu haben sich **neue Formen der politischen Partizipation** wie z.B. Bürgerinitiativen herausgebildet und gewinnen für manche Anliegen an Attraktivität. Eine weitere Ursache der Unzufriedenheit mit den Parteien sieht der Autor im

4

AFB I

Fortsetzung: Der Autor befasst sich mit dem Wählerverhalten, seinen Ursachen und Auswirkungen. Stellen Sie seine Argumentation dar.

Verhalten der großen Parteien, die sich kaum voneinander unterscheiden und „einander ähnlicher“ werden. Dies erleichtert es, die Partei, die man wählt, zu wechseln, oder auch nicht zu wählen. Zudem trägt die „kurzatmige“ und **vereinfachende Berichterstattung der Medien** seiner Meinung nach dazu bei, dass das Wählerverhalten immer stärker Stimmungen unterliegt und zu einem raschen „Wechsel der Präferenzen und Meinungen“ führt.

Wertewandel

Der Begriff Wertewandel **(Mentalitätswandel)** beschreibt die Änderung allgemeiner Prinzipien, die die Einstellungen eines Menschen zu konkreten Themen prägen. In der Bundesrepublik Deutschland haben sich über die Jahrzehnte, vor allem aber seit den 1960er-Jahren, **gesellschaftliche und kulturelle Wertvorstellungen** deutlich geändert.
Ausdruck dieses Wertewandels sind z. B. die **Studentenproteste 1968** und die **Herausbildung der neuen sozialen Bewegungen** (Frauenbewegung, Friedensbewegung, Ökologiebewegung) in den 1970er-Jahren. Die wichtigsten Merkmale des Wertewandels seit den 1960er-Jahren sind eine zunehmende **Individualisierung und Pluralisierung der Werte.** Dazu gehören individuelle Selbstentfaltung, Verantwortung für die Umwelt und Gleichberechtigung/Gleichstellung von Mann und Frau. Die Wertehaltungen richten sich immer stärker an den individuellen Biografien aus und werden vielfältiger. Haltungen, die in den 1950er-Jahren von der Mehrheit der Bevölkerung abgelehnt wurden, sind heute weitgehend akzeptiert. Beispiele dafür sind die Haltungen der Gesellschaft zu unverheirateten Paaren, unehelichen Kindern und gleichgeschlechtlichen Partnerschaften. Auch **Entsolidarisierung** ist ein Merkmal des Wertewandels: In der sogenannten Ego-Gesellschaft werden traditionelle Formen der Solidarität wie gegenseitige Hilfe oder Füreinandereintreten immer unwichtiger und machen Individualismus und Egoismus Platz (Ellenbogengesellschaft).
Die Bundesrepublik Deutschland ist heute von einem Pluralismus der Werte geprägt. Politisch drückt sich dieser **Wertepluralismus** auch in einer deutlich abnehmenden Bindung an politische Parteien aus.

5

Charakterisieren Sie den in der Bundesrepublik Deutschland lange vorherrschenden Parteientyp „Volkspartei".

AFB II

Volksparteien – im Amerikanischen treffend *catch all parties* genannt – sind politische Parteien, die Wähler aus allen Schichten der Bevölkerung als Zielgruppen haben. Sie lassen sich wie folgt kennzeichnen:

- Im Gegensatz zu den **Weltanschauungs- und Milieuparteien** des späten 19. und frühen 20. Jahrhunderts vertreten Volksparteien nach ihrem Selbstverständnis nicht nur die Interessen einer bestimmten Gruppe bzw. Schicht in der Bevölkerung.
- Vielmehr versuchen Volksparteien, möglichst viele Schichten bzw. Gruppen in der Bevölkerung als Wähler zu gewinnen. Dies drückt sich auch in einer **sehr breit angelegten Programmatik** aus. So vertreten CDU und SPD z. B. ebenso Arbeitnehmerinteressen wie auch die Interessen von Unternehmen und Wirtschaft.

Herausbildung von Volksparteien

Der Typ Volkspartei bildete sich mit dem Entstehen der Bundesrepublik Deutschland nach dem Zweiten Weltkrieg heraus. CDU/CSU und SPD wurden beide zu Volksparteien, die SPD etwas später als die CDU. Die Entwicklung hin zur Volkspartei war auch eine Reaktion auf veränderte soziale Strukturen in der Bundesrepublik, die mit dem Stichwort **nivellierte Mittelstandsgesellschaft** (Schelsky) charakterisiert werden können. Zu ihren „besten" Zeiten in den 1960er- und 1970er-Jahren vereinigten die beiden großen Volksparteien nahezu 90 % der Wähler auf sich.

Ähnliche Programme und Konzepte

Die Absicht der beiden großen Volksparteien, eine möglichst große Wählerschaft hinter sich zu bringen, führte über die Jahre zu einer programmatischen Angleichung und einer ausgeprägten Kompromissfähigkeit. Die Bedeutung ihrer **Traditionswähler,** im Fall der SPD sind das z. B. Gewerkschaftsmitglieder, im Fall der CDU z. B. Katholiken, geht zurück, während der Kampf um die **Wechselwähler** immer wichtiger wird.

Neueste Entwicklungen bei Wahlen deuten darauf hin, dass die beiden großen Volksparteien an Bedeutung verlieren. Bei der Bundestagswahl 2009 wurden CDU/CSU und SPD nur noch von knapp 57 % der Wähler gewählt.

6

AFB II

Arbeiten Sie heraus, welche Entwicklungen des deutschen Parteiensystems der Autor beschreibt und worin er dessen Ursachen und Probleme sieht.

M1

Konrad Adam zum deutschen Parteiensystem (2005):

Eine gute Verfassung zeichnet sich dadurch aus, daß sie auf zwei ganz unterschiedliche Fragen eine Antwort gibt. Sie muß sagen, wie der Volkswille ermittelt wird und wie sich dieser Wille in eine stabile, handlungsfähige Regierung umsetzen läßt. Die erste Frage ist vom Grundgesetz hinreichend klar beantwortet worden, die zweite aber nicht. Mit seiner Entscheidung für das Verhältniswahlrecht, das sich damit zufrieden gibt, das Stärkeverhältnis exakt nachzuzeichnen, hat es die Regierungsbildung erschwert. Ob sie gelingt oder nicht, hängt von der Koalitionsfähigkeit der Parteien ab. Auf die hat das Wahlvolk aber keinen Einfluß.

Die Volkspartei war die große Neuerung im politischen Betrieb der Nachkriegszeit. Sie brach mit der deutschen Tradition der Weltanschauungs- oder Milieuparteien und folgte dem amerikanischen Vorbild, wo ja nur zwei Parteien die Sache unter sich ausmachten. Diese „Catch all"-Parteien, wie sie in Amerika heißen, leben davon, die unvermeidlichen Differenzen durch den Kompromiß in den eigenen Reihen zu überbrücken. Das macht sie attraktiv für viele und kommt der politischen Stabilität zugute.

Den Preis dafür zahlen die Volksparteien durch ihr verwaschenes Profil [...]. Diese Profillosigkeit war jahrzehntelang das Erfolgsrezept der deutschen Volksparteien. Seit einiger Zeit erweist sie sich jedoch als Handicap. [...]

Gewinner dieser Entwicklung sind die kleineren Parteien [...]. Da ihr Spektrum enger ist als das der großen Konkurrenten, können sie sich den Luxus programmatischer Eindeutigkeit leisten.

Bei den Wählern scheint das gut anzukommen, besser als in den fetten Wachstumsjahren, die für alle erkennbar vorüber sind. So fächert sich die früher auf Konkordanz[1] getrimmte Parteienlandschaft wieder auf, und einem deutschen Urbedürfnis folgend, gewinnt die Wahlentscheidung den Charakter eines Glaubensaktes zurück. [...]

[...] Wenn die Erosion der Volksparteien anhält und die Richtungsparteien kompensatorisch aufholen, wird die Regierungsbildung immer schwieriger, am Ende nahezu unmöglich, wie es zurzeit ja schon den Anschein hat. Ein Wahlrecht, das nicht nur Stimmungen und Präferenzen abbildet, sondern auch Mehrheiten begünstigt und produziert, wäre die passende Antwort. Die Forderung ist oft erhoben worden, genauso oft jedoch gescheitert. Und das nicht nur am Widerstand der kleineren Parteien, die sich vom Mehrheitswahlrecht benachteiligt fühlen, sondern auch und vor allem am deutschen Gerechtigkeitsgefühl, dem die maßstabgetreue Abbildung des Wählerwillens mehr gilt als eine handlungsfähige Regierung.

[1] Konkordanz = Übereinstimmung, Gemeinsamkeit.

(Konrad Adam: Wie man eine Mehrheit schafft. In: Die Welt vom 22.9.2005, Auszug)
[Der Text steht aus urheberrechtlichen Gründen in alter Rechtschreibung.]

6

Fortsetzung: Arbeiten Sie heraus, welche Entwicklungen des deutschen Parteiensystems der Autor beschreibt und worin er dessen Ursachen und Probleme sieht.

AFB II

Der Autor beschreibt zwei Entwicklungen bzw. Tendenzen im deutschen Parteiensystems nach 1945, und zwar den Erfolg der Volksparteien und die zunehmende Attraktivität sogenannter Richtungsparteien.

Der Erfolg von Volksparteien

- In der Nachkriegszeit bildeten sich die Volksparteien nach amerikanischem Muster *(catch all parties)* heraus und ersetzten die Weltanschauungs- und Milieuparteien, die bis 1933 das Parteiensystem geprägt hatten.
- Ursachen für den Erfolg der Volksparteien waren ihre Kompromissfähigkeit und ihre „Konkordanz" sowie die positive wirtschaftliche Entwicklung.
- Das „Erfolgsrezept" der Volksparteien gereicht ihnen in wirtschaftlich schlechteren Zeiten zum Nachteil: Ihre ähnliche Programmatik und Bereitschaft zum Kompromiss wird zunehmend als „Profillosigkeit" empfunden.

Zunehmende Attraktivität sogenannter Richtungsparteien

- „Seit einiger Zeit" prägt eine andere (gegenläufige) Entwicklung das Parteiensystem. Gewinner dieser Entwicklung sind die kleineren Parteien mit mehr „programmatischer Eindeutigkeit". Dadurch fächert sich die Parteienlandschaft wieder auf.
- Die Ursachen für diese Entwicklung sieht der Autor darin, dass sich in wirtschaftlich schwierigen Zeiten die „Profillosigkeit" der Volksparteien, die lange Zeit als Kompromissbereitschaft wahrgenommen wurde und Garant ihres Erfolgs war, gegen sie selbst wendet und die kleineren Richtungsparteien begünstigt.
- Das zentrales Problem dieser jüngeren Entwicklung sieht Konrad Adam darin, dass seines Erachtens die Regierungsbildung immer schwieriger, „am Ende nahezu unmöglich" wird.

AFB II

7 Charakterisieren Sie **repräsentative und plebiszitäre Demokratie als Grundtypen der Demokratie.**

Repräsentative Demokratie

- Das Volk wählt Vertreter auf Zeit, die stellvertretend für das Volk alle wichtigen politischen Entscheidungen treffen.
- In der Bundesrepublik Deutschland sind die gewählten Repräsentanten nicht an Weisungen gebunden und nur ihrem Gewissen unterworfen (Art. 38 GG **freies Mandat**).
- Die Befürworter der repräsentativen Demokratie gehen davon aus, dass unabhängige und informierte Repräsentanten eher in der Lage sind, schwierige Sachentscheidungen zu treffen als das Volk.

Plebiszitäre Demokratie

- Alle oder zumindest einen Teil der politischen Entscheidungen trifft das Wahlvolk mittels Referenden und schreibt so der Exekutive ihr Handeln vor.
- Gemäß der modernen Variante (Rousseaus **Identitätstheorie der Demokratie**) muss das Wahlvolk alle politischen Entscheidungen selbst treffen und darf sie nicht gewählten Repräsentanten überlassen, die möglicherweise nur partikulare Interessen vertreten.

In der politischen Praxis sind heute plebiszitär geprägte Demokratien wie z. B. die Schweiz Mischformen, da politische Entscheidungen sowohl von gewählten Repräsentanten als auch dem Volk in Abstimmungen getroffen werden. Die Möglichkeit, über ein erfolgreiches Bürgerbegehren eine Abstimmung über eine politische Entscheidung zu erzwingen, kann als Korrektiv der repräsentativen Demokratie verstanden werden.

Demokratietheorien

Die **Identitätstheorie** (J. J. Rousseau) geht nicht von der Summe subjektiver Einzelwillen der Menschen aus **(Volonté de tous),** sondern von einer „höheren Einsicht" **(Volonté génerale),** die dem homogenen und objektiven Volkswillen entspricht. Dieser wird vom Volk direkt in Abstimmungen umgesetzt. Nach der **Konkurrenz- und Pluralismustheorie** gibt es kein eindeutig bestimmbares Gemeinwohl. Vielmehr kämpfen Personen bzw. Parteien, die unterschiedliche Interessen vertreten, um ein Mandat der Wähler auf Zeit.

Parteienverbote sind in der Bundesrepublik Deutschland möglich, aber politisch umstritten. Erläutern Sie Argumente für und gegen ein Parteienverbot.

AFB II

Argumente gegen ein Parteienverbot sind:

- Es ist häufig sehr schwierig, schlüssig zu beweisen, dass eine Partei **verfassungswidrige** Ziele verfolgt. Das gescheiterte Verbotsverfahren gegen die NPD belegt dieses Argument.
- Scheitert ein Verbotsverfahren vor dem Bundesverfassungsgericht, so kann dies ein „Triumph" für die Partei sein. Man kann den gescheiterten NPD-Verbotsantrag durchaus in diesem Licht sehen.
- Man sollte sich mit extremistischen und möglicherweise verfassungswidrigen Parteien **politisch** und nicht juristisch **auseinandersetzen,** wie dies auch die meisten demokratischen Staaten tun.
- Man sollte solche Parteien auch stärker mit den **Mitteln des Strafrechts** verfolgen. Oft bietet schon dieses wirkungsvolle Mittel, um gegen die Mitglieder und Anhänger einer solchen Partei vorzugehen.
- Verbotene Parteien und ihre Anhänger sind möglicherweise **schwerer zu kontrollieren,** wenn sie nach einem Verbot konspirativ weiterarbeiten.
- Mit dem Verbot einer Partei verschwindet nicht automatisch die von ihr vertretene politische Ideologie. So gehen viele davon aus, dass dem Problem des Rechtsradikalismus nicht mit Parteienverboten beizukommen ist.

Argumente für ein Parteienverbot sind:

- Parteienverbote können **klare Zeichen** setzen, sowohl gegenüber der eigenen Bevölkerung als auch gegenüber dem Ausland.
- Die Bundesrepublik Deutschland versteht sich als „wehrhafte" Demokratie. Zur **Verteidigung demokratischer Grundwerte** müssen vor dem Hintergrund der Erfahrungen der Weimarer Republik und des Nationalsozialismus auch Parteienverbote gehören.
- Verbotene Parteien haben **keinen Anspruch auf staatliche Leistungen** (z. B. Wahlkampfkostenrückerstattung oder das Ausstrahlen von Werbespots im Rahmen von Wahlkämpfen).
- Das Verbreiten ihrer Ideologie ist für die Anhänger einer verbotenen Partei erheblich schwieriger, da jede Aktivität geahndet werden kann.

9

AFB II

Analysieren Sie die Aufgaben und Wege der Einflussnahme von Parteien, Verbänden und Bürgerinitiativen auf die politische Willensbildung.

Stellung und Aufgaben der Parteien

Parteien genießen als **Träger der politischen Willensbildung** eine **privilegierte Stellung** in der Bundesrepublik. Sie werden in Art. 21 GG ausdrücklich erwähnt und Abs. 1 nennt ihre Hauptaufgabe: „Parteien wirken an der politischen Willensbildung des Volkes mit." Weitere Aufgaben der Parteien werden im **Parteiengesetz** genannt:

- Einfluss auf die Gestaltung der öffentlichen Meinung;
- Anregung und Vertiefung der politischen Bildung;
- Förderung der aktiven Teilnahme der Bürger am politischen Leben;
- Heranbildung von Bürgern, die zur Übernahme öffentlicher Ämter befähigt sind;
- Beteiligung an Wahlen in Bund, Ländern und Gemeinden;
- Einführung ihrer politischen Ziele in den staatlichen Willensbildungsprozess;
- Pflege einer ständigen Verbindung zwischen dem Volk und den Staatsorganen.

Zusammenfassend lässt sich sagen, dass Parteien für bestimmte politische Ziele werben, um bei Wahlen die Mehrheit zu erringen. Sie nehmen direkten Einfluss auf die politische Entwicklung und die Entscheidungen im Bundestag und in der Regierung. Parteien wirken auch unmittelbar auf die öffentliche Meinung ein, indem sie z. B. Kandidaten für Ämter aufstellen.

Verbände und Bürgerinitiativen

Während Parteien die Gesamtheit der gesellschaftlichen Interessen abzubilden versuchen, treten **Verbände und Bürgerinitiativen** von vornherein meist nur für gesellschaftliche **Teilinteressen** ein. Sie sehen ihre Aufgabe darin, dafür zu sorgen, dass diese partikularen Interessen bei politischen Entscheidungen von Parlament und Regierung berücksichtigt werden. Sie kandidieren als Organisationen nicht für die Parlamente und begnügen sich mit Formen der mittelbaren Einflussnahme.

In ihrer **Lobbytätigkeit** wirken **Verbände** auf Abgeordnete, Parteien, die Öffentlichkeit und staatliche Organe ein. Zu ihren Möglichkeiten, Einfluss zu nehmen, zählen:

Fortsetzung: Analysieren Sie die Aufgaben und Wege der Einflussnahme von Parteien, Verbänden und Bürgerinitiativen auf die politische Willensbildung.

AFB II

- Anzeigenkampagnen;
- Auftritte in den Massenmedien;
- Spenden an Parteien und Institutionen, die ihre Interessen vertreten;
- Teilnahme an Anhörungen des Bundestages.

Bürgerinitiativen, die häufig auf lokaler Ebene operieren, artikulieren ihre Interessen gegenüber der Bevölkerung und der Politik, indem sie beispielsweise mithilfe von

- Unterschriftensammlungen,
- Informationsständen,
- Demonstrationen oder
- Aktionen zivilen Ungehorsams

auf ihre Anliegen aufmerksam machen. In einigen Bundesländern oder auf kommunaler Ebene haben sie auch die Möglichkeit, einen **Volks- bzw. Bürgerbescheid** zu erwirken.

Grundgesetz Artikel 21

(1) Die Parteien wirken bei der politischen Willensbildung des Volkes mit. Ihre Gründung ist frei. Ihre innere Ordnung muss demokratischen Grundsätzen entsprechen. Sie müssen über die Herkunft und Verwendung ihrer Mittel sowie über ihr Vermögen öffentlich Rechenschaft geben.
(2) Parteien, die nach ihren Zielen oder nach dem Verhalten ihrer Anhänger darauf ausgehen, die freiheitliche demokratische Grundordnung zu beeinträchtigen oder zu beseitigen oder den Bestand der Bundesrepublik Deutschland zu gefährden, sind verfassungswidrig. Über die Frage der Verfassungswidrigkeit entscheidet das Bundesverfassungsgericht.
(3) Das Nähere regeln Bundesgesetze.

10

AFB II

Oft wird argumentiert, dass sich Deutschland in einem Dauerwahlkampf befinde, der die Arbeitsfähigkeit von Legislative und Exekutive lähme. Erläutern Sie diese Aussage.

Häufige Wahlen

Es ist unstrittig, dass in der Bundesrepublik Deutschland überdurchschnittlich häufig Wahlen stattfinden. Dies liegt an der **föderalen Struktur** des Landes. Es finden nicht nur regelmäßig Wahlen zum **Bundestag** statt, sondern – neben **Europawahlen** – auch 16 Wahlen zu den **Landtagen,** die ebenfalls nationale Bedeutung haben, da in ihnen auch über die Zusammensetzung des Bundesrates entschieden wird. Es gibt deshalb kaum ein Jahr, in dem keine Wahlen von nationaler Bedeutung stattfinden. Die Behauptung, dass Deutschland sich in einem **Dauerwahlkampf** befinde, ist also nicht ganz von der Hand zu weisen. Etwas überspitzt könnte man sagen, dass in Deutschland der Satz „nach der Wahl ist vor der Wahl" fast immer gilt.

Erschwerte politische Entscheidungen

Manchmal wird argumentiert, dass eine Bundesregierung eigentlich nur zwei Jahre Zeit hat, ihr **Regierungsprogramm** politisch umzusetzen – nämlich in den ersten zwei Jahren nach den Bundestagswahlen. Danach „drohen" schon wieder die nächsten Wahlen. Die zeitliche Nähe zu den nächsten Wahlen erschwert politische Entscheidungen, da mit Rücksicht auf die Wähler bzw. bestimmte Wählergruppen „unpopuläre" Entscheidungen oft nicht mehr getroffen werden. Dieser 4-Jahres-Rhythmus ist jedoch rein theoretisch, da praktisch immer auch wichtige Landtagswahlen anstehen, die ebenfalls politische Entscheidungen hemmen können.

Taktisches Verhalten der Parteien

Landtagswahlen werden häufig als sogenanntes **Stimmungsbarometer** gesehen und Politiker und Parteien befürchten, bei Landtagswahlen einen „Denkzettel" zu bekommen. Sie agieren deshalb taktisch, was sich in der Tat lähmend auf die Arbeitsfähigkeit von Legislative und Exekutive auswirken kann.

Politiker und Parteien müssen sich aber nicht notwendig taktisch verhalten. Das behauptete Problem eines Dauerwahlkampfs ist kein Problem der Wähler, sondern der Gewählten und des politischen Systems insgesamt.

11

Arbeiten Sie Symptome und Ursachen der behaupteten „Krise der Demokratie" heraus. Berücksichtigen Sie dabei auch den Text von Ulrich Rose (s. Aufgabe 3).

AFB II

Wesentliche Symptome für die „Krise der Demokratie"

- Sinkende Wahlbeteiligung,
- Mitgliederschwund in den Parteien,
- Rückzug vieler Menschen ins Private bzw. Abkehr der Bürger von der Politik,
- sinkendes Vertrauen in die Problemlösungsfähigkeiten der Parteien,
- schlechtes Ansehen der Parteien in der Öffentlichkeit,
- Erfolge populistischer und bzw. oder extremistischer Parteien.

Ursachen für die „Krise der Demokratie"

- Sachbezogene Politik steht oft nicht im Vordergrund der Parteipolitik. Stattdessen machen „Parteigremienroutine" und „Ortsvereinsödnis" (Rose) die Mitgliedschaft und aktive Mitarbeit in einer Partei für viele unattraktiv. Auch die zahlreichen Skandale der Parteien (z. B. Parteispendenaffäre) erhöhen nicht deren Attraktivität.
- Viele Bürger sehen den Staat als „Bürokratie", der sie mit immer mehr „Vorschriften und Bevormundungen" einengt und in immer mehr Bereiche vordringt.
- Die oft genannte „Abkehr von der Politik" hat wohl auch mit Entwicklungen zu tun, die mit den Begriffen „Entpolitisierung" und „Privatisierung" beschrieben werden. Damit ist gemeint, dass immer mehr Menschen sich auf ihre privaten Belange konzentrieren, ihr Interesse an „der Politik" verlieren und zu Zuschauern der Politik werden („Zuschauerdemokratie").
- Die früher recht enge Bindung vieler Bürger an eine bestimmte Partei nimmt ständig ab. Dies hat wahrscheinlich mit der Auflösung der traditionellen sozialen Milieus zu tun. Das Gewerkschaftsmitglied, das sein ganzes Leben lang SPD gewählt hat, gehört heute eher einer Minderheit an.

12

AFB II

Vergleichen Sie mithilfe geeigneter Kriterien bürgergesellschaftliche Gruppierungen und politische Parteien im Hinblick auf ihre Mitwirkung am politischen Willensbildungsprozess.

Geeignete Kriterien für einen Vergleich bürgergesellschaftlicher Gruppierungen mit Parteien sind die rechtliche Stellung, die Organisationsstruktur und Organisationsdauer sowie die Mitgliedschaft, die Finanzierung, die Zielsetzung und die politischen Handlungsformen.

Rechtliche Stellung

- Es gibt beträchtliche Unterschiede in Bezug auf die rechtliche Stellung. Politische Parteien werden im Grundgesetz ausdrücklich erwähnt. Art. 21 GG benennt ihre Aufgaben und legt wichtige Grundsätze fest (innerparteiliche Demokratie, öffentliche Rechenschaft über die Finanzen). Art. 21, Abs. 2 GG enthält darüber hinaus das **Parteienprivileg,** das festlegt, dass Parteien nur vom Bundesverfassungsgericht verboten werden können. Das **Parteiengesetz** enthält weitere Regelungen.
- Für bürgergesellschaftliche Gruppierung gibt es keine speziellen Regelungen im Grundgesetz. Sie können sich jedoch auf Art. 5 GG **(Meinungsfreiheit),** Art. 8 GG (**Versammlungsfreiheit,** Demonstrationsrecht) und Art. 9 GG **(Vereinigungsfreiheit)** berufen. Im Übrigen gelten die Bestimmungen des Vereinsrechts.

Organisation und Mitgliedschaft

- Für die Parteien gelten die Vorschriften des Art. 21 GG und des Parteiengesetzes. Ein **demokratischer Aufbau und Willensbildungsprozess** ist zwingend vorgeschrieben, die Mitgliedschaft in einer Partei ist an formale Bedingungen geknüpft.
- Bürgergesellschaftliche Gruppierungen unterliegen – sofern sie nach dem Vereinsrecht verfasst sind – weniger Vorschriften (Wahl und Rechenschaftspflicht des Vorstandes). Da viele bürgergesellschaftliche Gruppierungen sich noch nicht einmal nach dem Vereinsrecht richten müssen, ist ihre Organisationsstruktur oft sehr locker. Die Mitgliedschaft in einer solchen Organisation ist häufig **informell,** sie impliziert keine Verpflichtungen und ist zeitlich beschränkt.

Fortsetzung: Vergleichen Sie mithilfe geeigneter Kriterien bürgergesellschaftliche Gruppierungen und politische Parteien im Hinblick auf ihre Mitwirkung am politischen Willensbildungsprozess.

AFB II

Finanzierung

- Die Parteien finanzieren sich aus Mitgliedsbeiträgen, Wahlkampfkostenerstattung und Spenden, d.h., sie werden zumindest teilweise **staatlich** finanziert.
- Bürgergesellschaftliche Gruppierungen finanzieren sich hingegen überwiegend von privaten Beiträgen bzw. Spenden.

Zielsetzung

- Parteien müssen an **Wahlen** für die Landtage und den Bundestag teilnehmen und ihre Zielsetzungen in Parteiprogrammen festlegen. In der Regel vertreten die Parteien **gesamtgesellschaftliche Interessen.**
- Bürgergesellschaftliche Gruppierungen unterliegen derartigen Vorschriften nicht. Sie vertreten meist **partikulare Interessen.** Häufig verfolgen solche Gruppierungen – z.B. in Form lokaler Bürgerinitiativen – sehr konkrete und kurzfristig umsetzbare Ziele (Verkehrsberuhigung, Kinderbetreuung, Einrichtung eines Jugendzentrums u.a.).

Politische Handlungsformen

- Parteien arbeiten **eher konventionell** und folgen tradierten Politikmustern (z.B. Einfluss auf die politische Willensbildung über Mandatsträger und Führungseliten).
- Bürgergesellschaftliche Gruppierungen handeln oft sehr **viel unkonventioneller,** bis hin zu lautstarkem Protest und gelegentlichen Regelverstößen, um Aufmerksamkeit zu erregen.

13

AFB III

Überprüfen Sie, inwieweit sich die Aussagen der Autoren Hartenstein (s. Aufgabe 4) und Adam (s. Aufgabe 6) zum Wählerverhalten anhand der Ergebnisse der Bundestagswahlen belegen lassen.

M1 **Ergebnisse der Bundestagswahlen 1972–2009 in Prozent**

	1972	1976	1980	1983	1987	1990	1994	1998	2002	2005	2009
Wahlbeteiligung in %	91	91	88	89	84	78	79	82	79	78	71
CDU/CSU	45	49	44	49	44	44	41	35	39	35	34
SPD	47	43	42	38	37	34	36	41	39	34	23
FDP	8	8	11	7	9	11	7	6	7	10	15
Grüne	–	–	1	5	8	5	7	7	9	8	11
PDS/Linke	–	–	–	–	–	2	2	5	4	9	12
Sonstige	1	1	1	1	1	2	2	4	2	3	2

(www.wahlrecht.de/ergebnisse/bundestag.htm; gerundete Prozentangaben)

Die Tabelle zeigt die Wahlergebnisse der Bundestagswahlen 1972–2009 in Prozent der Zweitstimmen für die einzelnen Parteien sowie die Wahlbeteiligung.

Wahlbeteiligung

Die kontinuierlich sinkende **Wahlbeteiligung** – von über 90 % in den 1970er-Jahren auf etwas über 70 % bei den Wahlen 2009 (bei kleinen Schwankungen in den Jahren dazwischen) – kann als Beleg dafür genommen werden, dass Hartensteins Verweise auf den Vertrauensverlust, von dem Parteien und Parlamente am stärksten betroffen sind, und auf die wachsende Skepsis der Bürger gegenüber diesen Institutionen, die auch zu der Entscheidung, nicht mehr zu wählen, führen kann, richtig sind.

Volksparteien

Die von Adam behauptete „Erosion der Volksparteien" kann ebenfalls mithilfe der Zahlen belegt werden: Lag der **Anteil der beiden großen Volksparteien** in den 1970er-Jahren noch bei über 90 %, so sank er in den folgenden Jahrzehnten deutlich, um mit nur noch 57 % bei der Wahl 2009 einen Tiefstand zu erreichen.

Fortsetzung: Überprüfen Sie, inwieweit sich die Aussagen der Autoren Hartenstein (vgl. Aufgabe 4) und Adam (vgl. Aufgabe 6) zum Wählerverhalten anhand der Ergebnisse der Bundestagswahlen belegen lassen.

AFB III

Kleine Parteien

Auch die Behauptung Adams, dass die kleineren Parteien die „Gewinner" dieser Entwicklung seien, lässt sich mithilfe der Zahlen belegen. Zum einen nimmt die Zahl der Parteien zu. Während bis 1980 nur drei Parteien im Bundestag vertreten waren, kommen 1983 die Grünen und 1990 die PDS (späterer Name: Die Linke) dazu. Aus einem Dreiparteiensystem wird über die Jahre ein **Fünfparteiensystem.** Der Anteil der im Parlament vertretenen kleinen Parteien erhöht sich zwischen 1990 und 2009 von 18 % auf 38 %.

Wechselwähler und Einstellungswandel

Die von Hartenstein erwähnte Bereitschaft zum Wechsel zwischen den großen Parteien lässt sich mithilfe der Zahlen nicht direkt belegen, da die Tabelle **keine Angaben zu Wählerwanderungen** macht. Allerdings geben bestimmte Wahlergebnisse – 1994: CDU/CSU 41 %, SPD 36 % und 1998: CDU/CSU 35 %, SPD 41 % – begründeten Anlass zu der Vermutung, dass es auch relevante Wählerwanderungen zwischen den großen Parteien gegeben hat.

Ebenfalls nicht direkt belegen lässt sich der von Hartenstein genannte **Wandel der Einstellungen** als Ursache für verändertes Wählerverhalten. Auch die Vermutung, dass die Medien einen beträchtlichen Einfluss auf das Wählerverhalten haben, lässt sich mithilfe der Zahlen nicht erhärten.

Tipp: Arbeiten mit Tabellen

Eine allgemeine und umfassende Interpretation (Verbalisierung) der Angaben in der Tabelle wird nicht erwartet. Vielmehr sollte sie **ausschließlich zur Beantwortung der Fragen** herangezogen werden. Im obigen Fall können die Zahlen in der Tabelle lediglich **objektivierbare Behauptungen** belegen (sinkende Wahlbeteiligung, Verluste der großen und Gewinne der kleinen Parteien). Weitergehende Schlussfolgerungen – z. B. die Gründe für das veränderte Wahlverhalten – lassen sich auf Basis der Zahlen in der Tabelle nicht ziehen.

Die **Interpretation der Zahlenreihen** sollte knapp und konkret erfolgen. Es genügt, die allgemeinen Trends zu nennen – „deutliche Verluste", „starke Zunahme" usw. – und sie eventuell mit einem Zahlenbeispiel zu belegen („mehr als 10 %", „von 47 % auf 23 %").

14

AFB III

Erörtern Sie, inwieweit die Bürgergesellschaft geeignet ist, der „Abkehr der Bürger von der Politik“ entgegenzuwirken.

Kernstück der **Bürgergesellschaft** ist das **politische und gesellschaftliche Engagement der Bürger.** Dieses Engagement findet primär außerhalb tradierter Politikprozesse (z. B. im Rahmen der Parteien) statt. Typische Organisationen und Formen hierfür sind z. B.:

- Bürgerinitiativen,
- Selbsthilfegruppen,
- Vereine,
- das Internet.

Untersuchungen und (gegebenenfalls) eigene Erfahrungen zeigen,

- dass offensichtlich sehr viel mehr Bürger bereit sind, sich in **konkreten Initiativen und Projekten** zu engagieren als in den traditionellen politischen Organisationen wie den Jugendverbänden der Parteien oder den Parteien selbst.
- dass die Zahl der Bürger, die sich – vorübergehend oder auf Dauer – in Initiativen und Projekten organisieren, ständig zunimmt, während die Mitgliedszahlen der großen Parteien abnehmen.

Viele Bürger wenden sich also keinesfalls „von der Politik“ ab. Vielmehr nehmen sie auf der Ebene bürgerschaftlichen Engagements verstärkt daran teil. Allerdings wenden sich zahlreiche Bürger von herkömmlichen politischen Prozessen ab. Dies liegt primär an deren Organisationen und Trägern.

Mögliche problematische Aspekte des Bürgerengagements

- Es besteht die Gefahr, dass Bürgerengagement und das **repräsentative politische System** in einen **Gegensatz** geraten. Wenn sich Jugendliche z. B. in kommunalen Jugendräten engagieren und die Kommunen dann aus finanziellen Gründen beschließen, diese Jugendräte abzuschaffen, steht zu befürchten, dass diese Jugendlichen sich zumindest in Teilen von den Organisationen der repräsentativen Demokratie abwenden.
- Bürgerengagement darf **nicht überschätzt** werden. „Große“ Probleme unserer Gesellschaft, z. B. die **Zukunft des Sozialstaats,** stehen weitgehend außerhalb der politischen „Reichweite“ bürgerschaftlichen Engagements. Hier ist weiterhin staatliches Handeln gefordert.

15

Prüfen Sie – ausgehend von einer Definition der Begriffe Verhältnis- und Mehrheitswahlrecht –, ob es gerechtfertigt ist, das System in der Bundesrepublik als „dominantes Verhältniswahlrecht" zu klassifizieren.

AFB III

Mehrheitswahl

- Bei der Mehrheitswahl handelt es sich um eine **Persönlichkeitswahl,** da einzelne Kandidaten gewählt werden. Das Wahlgebiet ist in so viele Einpersonenwahlkreise eingeteilt, wie insgesamt Abgeordnete in das Parlament gewählt werden sollen. Jeder Wahlkreis schickt also einen Abgeordneten ins Parlament. Die Wahl des Wahlkreisabgeordneten erfolgt entweder nach dem Prinzip der **relativen Mehrheitswahl** (die einfache – relative – Mehrheit reicht aus; es genügt also eine Stimme mehr, als der nächstfolgende Kandidat auf sich vereint) oder dem Prinzip der **absoluten Mehrheitswahl** (im ersten Wahlgang muss ein Kandidat mehr als 50% der abgegebenen Stimmen erhalten, um gewählt zu sein; ist dies nicht der Fall, findet ein zweiter Wahlgang statt, bei dem die relative Mehrheit ausreicht).
- Primäres Ziel der Mehrheitswahl ist die **Mehrheitsbildung im Parlament.**

Verhältniswahl

- Bei der Verhältniswahl handelt es sich um eine **Listenwahl,** da Parteilisten mit Kandidaten gewählt werden. Der Begriff **Proportionalwahl** macht deutlich, dass die im Parlament zur Verfügung stehenden Sitze proportional – also nach dem Verhältnis der abgegebenen Stimmen – auf die Parteien verteilt werden. Die Verhältniswahl gibt es entweder als **reine Verhältniswahl** (die Mandate der Parteilisten entsprechen den Stimmenanteilen, die auf die Listen entfielen) oder als **Verhältniswahl mit Sperrklausel** (Zuteilung der Mandate nur an jene Listen, die einen Mindestanteil – z.B. 5% – erreichen).
- Primäres Ziel der Verhältniswahl ist die **Verteilung der Mandate entsprechend den Stimmanteilen.**

Kombination der Grundwahlsysteme

In der Bundesrepublik Deutschland werden beide Grundwahlsysteme miteinander kombiniert.

- Es gibt 299 Einpersonenwahlkreise, in denen die Wähler mit ihrer **Erststimme** einen der Kandidaten mit einfacher Mehrheit (relative Mehrheitswahl) zu ihrem Wahlkreisabgeordneten **(Direktmandat)** wählen.

15

AFB III

Fortsetzung: Prüfen Sie – ausgehend von einer Definition der Begriffe Verhältnis- und Mehrheitswahlrecht –, ob es gerechtfertigt ist, das System in der Bundesrepublik als „dominantes Verhältniswahlrecht" zu klassifizieren.

- Weitere 299 Abgeordnetensitze werden nach dem System der Verhältniswahl mit 5-Prozent-Klausel ermittelt. Mit ihrer **Zweitstimme** wählen die Bürger die Landesliste einer Partei. Nach einem mathematischen Verfahren (Hare/Niemeyer) wird die Gesamtzahl der Sitze einer Partei ermittelt. Auf diese Gesamtzahl werden zunächst die **Direktmandate** angerechnet und dann von jeder Landesliste so viele Kandidaten „entnommen", bis die Anzahl der einer Partei zustehenden Sitze erreicht ist. Hat eine Partei mehr Direktmandate errungen als ihr Sitze nach der Zweitstimmenauszählung zustehen, kommt es zu **Überhangmandaten** und die Anzahl der Abgeordneten im Bundestag erhöht sich.

Zusammenfassung

- Zwar handelt es sich beim Wahlrecht zum Deutschen Bundestag um ein **Mischsystem** aus relativer Mehrheitswahl und Verhältniswahl mit Sperrklausel, doch dominiert letztlich das **Verhältniswahlrecht.** Dies zeigt sich in erster Linie daran, dass die Gesamtzahl der Sitze einer Partei von ihrem Zweitstimmenergebnis abhängig ist. Überhangmandate können dieses Ergebnis verfälschen. Das Bundesverfassungsgericht hat deshalb das zurzeit noch gültige System der Überhangmandate als verfassungswidrig erklärt. Bis Ende Juni 2011 muss eine verfassungskonforme Regelung gefunden werden.
- Dass das Wahlsystem der Bundesrepublik oft als **personalisiertes Verhältniswahlrecht** bezeichnet wird, reflektiert den dominanten Charakter des Verhältniswahlrechts.
- Auch der im Allgemeinen aufgrund der Wahlergebnisse bestehende **Zwang zur Koalitionsbildung** verweist auf die Dominanz des Verhältniswahlrechts.

16

Bewerten Sie die Forderung nach mehr Elementen direkter Demokratie in Deutschland.

AFB III

Argumente für mehr direkte Demokratie sind:

- Mehr direkte Beteiligung an politischen Entscheidungen kann der **Politikverdrossenheit** entgegenwirken. Die **Identifikation** mit dem politischen System nimmt zu, wenn die Bürger über bestimmte Fragen selbst entscheiden. Darüber hinaus kann die Möglichkeit, direkt zu entscheiden, brachliegende politische Initiativen der Bevölkerung mobilisieren.
- In **Volksbegehren** und **Volksentscheiden** übt der Bürger unmittelbar die Volkssouveränität aus. Dies kann der Wahrnehmung entgegenwirken, „die Politiker" machten ohnehin nur das, was sie wollen, da die Bürger die Möglichkeit haben, selbst über Sachfragen zu entscheiden.
- Die oft als Gängelung empfundene **Dominanz der Parteien** im politischen Willensbildungsprozess lässt sich so mindern.
- Die oft beklagte passive „Zuschauerdemokratie" kann sich in Richtung einer **aktiven Demokratie** entwickeln und so das politische System stärken.
- Volksbegehren und Volksentscheide stellen gegebenenfalls geeignete Instrumente dar, um Lösungen für wichtige Probleme zu finden, für die das eingefahrene politische System keine Lösungen anbietet.

Argumente gegen mehr direkte Demokratie sind:

- Die Bürger können bei **komplexen Sachfragen** überfordert sein.
- Für einzelne, gut organisierte und finanzmächtige Gruppen besteht (noch mehr) die Möglichkeit, Sonderinteressen durchzusetzen.
- Komplexe Sachfragen lassen sich häufig nicht auf Fragen, die mit Ja oder Nein beantwortet werden können, reduzieren.
- Es besteht die Gefahr der **Ideologisierung** von Sachfragen und der **Manipulation** durch die Medien. Außerdem kann sich ein „permanenter Wahlkampf" negativ auf die Bereitschaft zur Teilnahme an Abstimmungen auswirken.

Da das Grundgesetz auf Bundesebene praktisch keine direktdemokratischen Entscheidungen vorsieht (Ausnahme: Neugliederung der Länder), ist die Forderung nach mehr direkter Beteiligung als **Korrektiv** der repräsentativen Demokratie gerechtfertigt. Die **Gefahr des Missbrauchs** direktdemokratischer Verfahren kann durch geeignete **Regeln** gemindert werden.

KAPITEL 3

Politisches System: Herrschaftskontrolle und Entscheidungsprozesse

Alle Fragen im Überblick

AFB I

1 Beschreiben Sie die Rollenteilung zwischen Regierungsmehrheit und Opposition im Bundestag am Beispiel der parlamentarischen Kontrolle.

2 Legen Sie dar, welche Stellung der Bundeskanzler aufgrund des Grundgesetzes innehat.

3 Nennen Sie die wichtigsten Funktionen des Bundestages.

4 Beschreiben Sie das Verfahren der Gesetzgebung in seinen wichtigsten Teilschritten.

AFB II

5 Erklären Sie mithilfe des Grundgesetzes, wie die Länder über den Bundesrat für die gesamtstaatliche Politik mitverantwortlich sind.

6 Erläutern Sie das Spannungsverhältnis zwischen der Fraktionsdisziplin und dem freien Mandat der Abgeordneten.

7 Das Bundesverfassungsgericht wird manchmal als „Ersatzgesetzgeber“ bezeichnet. Erklären Sie, welche Problematik mit diesem Begriff in Zusammenhang gebracht wird.

8 Erläutern Sie, warum die Medien häufig als „vierte Gewalt“ im Staat bezeichnet werden.

9 Der Bundesrat wird gelegentlich als „Blockadekammer“ bezeichnet. Erläutern Sie, welche Problematik mit diesem Begriff angesprochen wird.

AFB III

10 Bewerten Sie die Behauptung, Deutschland sei eine „stabile Demokratie“.

11 Überprüfen Sie die Richtigkeit der These, in der Bundesrepublik Deutschland gäbe es mehr Gewaltenverschränkung als Gewaltenteilung.

12 Nehmen Sie Stellung zu den Aussagen des Bundestagspräsidenten zur Rolle der Opposition im parlamentarischen System.

13 Setzen Sie sich mit den Aussagen des Bundestagspräsidenten zur Bedeutung des Bundestages im Regierungssystem der Bundesrepublik Deutschland auseinander.

Beschreiben Sie die Rollenteilung zwischen Regierungsmehrheit und Opposition im Bundestag am Beispiel der parlamentarischen Kontrolle.

AFB I

Maßgebliche Kontrollmöglichkeiten des Bundestages nach dem Grundgesetz

- **Haushaltsrecht** (Art. 110 GG): Das Recht des Parlaments, den Staatshaushalt festzusetzen, gehört zu den klassischen Kontrollrechten des Parlaments gegenüber der Regierung.
- **Konstruktives Misstrauensvotum** (Art. 67 GG, Abs. 1): Der Bundestag kann jederzeit mit der Mehrheit der Stimmen seiner Mitglieder den Bundeskanzler abwählen, indem er einen Nachfolger wählt und den Bundespräsidenten ersucht, den Bundeskanzler zu entlassen.
- **Verfassungsklage** (Art. 93 GG): In Organstreitigkeiten (Streit um die Kompetenzen von Verfassungsorganen) kann der Bundestag das Bundesverfassungsgericht anrufen. Der Bundestag kann beim Bundesverfassungsgericht auch eine Normenkontrollklage erheben, d.h. das Bundesverfassungsgericht bitten, ein vom Bundestag verabschiedetes Gesetz auf seine Verfassungsgemäßheit zu überprüfen.
- **Untersuchungsausschuss** (Art. 44, Abs. 1 GG): Parlamentarische Untersuchungsausschüsse können eingesetzt werden, um z.B. strittige Sachverhalte oder politische „Skandale" zu untersuchen bzw. zu klären.

Weitere Kontrollmöglichkeiten

- Aktuelle Stunde zur Aussprache über ein Thema von aktueller Bedeutung,
- die Herbeirufung von Regierungsmitgliedern,
- Große und Kleine **Anfrage;**
- die Unterrichtung in Form eines schriftlichen Berichts;
- die **Fragestunde,** die Regierungsbefragung und schriftliche Fragen an die Bundesregierung.

Nutzung der Kontrollmöglichkeiten

Die meisten dieser Kontrollmöglichkeiten und -instrumente gehören zum „Werkzeugkasten" der Opposition im Bundestag. So werden die Fraktionen der Opposition z.B. die Möglichkeit nutzen, bei einem tatsächlichen oder behaupteten Versagen der Regierung einen **Untersuchungsausschuss** einzusetzen. Obwohl die Mitglieder der Opposition im Untersuchungsausschuss nicht über die Mehrheit im Ausschuss verfügen, können sie den Ausschuss als Plattform nutzen, um Schwächen der Regierung aufzuzeigen. Mitglieder der Regierungsmehrheit im Ausschuss werden hingegen darauf hinwirken, dass die Arbeit der Regierung in möglichst gutem Licht erscheint. Auch die „kleinen" Kontrollinstrumente wie z.B. die Aktuelle Stunde oder Anfragen werden vorrangig von der **Opposition** genutzt. Sie können aber prinzipiell sowohl von dieser als auch von der **Regierungsmehrheit** gezielt im jeweiligen Interesse eingesetzt werden.

Zusammenfassung

Die Kontrollinstrumente dienen der Opposition vorrangig dazu, Aspekte der Regierungsarbeit öffentlich zu thematisieren, zu kritisieren und zu debattieren. Ihre Position durchzusetzen, wird ihr wegen ihrer Minderheitenposition nur in Ausnahmefällen gelingen. Die Abgeordneten der Regierungsparteien werden dagegen die Kontrollmöglichkeiten nur selten nutzen, um Kritik am Handeln der Regierung zu formulieren, da sie die „eigene" Regierung nicht öffentlich beschädigen wollen. Kritik und Kontrolle der Regierung vonseiten der Regierungsparteien findet im Allgemeinen eher intern und nicht öffentlich statt.

Opposition

Als **Opposition** werden in parlamentarischen Demokratien diejenigen Abgeordneten im Parlament bezeichnet, die nicht der bzw. den Regierungsfraktion(en) angehören. Die Opposition im Parlament ist in der **Minderheit.** Die wichtigsten Aufgaben der Opposition bestehen darin, die Regierung zu **kontrollieren,** zu **kritisieren** und **Alternativen** aufzuzeigen. Die Opposition wirkt z. B. über ihre Mitarbeit am Gesetzgebungsprozess und ihren Einfluss auf die Öffentlichkeit am politischen Prozess mit. In der Bundesrepublik kann der **Bundesrat** ein wirksames Kontrollinstrument der Opposition sein.

Legen Sie dar, welche Stellung der Bundeskanzler aufgrund des Grundgesetzes innehat.

AFB I

Die **herausragende Stellung** des Bundeskanzlers **innerhalb der Bundesregierung** zeigt sich in erster Linie in seinen entscheidenden Befugnissen bei politischen Beschlüssen:

- Der Bundeskanzler bestimmt die Richtlinien der Politik **(Richtlinienkompetenz)** und trägt dafür die Verantwortung (Art. 65 GG).
- Die **Amtsdauer der Bundesminister** ist an das Amt des Bundeskanzlers gebunden (Art. 69 GG).
- Der Bundeskanzler hat im Verteidigungsfall die **Befehls- und Kommandogewalt über die Streitkräfte** (Art. 115 b GG).
- Auf Initiative des Bundeskanzlers kann der **Gesetzgebungsnotstand** erklärt werden (Art. 81 GG).

Auch **gegenüber dem Parlament** nimmt der Bundeskanzler eine starke Stellung ein. Das zeigt sich vor allem an zwei Bestimmungen:

- Der Bundeskanzler kann nur über ein **konstruktives Misstrauensvotum** abberufen werden (Art. 67, Abs. 1 GG).
- Der Bundeskanzler **bestimmt und erlässt die Minister** (Art. 64, Abs. 1 GG). Weder bedarf es der Zustimmung des Parlaments noch hat das Parlament die Möglichkeit, über ein Misstrauensvotum die Abberufung eines Ministers zu erzwingen.

Wie stark ist der Bundeskanzler?

Obwohl der Bundeskanzler die **Richtlinienkompetenz** hat, kann er sich nicht oft auf diese Kompetenz berufen und über die Köpfe seiner Minister hinweg Entscheidungen treffen. Vielmehr muss der Kanzler auf unterschiedliche Strömungen und Flügel in seiner Partei bzw. Fraktion und auf die Belange und Interessen des Koalitionspartners Rücksicht nehmen. Beruft sich ein Kanzler zu häufig auf sein Recht, die Richtlinien der Politik zu bestimmen, so ist damit eher eine **Schwächung** als eine Stärkung seiner Position verbunden. In der politischen Praxis haben die Bundeskanzler der Bundesrepublik Deutschland deshalb vorsichtig von der Richtlinienkompetenz Gebrauch gemacht und eher auf Kompromisse gesetzt.

AFB I

3 Nennen Sie die wichtigsten Funktionen des Bundestages.

Im parlamentarischen System der Bundesrepublik Deutschland hat der Bundestag vier wichtige Funktionen: die Wahlfunktion, die Gesetzgebungsfunktion, die Kontroll- und die Artikulationsfunktion.

- **Wahlfunktion:** Der Bundestag wählt den Bundeskanzler mit der Mehrheit der Stimmen seiner Mitglieder („Kanzlermehrheit"). Darüber hinaus wählt der Bundestag noch den Wehr- und Datenschutzbeauftragten und ist an der Wahl des Bundespräsidenten beteiligt.
- **Gesetzgebungsfunktion:** Der Bundestag kann Gesetze auf den Weg bringen („Gesetzesinitiative"); er berät Gesetze in „Lesungen" und verabschiedet sie. Als „Königsrecht" des Bundestages gilt das Budgetrecht, d.h. die Verabschiedung des Bundeshaushalts.
- **Kontrollfunktion:** Der Bundestag kontrolliert die Bundesregierung. Dazu stehen ihm etliche Kontrollinstrumente zur Verfügung. Er kann mit der Mehrheit der Stimmen seiner Mitglieder den Bundeskanzler abwählen und einen neuen Bundeskanzler wählen („konstruktives Misstrauensvotum"). Der Bundestag kontrolliert darüber hinaus auch den Einsatz der Bundeswehr im Ausland.
- **Artikulationsfunktion:** Der Bundestag ist öffentliches Forum für die Diskussion politischer Grundfragen (Öffentlichkeitsfunktion) und soll die politischen Anschauungen des Volkes repräsentieren (Repräsentationsfunktion).

Konstruktives Misstrauensvotum

Art. 67 GG bestimmt, dass der Bundestag mit der Mehrheit seiner Mitglieder einem Bundeskanzler das Misstrauen aussprechen und einen Nachfolger wählen kann. Diese Bestimmung **stärkt die Stellung des Bundeskanzlers,** da er nur abgewählt werden kann, wenn sich im Bundestag gleichzeitig eine Mehrheit für die Wahl eines neuen Kanzlers findet. Gleichzeitig ist Art. 67 GG **eines der effektivsten Kontrollinstrumente des Bundestages.** Vorausgesetzt im Parlament kommt die notwendige Mehrheit zusammen, kann der Bundestag jederzeit einen neuen Kanzler wählen.

In der Geschichte der Bundesrepublik gab es ein erfolgloses und ein erfolgreiches konstruktives Misstrauensvotum: 1972 Rainer Barzel (CDU) gegen Willy Brandt (SPD) und 1982 Helmut Kohl (CDU) gegen Helmut Schmidt (SPD).

Beschreiben Sie das Verfahren der Gesetzgebung in seinen wichtigsten Teilschritten.

AFB I

Das Gesetzgebungsverfahren kann in folgende „Stationen" unterteilt werden: Gesetzesinitiative, erste Lesung, Ausschussberatung, zweite und dritte Lesung, Weiterleitung des Gesetzes an den Bundestag, Unterzeichnung und Veröffentlichung.

- **Gesetzesinitiative:** Ein Gesetz kann von der Bundesregierung, dem Bundesrat oder mindestens 5 % der Abgeordneten im Bundestag eingebracht werden.
- **Erste Lesung:** Es findet eine Aussprache im Plenum des Bundestages über die Grundsätze des Gesetzentwurfs statt. Dann wird er an die zuständigen Ausschüsse des Bundestages überwiesen.
- **Ausschussberatung:** Fachleute der Fraktionen beraten den Entwurf im Detail und hören Sachverständige an. Daraufhin werden ein Bericht und eine Beschlussempfehlung erstellt.
- **Zweite Lesung:** Nach der Berichterstattung der Ausschüsse diskutiert das Plenum des Bundestags über Details des Gesetzentwurfs.
- **Dritte Lesung:** Es folgen Grundsatzerklärungen der Fraktionen im Plenum und die Abstimmung über den Gesetzentwurf. Häufig erfolgt die Dritte Lesung unmittelbar im Anschluss an die Zweite Lesung.
- **Weiterleitung an den Bundesrat:** Wird das Gesetz vom Bundestag angenommen, wird es an den Bundesrat weitergeleitet. Handelt es sich um ein **Einspruchsgesetz,** kann es ohne die ausdrückliche Zustimmung des Bundesrates in Kraft treten (Bundestag überstimmt den Einspruch des Bundesrates). Handelt es sich um ein **Zustimmungsgesetz,** muss der Bundesrat dem Gesetz mit Mehrheit zustimmen, damit es in Kraft tritt. Kommt keine Einigung zustande, kann der **Vermittlungsausschuss** als gemeinsames Gremium von Bundestag und Bundesrat angerufen werden.
- **Unterzeichnung und Veröffentlichung:** Das beschlossene Gesetz wird vom Bundeskanzler und dem zuständigen Fachminister unterzeichnet, danach vom Bundespräsidenten ausgefertigt (unterschrieben) und im Bundesgesetzblatt verkündet.

5

AFB II

Erklären Sie mithilfe des Grundgesetzes, wie die Länder über den Bundesrat für die gesamtstaatliche Politik mitverantwortlich sind.

Die Länder wirken über den Bundesrat an der Gesetzgebung und Verwaltung des Bundes und in Angelegenheiten der Europäischen Union mit (Art. 50 GG).

Mitspracherechte sind

- das Recht, zu Gesetzentwürfen der Bundesregierung (Art. 76, Abs. 2 GG) Stellung zu nehmen;
- das Recht, Zutritt zu allen Sitzungen des Bundestages und seiner Ausschüsse zu haben und dort jederzeit gehört zu werden (Art. 43, Abs. 2 GG).

Unmittelbare Beteiligungsrechte sind

- das Recht auf Einberufung des Vermittlungsausschusses bei unterschiedlichen Voten von Bundestag und Bundesrat (Art. 77, Abs. 2 GG);
- das Ablehnungsrecht bei zustimmungspflichtigen Gesetzen (Art. 84, Abs. 1 GG);
- die Bestimmung, dass der Bundestag ein abweichendes Bundesratsvotum bei nicht zustimmungspflichtigen Gesetzen nur mit einer gleich großen Mehrheit zurückweisen kann (Art. 77, Abs. 3 und Abs. 4 GG).

Der Bundesrat wirkt auch bei der Verwaltung des Bundes mit und muss dessen Rechtsverordnungen und Verwaltungsvorschriften zustimmen, sofern die Länder davon betroffen sind (Art. 82, Abs. 2 und Art. 85, Abs. 2 GG).

Der Vermittlungsausschuss

Der Vermittlungsausschuss ist ein **gemeinsames Gremium des Bundestages und des Bundesrates.** Er besteht aus **jeweils 16 Mitgliedern** dieser beiden Organe. Seine Aufgabe besteht darin, erforderlichenfalls im Gesetzgebungsverfahren zwischen Bundestag und Bundesrat zu vermitteln und eine Einigung herbeizuführen. Lehnt der Bundesrat ein **zustimmungspflichtiges Gesetz** ab, können Bundesregierung und Bundestag den Vermittlungsausschuss anrufen und so versuchen, einen Kompromiss zu erreichen. Beabsichtigt der Bundesrat, einem **einfachen Gesetz** (Einspruchsgesetz) seine Zustimmung zu verweigern, so kann er den Vermittlungsausschuss anrufen, um Änderungswünsche möglicherweise durchzusetzen.

Erläutern Sie das Spannungsverhältnis zwischen der Fraktionsdisziplin und dem freien Mandat der Abgeordneten.

AFB II

Das Grundgesetz erwähnt in Artikel 38 die **Gewissensfreiheit** der Abgeordneten: Die Abgeordneten des Deutschen Bundestages, so heißt es dort, seien an Aufträge und Weisungen nicht gebunden und nur ihrem Gewissen unterworfen. Dies ist der Kern des **freien Mandats.** Es soll die Abgeordneten in die Lage versetzen, unabhängig von äußerem Druck nach ihren politischen Überzeugungen und ihrem Gewissen zu entscheiden.
Tatsächlich aber sind solche Entscheidungen für die Abgeordneten eher selten. Nur in Ausnahmefällen geben die Fraktionen im Bundestag Abstimmungen explizit frei; dies geschieht meist bei Abstimmungen, in denen es um ethisch-weltanschauliche Fragen wie z. B. Abtreibung oder Gentechnik geht.
In aller Regel schreiben die Fraktionen – nach Diskussion, Klärung und Abstimmung des Sachverhalts in der Fraktion – ihren Abgeordneten faktisch vor, wie sie im Plenum abstimmen sollen **(Fraktionsdisziplin, Fraktionszwang),** um ein einheitliches Abstimmungsverhalten aller Abgeordneten zu erzielen. Abgeordnete, die sich (zu) oft auf ihre Gewissensfreiheit berufen, müssen mit Sanktionen ihrer Fraktion rechnen. Im schlimmsten Fall droht ihnen der Ausschluss aus der Fraktion.

Befürworter der Fraktionsdisziplin argumentieren, dass

- die Arbeitsfähigkeit der Regierung ohne Fraktionsdisziplin stark eingeschränkt wäre, da sie ständig um ihre Mehrheit im Parlament fürchten müsste;
- sich eine Partei auf ihre Mandatsträger verlassen können muss, da diese schließlich ihr Mandat der Partei verdanken;
- sich nur wenige Abgeordnete in vielen Sachthemen ausreichend auskennen, um selbst Entscheidungen treffen zu können. Vielmehr müssten sie sich auf die Experten der Fraktion verlassen.

Schlussfolgerung: Die Bundestagsabgeordneten stehen permanent im Spannungsfeld zwischen persönlichen Überzeugungen und Vorgaben der Fraktion und der Partei. In der politischen Praxis setzt sich die Fraktionsdisziplin gegenüber der Gewissensfreiheit meist durch.

7

AFB II

Das Bundesverfassungsgericht wird manchmal als „Ersatzgesetzgeber“ bezeichnet. Erklären Sie, welche Problematik mit diesem Begriff in Zusammenhang gebracht wird.

Im Kern handelt es sich bei dem Begriff „Ersatzgesetzgeber“ um den Vorwurf an das Bundesverfassungsgericht, es weite seine **Kompetenzen** zu denen eines Ersatzgesetzgebers aus, obwohl nach dem Grundgesetz das Parlament alleiniger Gesetzgeber ist. Kritisiert wird, dass das Gericht in einigen seiner Entscheidungen dem Gesetzgeber genaue inhaltliche **Vorgaben** macht und **Umsetzungsfristen** festlegt.

Beispiele

- Im Urteil zu den Out-of-area-Einsätzen der Bundeswehr aus dem Jahr 1994 legte das Gericht fest, dass auch konkrete Einsätze der Bundeswehr out of area noch der jeweils gesonderten Zustimmung des Bundestages bedürfen, obwohl im Grundgesetz derartiges nicht erwähnt wird. Kritiker bewerten dies als Kompetenzüberschreitung des Bundesverfassungsgerichts.
- 1990 fällte das Bundesverfassungsgericht ein Urteil zum Schwangerschaftsabbruch. Es stellte fest, dass das Grundgesetz den Staat verpflichte, menschliches Leben, auch das ungeborene, zu schützen. Unter bestimmten Voraussetzungen seien Schwangerschaftsabbrüche jedoch möglich und straffrei. Das Gericht machte Vorgaben im Hinblick auf die Voraussetzungen und setzte Umsetzungsfristen fest.
- Im **Volkszählungsurteil** 1983 kreierte das Gericht das **Grundrecht auf informationelle Selbstbestimmung.**

Bei der Kritik am Bundesverfassungsgericht ist allerdings zu berücksichtigen, dass die Politiker das Gericht gelegentlich als „Reparaturbetrieb“ ihrer mangelhaften Gesetzgebung missbrauchen. In jüngster Zeit kann die Sicherheitsgesetzgebung als Beispiel dienen. Sowohl beim großen **Lauschangriff** als auch bei der **Onlinedurchsuchung** und der **Vorratsdatenspeicherung** weitete der Gesetzgeber die Möglichkeiten und Instrumente der Ermittlung stark aus. Dabei war ihm klar, dass diese Gesetze „in Karlsruhe“ landen und vom Bundesverfassungsgericht korrigiert würden.

International gesehen gilt das Bundesverfassungsgericht als ein Gericht, das sich weitgehend **richterliche Selbstbeschränkung** auferlegt. Diese ist zum Teil schon deshalb gegeben, da es nicht von sich aus tätig werden kann.

Erläutern Sie, warum die Medien häufig als „vierte Gewalt" im Staat bezeichnet werden.

AFB II

Die „klassische" **Gewaltenteilung** kennt drei staatliche Gewalten: Legislative, Exekutive und Judikative. Nach der Theorie der Gewaltenteilung kontrollieren sich diese Gewalten gegenseitig. In der politischen Praxis kommt es indes zum Teil zu Verzahnungen zwischen den Gewalten, vor allem von Teilen der Legislative und Exekutive (Gewaltenverschränkung).
Nach Ansicht vieler ergänzen die Presse und allgemein die Medien diese klassische Gewaltenteilung. Deshalb bezeichnet man sie auch mit dem Begriff **vierte Gewalt.**
Presse und andere Medien übernehmen wichtige **Kontrollfunktionen:**

- In den letzten Jahrzehnten hat insbesondere die Presse in der Bundesrepublik Deutschland diese Kontrollfunktion gegenüber Regierung und Parlament wahrgenommen. Als Beispiele können der Beitrag in der Wochenzeitschrift „Der Spiegel" zur Rolle der Bundeswehr, der zur sog. Spiegel-Affäre von 1962 führte, ebenso dienen wie die Aufdeckung der Spendenskandale und der **illegalen Parteienfinanzierung** in den 1980er-Jahren.
- Allerdings ist es nur ein vergleichsweise kleiner Teil der Medien, der Regierung und Parlament kontrolliert. Letztlich handelt es sich um wenige Tages- und Wochenzeitungen, mit Einschränkungen auch um die öffentlich-rechtlichen Rundfunk- und Fernsehanstalten, die diese Aufgabe erfüllen.

Voraussetzung dafür, dass die Medien ihre öffentliche Kontrollfunktion ausüben und somit letztlich vierte Gewalt sein können, ist die **Meinungs- und Pressefreiheit.**

Die Presse als „vierte Säule" des Staates

Es war bereits Jean-Jacques Rousseau, der die Idee entwickelte, die Presse solle den Staat kontrollieren. Der **französische Philosoph der Aufklärung** bezeichnete sie als „vierte Säule" des Staates. Den Begriff „vierte Gewalt" etablierten **liberale Kreise** im 19. Jahrhundert.
Angesichts **zunehmender Konzentration im Medienbereich** und finanziell schwieriger Situationen, die auch zur Verkleinerung von Redaktionen zwingen, wird in jüngster Zeit immer wieder diskutiert, inwieweit eine kritische und unabhängige journalistische Arbeit vor allem der Presse noch möglich ist.

9

AFB II

Der Bundesrat wird gelegentlich als „Blockadekammer“ bezeichnet. Erläutern Sie, welche Problematik mit diesem Begriff angesprochen wird.

Durch den Bundesrat wirken die Länder bei der Gesetzgebung und Verwaltung des Bundes und in Angelegenheiten der Europäischen Union mit. Je nach Zusammensetzung der Länderregierungen, kann der Bundesrat als „Blockadekammer“ agieren:

- Jedes **zustimmungspflichtige Gesetz** kann ohne die Zustimmung des Bundesrates nicht in Kraft treten. Findet ein solches Gesetz im Bundesrat keine Mehrheit und kommt auch im **Vermittlungsausschuss** keine Einigung zustande, der der Bundesrat zustimmt, ist das Gesetz gescheitert.
- In der Geschichte der Bundesrepublik kam und kommt es immer wieder zu Perioden, in denen sich die parteipolitischen **Mehrheitsverhältnisse** in Bundestag und Bundesrat unterschieden bzw. unterscheiden. So dominierten z. B. in den Jahren der sozialliberalen Koalition (1970er-Jahre) die Oppositionsparteien CDU und CSU lange Zeit den Bundesrat, teilweise mit absoluter Mehrheit. In solchen Zeiten kann der Bundesrat aus **parteipolitischem Kalkül** heraus zustimmungsbedürftige Gesetze blockieren und so auch bedeutende Reformen der Regierungskoalition stoppen.
- Dass die **Regierungsparteien im Bund** auch über eine **Mehrheit im Bundesrat** verfügen, ist eher die Ausnahme als die Regel. Deshalb besteht die Gefahr, dass die Opposition den Bundesrat als „Blockadekammer“ missbraucht. Um dieser zu begegnen, wurde die Zahl der zustimmungspflichtigen Gesetze im Rahmen der **Föderalismusreform** im Jahr 2006 reduziert. Ob dadurch allerdings die Blockademöglichkeiten des Bundesrates tatsächlich eingeschränkt wurden, kann so kurz nach der Reform noch nicht beurteilt werden.

Föderalismusreform

Die im Sommer 2006 von Bundestag und Bundesrat mit der notwendigen Zweidrittelmehrheit beschlossene Föderalismusreform ist die umfangreichste Änderung des Grundgesetzes in der Geschichte der Bundesrepublik Deutschland. Als Resultat der Reform wurde die Zahl der **zustimmungspflichtigen Gesetze** deutlich reduziert, um ein beschleunigtes und transparentes Gesetzgebungsverfahren zu ermöglichen. Die **Länder** erhielten **erweiterte bzw. alleinige Kompetenzen** in den Bereichen Bildung, Umwelt und Europa.

Bewerten Sie die Behauptung, Deutschland sei eine „stabile Demokratie".

AFB III

Misst man die **Stabilität einer Demokratie** an einigen wichtigen formalen Kriterien (Regierungsstabilität, Wahlbeteiligung und Bürgergesellschaft), so kann es keinen Zweifel daran geben, dass die Bundesrepublik eine stabile Demokratie ist.

- **Regierungsstabilität:** In den 60 Jahren ihrer Existenz hatte die Bundesrepublik lediglich acht **Bundeskanzler.** Dies spricht für ein hohes Maß an Regierungsstabilität. Zudem gab es in diesen 60 Jahren lediglich dreimal vorgezogene Neuwahlen (1972, 1983 und 2005). Auch die Zahl der politischen „Machtwechsel" war gering und legt so ein weiteres Zeugnis für Stabilität ab.
- **Wahlbeteiligung:** Die Wahlbeteiligung in der Bundesrepublik ist im internationalen Vergleich recht hoch; daran ändert auch die Tatsache nichts, dass seit einem Höhepunkt in den 1970er-Jahren (über 90 %) die Wahlbeteiligung an Bundestagswahlen inzwischen auf rund 70 % zurückgegangen ist. Dies kann noch immer als Ausdruck einer hohen Akzeptanz des politischen Systems interpretiert werden.
- **Bürgergesellschaft:** Zwar nimmt die Teilhabe der Bürger in politischen Parteien ab, jedoch nimmt das Engagement in **bürgergesellschaftliche Gruppierungen** wie Bürgerinitiativen u. a. stark zu. Auch diese Tatsache spricht für die Stabilität der Demokratie.
- Und: Vor dem Hintergrund der **deutschen Geschichte** spricht schon allein die Tatsache, dass die zunächst „Bonner Republik" und jetzt „Berliner Republik" genannte Bundesrepublik ohne ernsthafte Krisen 60 Jahre Bestand hat, für eine stabile Demokratie.

Sieht man von wenigen, sehr **konfliktreichen Phasen** in der Geschichte der Bundesrepublik ab (z. B. Wiederbewaffnung, Ostverträge, Terrorismus, „Nachrüstung"), so war die Politik in der Bundesrepublik meist von einer erstaunlichen Kompromissbereitschaft und -fähigkeit geprägt.
Eine **Gefährdung der Stabilität der Demokratie** könnte von demokratiefeindlichen Einstellungen ausgehen. Die Wahlerfolge extremistischer Parteien stimmen bedenklich. Allerdings sind diese bislang nicht von Dauer und beschränken sich auf Wahlerfolge bei Landtagswahlen, den Einzug in den Bundestag haben extremistische Parteien bisher nicht geschafft.

11

AFB III

Überprüfen Sie die Richtigkeit der These, in der Bundesrepublik Deutschland gäbe es mehr Gewaltenverschränkung als Gewaltenteilung.

Nach dem Grundgesetz besteht eine „klassische" Gewaltenteilung zwischen Exekutive, Legislative und Judikative. Dem **Verfassungsanspruch** nach kontrolliert das Parlament die Regierung, während die Judikative über Exekutive und Legislative wacht.

Die **Verfassungswirklichkeit** unterscheidet sich jedoch beträchtlich vom Verfassungsanspruch. Deshalb kann der These zugestimmt werden, dass es mehr Gewaltenverschränkung als Gewaltenteilung gibt.

So sieht die **Gewaltenverschränkung in der politischen Praxis** aus:

- Es stehen sich nicht „die" Regierung (Exekutive) und „der" Bundestag (Legislative) gegenüber. Der Bundestag in seiner Gesamtheit hat kaum ein Interesse daran, die Bundesregierung effektiv zu kontrollieren. Vielmehr stehen sich die Regierung und ein Teil des Bundestages gegenüber. Es sind lediglich die Abgeordneten der **Oppositionsfraktionen,** die die Regierung kontrollieren wollen (aber nur unzureichend können, da ihnen die Mehrheit dazu fehlt). Die Abgeordneten der **Regierungsfraktionen** sind eng mit der Regierung verbunden. Diese Verbindung ist zum einen **personell:** Fast alle Regierungsmitglieder sind traditionell auch Abgeordnete des Bundestages und kontrollieren sich in dieser Eigenschaft quasi selbst. Zum anderen ist die Verbindung **politisch:** Eine zu effektive Kontrolle der Bundesregierung durch die Abgeordneten der Regierungsfraktionen birgt immer die Gefahr, die Regierung zu schwächen. Die Kontrolle der Regierung durch die Abgeordneten der Regierungsfraktionen findet deshalb meist nicht öffentlich im Bundestag, sondern unter **Ausschluss der Öffentlichkeit** statt (z. B. in Fraktionssitzungen).
- Die Gewaltenteilung zwischen der **Judikative** auf der einen und der Regierung **(Exekutive)** und der **Legislative** auf der anderen Seite funktioniert weitgehend wie vom Grundgesetz vorgesehen. Das Gericht ist **unabhängig** und kontrolliert auf Antrag Entscheidungen der anderen Staatsorgane.

Nehmen Sie Stellung zu den Aussagen des Bundestagspräsidenten zur Rolle der Opposition im parlamentarischen System.

AFB III

M1

Bundestagspräsident Norbert Lammert zur Rolle der Opposition (2009):
Meine Damen und Herren, das Wahlergebnis vom 27. September hat die Kräfteverhältnisse im 17. Bundestag stärker verändert, als gemeinhin erwartet wurde, und zugleich die politischen Rollen neu verteilt. In der Regel wird der Wechsel aus der Opposition in die Regierungsverantwortung höher geschätzt als der umgekehrte Rollenwechsel. Umso wichtiger ist die Einsicht, dass die demokratische Reife eines politischen Systems nicht an der Existenz der Regierung zu erkennen ist, sondern am Parlament und dort vor allem am Vorhandensein einer Opposition und ihren politischen Wirkungsmöglichkeiten. Regiert wird immer und überall, mal mit und oft ohne demokratische Legitimation. Die Opposition macht den Unterschied, und ihre Bedeutung steht und fällt mit dem Gewicht des Parlaments als Vertretung des ganzen Volkes: Mehrheit und Minderheit, Rede und Widerrede.

(Rede des Bundestagspräsidenten Prof. Dr. Norbert Lammert am Tag der Konstituierung des 17. Bundestages am 27.10.2009, Auszug)

Herausragende Bedeutung der Opposition

Bundestagspräsident Lammert vertritt die Ansicht, dass die **demokratische Reife** eines politischen Systems „am Vorhandensein einer Opposition und ihrer politischen Wirkungsmöglichkeiten" zu erkennen sei. Die Bedeutung der Opposition stehe und falle mit dem Gewicht des Parlaments als Vertretung des ganzen Volkes. Die Prinzipien Mehrheit und Minderheit, Rede und Gegenrede seien unverzichtbar für die Demokratie. Es besteht kein Zweifel daran, dass Lammert der Opposition einen hohen Rang im parlamentarischen System einräumt.

Neue Gewaltenteilung

In der politischen Wirklichkeit der Bundesrepublik Deutschland wurde die klassische Gewaltenteilung zwischen Legislative, Exekutive und Judikative immer stärker durch eine neue Form der Gewaltenteilung ersetzt, die mit dem Begriff **Gewaltenverschränkung** beschrieben wird. Bei dieser Form der Gewaltenteilung in politische Führung (Regierung und parlamentarische Regierungsfraktion), parlamentarische Opposition und Rechtsprechung liegen **Kontrolle und Kritik der politischen Führung** vor allem bei der **Opposition.** Ohne eine funktionierende Opposition (und ohne eine freie Presse) könnten Regierung und Parlamentsmehrheit fast unkontrolliert handeln.

12

AFB III

Fortsetzung: Nehmen Sie Stellung zu den Aussagen des Bundestagspräsidenten zur Rolle der Opposition im parlamentarischen System.

Aufgaben der Opposition

Es liegt deshalb an der Opposition im Parlament, die Regierung so gut wie möglich zu kritisieren und zu kontrollieren. Zwar verfügt sie nur über **beschränkte Kontrollinstrumente** und es fehlt ihr auch die Mehrheit im Parlament, doch hat sie die Möglichkeit, Alternativen zur Regierungspolitik aufzuzeigen und Schwächen der Regierungspolitik zu benennen. Als parlamentarische Opposition ist sie zudem immer die neue potenzielle Regierung und muss deshalb die Wähler von ihrem eigenen Programm überzeugen. Zugleich wird sie versuchen, Teilaspekte ihrer Programmatik auch bereits als Oppositionspartei umzusetzen. Sie ist also **kompetitive und kooperative Opposition** zugleich:

- Insofern sich die Opposition als potenzielle Regierung mit eigenständigem Programm profilieren muss, ist sie eine **kompetitive Opposition,** deren Hauptaugenmerk darauf liegt, die Regierungsarbeit zu kritisieren, die Fehler des Regierungshandels zu betonen und andere politische Wege, die beschritten werden können, aufzuzeigen.
- Insofern die Opposition versucht, ihre Vorstellungen in die aktuellen Gesetzesvorhaben der Regierung einzubringen, ist sie **kooperative Opposition.** Dies drückt sich u.a. in der Tatsache aus, dass in der Bundesrepublik sehr viele Gesetze mit der Zustimmung der Opposition verabschiedet werden. Das ist auch begrüßenswert, da vor allem grundlegende und oft auch unpopuläre Entscheidungen in wichtigen Themenfeldern wie beispielsweise der Außen- oder der Sozialpolitik einer breiten Basis bedürfen, um allgemein akzeptiert zu sein. Selbstverständlich ist die Opposition bestrebt, ihren Anteil z.B. am Gelingen eines Gesetzes hervorzuheben und die Vorteile dieser konstruktiven Zusammenarbeit gegenüber den potenziellen Wählern zu argumentieren.

Zusammenfassung

Zusammenfassend kann festgestellt werden, dass der hohe Rang, den der Bundestagspräsident der Opposition zuspricht, gerechtfertigt ist. Ohne eine funktionierende Opposition wäre die Regierung ohne effektive Kontrolle und das parlamentarische System nicht demokratisch. Gleichzeitig ist die Opposition integraler Bestandteil im politischen Entscheidungsprozess.

Setzen Sie sich mit den Aussagen des Bundestagspräsidenten zur Bedeutung des Bundestages im Regierungssystem der Bundesrepublik Deutschland auseinander.

AFB III

M1

Bundestagspräsident Norbert Lammert zur Bedeutung des Bundestages (2009):
Den Regierungen von Bund und Ländern mangelt es an Selbstbewusstsein nicht, dem Verfassungsgericht auch nicht. Der Bundestag muss und darf sich hinter ihnen nicht verstecken. Er ist nicht Hilfsorgan, sondern Herz der politischen Willensbildung in unserem Land. Nicht die Regierung hält sich ein Parlament, sondern das Parlament bestimmt und kontrolliert die Regierung. Im parlamentarischen Regierungssystem ist die Gestaltung der Politik eine gemeinsame Aufgabe von Exekutive und Legislative. Dies wird nicht zuletzt im Gesetzgebungsverfahren deutlich.

(Rede des Bundestagspräsidenten Prof. Dr. Norbert Lammert am Tag der Konstituierung des 17. Bundestages am 27. 10. 2009, Auszug)

Der Bundestagspräsident bezeichnet den Bundestag als „Herz der politischen Willensbildung", der die Regierung kontrolliert. Gleichzeitig weist er darauf hin, dass die Gestaltung der Politik eine „gemeinsame Aufgabe von Exekutive und Legislative" sei.

Zwar hat der Bundestag im Bewusstsein der öffentlichen Meinung oft nicht den Stellenwert, der ihm zukommt. Trotzdem ist es gerechtfertigt, vom Bundestag als „Herz der politischen Willensbildung" zu sprechen.

Aufgaben des Bundestages

Der Bundestag ist unmittelbar demokratisch legitimiert. Alle seine Mitglieder werden direkt von den Wählern gewählt, entweder als Direktkandidaten oder über eine Landesliste. Der Bundestag

- wählt den Kanzler und kann ihn abwählen,
- verabschiedet die Gesetze,
- kontrolliert die Regierung,
- repräsentiert das Volk und seine Interessen.

Erfüllt der Bundestag seine Aufgaben?

Es ist allerdings umstritten, wie gut der Bundestag diesen Aufgaben nachkommt.

- An der Fähigkeit, einen **Kanzler** zu wählen, bestehen kaum Zweifel. In allen Fällen wurden die Kanzler der Bundesrepublik Deutschland im ersten Wahlgang gewählt.

13

AFB III

Fortsetzung: Setzen Sie sich mit den Aussagen des Bundestagspräsidenten zur Bedeutung des Bundestages im Regierungssystem der Bundesrepublik Deutschland auseinander.

- Was die **Gesetzgebung** angeht, so ist der Bundestag zweifellos ein „fleißiges" Parlament, wenn man die Zahl der verabschiedeten Gesetze betrachtet. Fraglich ist jedoch, ob er bei der Gesetzgebung tatsächlich eine führende Rolle innehat. Die weitaus meisten **Gesetzesinitiativen** gehen von der Regierung aus. Nur die Regierung verfügt über einen ausreichend großen Apparat und auch über die fachliche Kompetenz, um die oft sehr komplexen Gesetzentwürfe auszuarbeiten.
- Die meisten Beobachter des politischen Systems sind sich darin einig, dass der Bundestag seine **Kontrollfunktionen** gegenüber der Regierung nur sehr eingeschränkt wahrnimmt. Das liegt zum einen daran, dass nur die Opposition tatsächlich an wirksamer Kontrolle interessiert ist. Zum anderen verfügen aber auch diejenigen, die kontrollieren wollen, nicht immer über optimale Kontrollinstrumente.
- Ebenfalls weitgehende Einigkeit besteht darüber, dass die **Repräsentations- und Artikulationsfunktion** des Bundestages eher im Argen liegt. Viele Kritiker sehen die Ursachen dafür in einer besonderen Form des **Realitätsverlusts** von Politikern, die häufig ein zu „abgehobenes" Leben führen und kaum mehr Bezug zur Alltagswirklichkeit haben.

Der Bundestag befindet sich in einem **Spannungsverhältnis** zwischen den Aufgaben und Rechten, die ihm die Verfassung zuweist, und der politischen Realität, in der der Exekutive immer mehr Bedeutung zukommt.

Parlamentarisches Regierungssystem

Allen demokratischen parlamentarischen Systemen ist gemeinsam, dass im Zentrum des politischen Systems ein frei gewähltes **Parlament** steht, das über eigenständige, substanzielle **Rechte** wie das Recht zur Gesetzgebung, das Budgetrecht, das Recht zur Regierungskontrolle u. a. verfügt. In der Bundesrepublik Deutschland wählt der Bundestag den Bundeskanzler, d. h., die Regierung geht aus dem Parlament hervor und ist ihm **rechenschaftspflichtig.** Der Bundeskanzler hat eine starke politische Stellung und kann nur über ein konstruktives Misstrauensvotum gestürzt werden. Typisch für parlamentarische Systeme ist das enge **Zusammenspiel zwischen Regierung und Parlamentsmehrheit.** Dies drückt sich u. a. auch darin aus, dass der Bundeskanzler häufig auch Parteivorsitzender der (großen) Regierungspartei ist.

KAPITEL 4

Gesellschaft: Strukturen, Analysen und Modelle

Alle Fragen im Überblick

AFB I

1 „Klassengesellschaft", „nivellierte Mittelstandsgesellschaft" und „milieuorientierte Schichtungsgesellschaft" sind unterschiedliche Gesellschaftsmodelle. Beschreiben Sie diese Modelle.

2 Nennen Sie mögliche Zusammenhänge zwischen dem Wandel der Lebensformen und dem Wandel der Geschlechterrollen.

3 Nach Ansicht des Autors des Textes bildet „die gesellschaftliche Mitte heute nur noch teilweise das gesellschaftliche Vorbild". Legen Sie dar, mit welchen Argumenten er diese These begründet.

AFB II

4 Der Autor spricht von einem „neuen Subproletariat" in der Bundesrepublik. Arbeiten Sie aus dem Text die Merkmale heraus, die dieses Subproletariat kennzeichnen.

5 Analysieren Sie die Entwicklung der Einkommensverteilung nach den Angaben des Statistischen Bundesamtes.

6 Erläutern Sie mithilfe der Statistik die Zusammenhänge zwischen Lebensformen und Armutsrisiko in Deutschland.

7 Arbeiten Sie heraus, welche „Familienwirklichkeit" nach Auffassung des Autors in Deutschland besteht.

8 Erläutern Sie vertikale und horizontale Dimensionen von sozialer Ungleichheit.

9 Prüfen Sie, ob sich die These von der Entwicklung eines neuen Subproletariats (s. Text Aufgabe 4) mit den Daten aus der Statistik in Aufgabe 5 belegen lässt.

AFB III

10 Überprüfen Sie anhand der Statistik, ob sich ein Zusammenhang zwischen Kindergartenbesuch, sozialer Herkunft und Bildungsbeteiligung belegen lässt.

11 „Nur durch Bildung kann man heute an der Gesellschaft partizipieren." Erörtern Sie diese Aussage.

12 Bewerten Sie die Bedeutung der Familie für die Zukunftssicherung der Gesellschaft.

13 „Man muss dafür sorgen, dass der Gegensatz der Reichen und der Armen sich möglichst ausgleicht." (Aristoteles) Diskutieren Sie diese Aussage.

14 Analysieren Sie die Karikatur im Hinblick auf ihre stilistischen Mittel und ihre politische Aussage. Nehmen Sie Stellung.

1

AFB I **„Klassengesellschaft", „nivellierte Mittelstandsgesellschaft" und „milieuorientierte Schichtungsgesellschaft" sind unterschiedliche Gesellschaftsmodelle. Beschreiben Sie diese Modelle.**

Klassengesellschaft

- Das Modell der Klassengesellschaft geht u. a. auf die Gesellschaftsanalyse von Karl Marx und Friedrich Engels im 19. Jahrhundert zurück. Marx und Engels stellen fest, dass mit dem Aufkommen des **Kapitalismus** die Zuordnung der Individuen zu sozialen Großgruppen (Klassen) nicht länger über die Geburt, sondern über den Besitz oder Nichtbesitz von **Produktionsmitteln** (Boden, Maschinen, Kapital) definiert wird. Deshalb teilten sie die Gesellschaft in **zwei Klassen** ein: Kapitalisten und Proletarier.
- Zur Klasse der **Kapitalisten** (auch: **Bourgeoisie**) gehören alle, die Produktionsmittel besitzen oder die Verfügungsgewalt über Produktionsmittel haben. Das ist eine winzige Minderheit in der Gesellschaft.
- Zur Klasse der **Proletarier** gehören alle, die keine Produktionsmittel besitzen und deshalb ihre Arbeitskraft an die Kapitalisten verkaufen müssen, um leben zu können.
- Marx und Engels glaubten, dass mit der Entwicklung des Kapitalismus alle sozialen Zwischengruppen verschwinden und sich nur noch Bourgeoisie und Proletariat **antagonistisch** gegenüberstehen würden. So gesehen handelt es sich bei ihrem Gesellschaftsmodell um ein **dichotomisches** Modell.

Nivellierte Mittelstandsgesellschaft

- Dieses Modell entwickelte der Soziologe Helmut Schelsky in den 1960er-Jahren. Es beschreibt die Gesellschaftsstruktur der Bundesrepublik in den ersten Jahrzehnten nach dem Ende des Zweiten Weltkriegs. An die Stelle von Besitz oder Nichtbesitz an Produktionsmitteln als Kriterium der Zuordnung des Individuums zu einer sozialen Großgruppe treten die **Schichtungskriterien** Beruf, Bildung, Einkommen und Vermögen.
- Das Modell ersetzt Klassen durch eine differenziertere Hierarchie der gesellschaftlichen Schichtung. Im einfachsten Falle sprechen die Soziologen von **Oberschicht, Mittelschicht** und **Unterschicht;** meist wird dieses Modell jedoch weiter ausdifferenziert.
- Die nivellierte Mittelstandsgesellschaft ist dadurch charakterisiert, dass ein großes Maß an **sozialer Mobilität** existiert, die **Lebensbedingungen** sich angleichen und die meisten Menschen einer breiten **Mittelschicht** angehören.

Fortsetzung: „Klassengesellschaft", „nivellierte Mittelstandsgesellschaft" und „milieuorientierte Schichtungsgesellschaft" sind unterschiedliche Gesellschaftsmodelle. Beschreiben Sie diese Modelle.

AFB I

Milieuorientierte Schichtungsgesellschaft

- Dieses Modell ist relativ neu. Es wurde in den letzten Jahrzehnten entwickelt und beruht auf einer **Kombination von Zuweisungen** zu gesellschaftlichen Gruppen. Die Zuweisungskriterien Beruf, Bildung, Einkommen und Vermögen werden ergänzt durch **subjektive Kriterien** der Lebensauffassung (Lebensstile) wie z. B. Wertorientierungen, Mentalitäten, Lebensziele.
- Statt von sozialen Schichten spricht dieses Modell von **sozialen Milieus** und unterscheidet z. B. zwischen dem traditionell bürgerlichen Milieu, dem traditionellen Arbeitermilieu, dem aufstiegsorientierten Milieu oder dem postmodernen Milieu.
- Das Konzept der sozialen Milieus ist ein recht differenziertes Modell einer komplexen Gesellschaft, die durch immer mehr **Individualisierung** und **Pluralisierung** gekennzeichnet ist.

Individualisierung und Pluralisierung

Soziologisch gesehen beschreibt der Begriff der **Individualisierung** einen Prozess im Zusammenhang mit der Modernisierung der westlichen Gesellschaften. In **postmodernen** Gesellschaften werden alte gesellschaftliche Zuordnungen wie Stand und Klasse ersetzt durch eine **Pluralisierung von** (individuellen) **Lebensstilen.** Ein Mehr an **Bildung** ermöglicht immer mehr Menschen, selbst über ihre Lebensweise zu entscheiden. Dies steht im Gegensatz zum 19. und frühen 20. Jahrhundert, wo die Lebensweise der meisten Menschen durch ihre bloße Zugehörigkeit zu einer bestimmten Klasse oder Schicht bestimmt wurde.
Als Beispiele für Individualisierung und Pluralisierung und den damit einhergehenden Wertewandel können die Verhaltens- und Einstellungsveränderungen dienen, die ab den 1960er-Jahren dazu geführt haben, dass sogenannte nicht materielle bzw. postmoderne Werte wie Umweltschutz, Emanzipation der Frau, neue Formen der Partnerschaft an Gewicht gewonnen haben.
Materialistische Werte wie Wohlstand, Besitz und Karriereplanung gingen z. B. in den 1980er-Jahren vor allem bei jüngeren Menschen einher mit dem Bedürfnis, zugleich hedonistische Werte wie Lebensglück und Spaß am Leben zu realisieren.

2

AFB I

Beschreiben Sie mögliche Zusammenhänge zwischen dem Wandel der Lebensformen und dem Wandel der Geschlechterrollen.

Der Wandel der Lebensformen und der Wandel der Geschlechterrollen sind zwei parallel verlaufende Prozesse.

Veränderungen der Rolle der Frau in der Gesellschaft

- Im **19. Jahrhundert** war die Frau noch weitestgehend auf die ihr zugewiesene Rolle einer fürsorgenden Mutter und Ehefrau in der bürgerlichen Familie, in der der Mann Alleinernährer war, festgelegt. Ihre dem Mann nachgeordnete Rolle spiegeln auch die Bestimmungen im damaligen BGB wider: Sie musste im Fall der Ehe den Namen des Mannes annehmen und durfte ohne Zustimmung des Ehemannes nicht berufstätig sein.
- Zwar begann sich das Rollenbild der Frau schon während der Weimarer Republik langsam zu ändern, doch in der Zeit des **Nationalsozialismus** wurde die Frau erneut auf die Rolle als Hausfrau und Mutter reduziert. Dies hinderte die Nationalsozialisten jedoch nicht daran, die Frauen während des Krieges massenhaft als Arbeitskräfte in der Rüstungsindustrie einzusetzen.
- Erst in der **Bundesrepublik** wandelte sich das gesellschaftliche Rollenbild der Frau dauerhaft. Eine Voraussetzung dafür war mit der im Grundgesetz verankerten Gleichstellung von Mann und Frau und ihrer rechtlichen Emanzipation im BGB geschaffen. Wichtiger indes waren die realen Veränderungen in der Gesellschaft: Immer mehr Frauen erhielten eine vergleichsweise gute Ausbildung, blieben auch als verheiratete Frauen berufstätig und übernahmen die typische Doppelrolle von berufstätiger Hausfrau bzw. Mutter oder verzichteten ganz auf eine Familie. Dass Männer auch in relevantem Maß Haus- und Erziehungsarbeit übernehmen, ist eine Entwicklung der jüngsten Zeit; ihr Prozentsatz bewegt sich im einstelligen Bereich.

Veränderungen in den Lebensformen

Die oben beschriebenen Prozesse wurden von einer Ausdifferenzierung der Lebensformen begleitet. Neben die Familie mit der „klassischen“ Rollenverteilung traten die Familie mit gleichberechtigten Partnern, die bewusst kinderlose Familie, der Verzicht auf Ehe und Familie, Alleinerziehende, Partnerschaften auf Zeit, Patchworkfamilien. **Verallgemeinert** kann von einer Pluralisierung der Lebensformen im Zusammenhang mit dem Wandel der Geschlechterrollen gesprochen werden.

Nach Ansicht des Autors des Textes bildet „die gesellschaftliche Mitte heute nur noch teilweise das gesellschaftliche Vorbild". Legen Sie dar, mit welchen Argumenten er diese These begründet.

AFB I

M1

Der Soziologe Stefan Hradil zur gesellschaftlichen Mitte (2007):

Seit den 1990er Jahren wachsen in der gesellschaftlichen Mitte nachweislich Unzufriedenheit und Besorgnisse, insbesondere unter qualifizierten und hoch qualifizierten Angestellten (jedoch nicht Beamten). Das ist neu. Die Angst klettert sozusagen die Bürotürme hoch. [...]

Die sozialen Milieus, also die „Gruppierungen Gleichgesinnter", sind vor allem in der gesellschaftlichen Mitte unterschiedlicher geworden. Genuin bürgerliche Mentalitäten finden sich im Gegensatz zur Nachkriegszeit heute nur noch bei Minderheiten. Daneben hat sich eine Vielzahl unterschiedlicher Geisteshaltungen bis hin zu prononciert unbürgerlichen sozialen Milieus entwickelt. Von einer relativ einheitlichen Mittelschichtmentalität kann weniger denn je die Rede sein. Bestimmte Mentalitäten sind noch den „alten" Pflicht- und Akzeptanzwerten verpflichtet, andere sind von den „neuen" Werten der Selbstverwirklichung und der Individualisierung bereits voll erfasst. Einige soziale Milieus stellen die optimistische und liberale Mentalität von Modernisierungsgewinnern dar, andere die politikverdrossene und pessimistische Sicht von Modernisierungsverlierern. [...] Fasst man die Entwicklung der sozialen Lage der gesellschaftlichen Mitte seit den 1990er Jahren zusammen, so ergibt sich Folgendes: Die deutsche Gesellschaft ist nicht auf dem Weg von der „Zwiebel" zur „Sanduhr". Die gesellschaftliche Mitte erodiert und verelendet auch nicht. Ihre Größe und ihr Wohlstand stagnieren bei großen Unterschieden im Einzelnen. Die Aufstiege in die Mitte überwiegen die Abstiege aus der Mitte nicht mehr. Die Mitte, vor allem die untere Mitte, ist eine geschlossenere Gesellschaft als früher geworden. Das ist durchaus neu, weil die gesellschaftliche Mitte, die Dienstleistungsmittelschichten, seit Anbeginn und noch bis in die 1980er Jahre hinein ständig wuchsen, mehr Aufsteiger aufnahmen als Absteiger entließen und insgesamt wohlhabender geworden sind.

Weil ihre äußeren Lagen und ihre inneren Haltungen so unterschiedlich geworden sind, stellt die gesellschaftliche Mitte heute nur noch teilweise das gesellschaftliche Vorbild dar. Nur Teile der gesellschaftlichen Mitte personifizieren noch die Aufstiegshoffnungen und Gerechtigkeitsvorstellungen anderer sozialer Schichten.

(Stefan Hradil: Angst und Chancen. Zur Lage der gesellschaftlichen Mitte aus soziologischer Sicht. In: Gesellschaft, Wirtschaft, Politik, 2. Vierteljahr 2007, S. 189 ff.)

Nach Hradil nehmen in der gesellschaftlichen Mitte Unzufriedenheit und Besorgnisse zu. Er drückt dies in einem Bild aus: „Die Angst klettert sozusagen die Bürotürme hoch."

- Diese Entwicklung zeitigt wichtige Auswirkungen auf die Vorbildfunktion der gesellschaftlichen Mitte, die er durch zunehmende **Ausdifferenzie-**

3

AFB I

Fortsetzung: Nach Ansicht des Autors des Textes bildet „die gesellschaftliche Mitte heute nur noch teilweise das gesellschaftliche Vorbild". Legen Sie dar, mit welchen Argumenten er diese These begründet.

rung der sozialen Milieus in dieser Gruppe gefährdet sieht. Während die gesellschaftliche Mitte in der Nachkriegszeit noch gemeinsame bürgerliche Werte hatte und vertrat, ist dies heute nicht mehr der Fall.

- Die Herausbildung **neuer sozialer Milieus** führte auch zu **neuen Werten und Geisteshaltungen.** Eine einheitliche Mittelschichtenmentalität gibt es nach Hradil kaum mehr. Vielmehr gibt es eine Vielzahl alter und neuer **Mentalitäten** wie z. B. die Betonung von Selbstverwirklichung und Individualisierung und die „optimistische und liberale Mentalität von Modernisierungsgewinnern" sowie die „politikverdrossene und pessimistische Sicht von Modernisierungsverlierern".

Aufgrund dieser Veränderungen kommt Hradil zu dem Schluss, dass nur noch Teile der gesellschaftlichen Mitte die Aufstiegshoffnungen und Gerechtigkeitsvorstellungen anderer sozialer Schichten personifizieren.

Soziale Milieus

Unter **sozialen Milieus** versteht man Gruppierungen von Menschen, die in ähnlichen Umständen leben, ähnlich denken und so das Verhalten der Einzelnen in ähnlicher Weise prägen.
In der **Soziologie** spielt der Milieubegriff eine wichtige Rolle. Im Zug der zunehmenden Pluralisierung und Individualisierung der Gesellschaft postulierten Soziologen, aber auch Konsum- und Wahlforscher gegen Ende des 20. Jahrhunderts, dass für die **Prägung** der Menschen weniger ihre Zugehörigkeit zu einer bestimmten Klasse oder Schicht als vielmehr ihre Zuordnung zu einem bestimmten **Lebensstil** wichtig sei. An die Stelle „objektiver" Faktoren wie Beruf, Einkommen und Bildung treten vermehrt „subjektive" Faktoren wie **Mentalitäten, Konsum- und Freizeitverhalten** sowie **Mediennutzung** (soziokulturelle Identität). Im Zug der gesellschaftlichen Modernisierung wird der Einzelne aus seinen kulturellen, sozialen und wirtschaftlichen Bindungen herausgelöst; an ihre Stelle treten mehr individuelle Handlungsfähigkeit und Entfaltungsmöglichkeiten.
Die bekannteste **empirische Milieustudie** in Deutschland ist die **Sinus-Studie.** Dort werden inzwischen zehn Milieus unterschieden: Traditionsverwurzelte – Konservative – DDR-Nostalgiker – Etablierte – bürgerliche Mitte – Konsummaterialisten – Postmaterielle – moderne Performer – Hedonisten – Experimentalisten.

4

Der Autor spricht von einem „neuen Subproletariat" in der Bundesrepublik. Arbeiten Sie aus dem Text die Merkmale heraus, die dieses Subproletariat kennzeichnen.

AFB II

M1

Ijoma Mangold über das „neue Subproletariat" (2005):

Das neue Subproletariat ist im strengen Sinne eine Klasse, weil es eine hohe Menge an Eigenschaften teilt, durch die man es als homogene Gruppe beschreiben kann. Ihm gehört an, wer so gering qualifiziert ist, dass der immer anspruchsvoller werdende Arbeitsmarkt keine Verwendung für seine Arbeitskraft hat. Die Industrien, die früher in großer Zahl schlecht ausgebildete Hilfsarbeiter einsetzen konnten, sind durch die Globalisierung in andere Länder abgewandert. Nur durch Bildung kann man heute an der Gesellschaft partizipieren. Aber genau darin ist – wie mittlerweile allgemein bekannt – Deutschland so schlecht wie kaum eine andere Industrienation: diejenigen am Bildungssystem partizipieren zu lassen, die nicht selbst aus Familien mit Bildungserfahrung stammen.

Für das neue Subproletariat gibt es damit keine Perspektive eines sozialen Aufstiegs. Dafür, dass man es in Wahrheit aufgegeben hat, stellt man es mit Sozialleistungen ruhig. Das wiederum zeigt sich an den sehr einheitlichen Lebensformen des Subproletariats. Liest man die entsprechenden Untersuchungen der empirischen Sozialforschung, stellt sich ein einheitliches Bild dar: Die neuen Unterschichten sind kinderreich, aber sie kennen kaum mehr stabile Familienverhältnisse. Sie schauen eklatant mehr Fernsehen als der Bundesdurchschnitt und sie rauchen mehr [...]. Sie ernähren sich ungesund und das bevorzugt durch teures Fast Food. Sie sind oft übergewichtig, haben motorische Probleme und betreiben weniger Sport als der Gesellschaftsdurchschnitt. Dafür geben sie große Summen für Unterhaltungselektronik aus und sterben in der Regel zehn Jahre früher als der Rest der Gesellschaft.

Das, was die Unterschichten von der Gesellschaft ausschließt, hat also wenig mit materieller Unterversorgung zu tun. [...] Es sind die Prinzipien der Lebensführung, die in erschreckender Weise divergieren.

(Ijoma Mangold: Das neue Subproletariat. In: Süddeutsche Zeitung vom 9. 2. 2005, Auszug)

Nach Mangold ist das neue Subproletariat durch die folgenden Merkmale gekennzeichnet:

- Geringe schulische und berufliche Qualifikation,
- fehlende Perspektive eines sozialen Aufstiegs,
- hohe Kinderzahl bei instabilen Familienverhältnissen,
- hoher Fernsehkonsum und hohe Ausgaben für Unterhaltungselektronik,
- ungesunde Lebensführung (Rauchen, Fast Food, wenig Sport) und
- geringere Lebenserwartung als der Durchschnitt.

5

AFB II

Analysieren Sie die Entwicklung der Einkommensverteilung nach den Angaben des Statistischen Bundesamts aus dem Material.

M1

Schichtung der Bevölkerung nach relativen Einkommenspositionen

Monatliches Haushaltsnetto-einkommen, äquivalenz-gewichtet, in % des Median	1985[1]	1989[1]	1993	1997	2001	2005	2006
				in %			
Höherer Wohlstand (> 200 %)	3,8	3,6	3,8	3,4	3,9	4,2	4,7
Relativer Wohlstand (150–200 %)	7,2	7,3	8,5	7,6	8,5	8,3	8,1
Gehobene Einkommenslage (125–150 %)	11,6	11,5	9,8	10,1	9,0	9,8	9,5
Mittlere bis gehobene Einkommenslage (100–125 %)	18,5	18,5	18,5	18,3	18,4	16,6	16,1
Untere bis mittlere Einkommenslage (75–100 %)	25,8	27,2	27,1	28,8	28,3	26,4	25,2
Prekärer Wohlstand (50–75 %)	24,0	23,7	23,6	23,9	22,7	23,9	25,0
Relative Armut (0–50 %)	9,1	8,3	8,8	7,9	9,1	10,8	11,4

[1] Für die Jahre 1985 bis 1989 nur Westdeutschland

(www.destatis.de [Datenreport 2008 Private Haushalte, S. 165])

Zur Datenbasis

Die Zahlen aus dem Datenreport des Statistischen Bundesamtes stellen die Verteilung der **monatlichen Haushaltsnettoeinkommen** in Deutschland in ausgewählten Jahren **zwischen 1985 und 2006** dar. Die Einteilung erfolgt in sieben Gruppen, wobei jede dieser Gruppen in einem bestimmten Umfang vom Mittelwert abweicht. Da der Erhebungszeitraum mehr als 20 Jahre umfasst, sollten **längerfristige Trends** erkennbar sein.

Die Statistik arbeitet nicht mit absoluten Einkommenswerten, sondern mit **Prozentabweichungen vom Mittelwert** aller Haushalte. Die oberste Gruppe z. B., die mit dem Begriff „höherer Wohlstand" gekennzeichnet ist, weicht um mehr als 100 % vom Mittelwert ab; Familien, die dieser Gruppe angehören, haben also ein doppelt so hohes Haushaltsnettoeinkommen als der Durchschnitt aller Haushalte.

Die Tabelle enthält ausschließlich **relative Zahlenangaben.** Aussagen über die absolute Höhe der Haushaltsnettoeinkommen in den Gruppen macht die Statistik nicht.

Fortsetzung: Analysieren Sie die Entwicklung der Einkommensverteilung nach den Angaben des Statistischen Bundesamts aus dem Material.

AFB II

Betrachtet man die Entwicklung der einzelnen Gruppen, so lassen sich folgende **Feststellungen** treffen:

- Der Gruppe **höherer Wohlstand** gehören im beobachteten Zeitraum zwischen 3,4 % und 4,7 % aller Haushalte an. Insgesamt nimmt diese Gruppe deutlich zu. Der Zuwachs beträgt etwa 40 %.
- Der Gruppe **relativer Wohlstand** gehören im beobachteten Zeitraum zwischen 7,2 % und 8,5 % aller Haushalte an. Insgesamt nimmt diese Gruppe über den gesamten Zeitraum gesehen leicht zu.
- Der Gruppe **gehobene Einkommenslage** gehören im beobachteten Zeitraum zwischen 9,0 % und 11,6 % aller Haushalte an. Insgesamt gesehen nimmt diese Gruppe über den gesamten Zeitraum gesehen ab.
- Der Gruppe **mittlere bis gehobene Einkommenslage** gehören im beobachteten Zeitraum zwischen 16,1 % und 18,5 % aller Haushalte an. Insgesamt gesehen nimmt diese Gruppe über den gesamten Zeitraum gesehen kontinuierlich ab.
- Der Gruppe **untere bis mittlere Einkommenslage** gehören im beobachteten Zeitraum zwischen 25,2 % und 28,8 % an. Insgesamt gesehen nimmt diese Gruppe vor allem in den letzten Jahren ab.
- Der Gruppe **prekärer Wohlstand** gehören im beobachteten Zeitraum zwischen 22,7 % und 25,0 % aller Haushalte an. Insgesamt gesehen nimmt diese Gruppe über den gesamten Zeitraum gesehen leicht zu.
- Der Gruppe **relative Armut** gehören im beobachteten Zeitraum zwischen 7,9 % und 11,4 % aller Haushalte an. Insgesamt gesehen nimmt diese Gruppe über den gesamten Zeitraum gesehen ebenfalls zu.
- Die Schwankungen der Zahlen aller Gruppen im beobachteten Zeitraum sind relativ gering und gehen auf den Gesamtzeitraum bezogen nicht über maximal 3,6 % hinaus (Gruppe „untere bis mittlere Einkommenslage").

Folgende **Trends** lassen sich erkennen:

- Die **Armut** ist etwas gewachsen. Die Gruppe „relative Armut" nimmt leicht zu und ist 2006 größer als die Gruppe „gehobene Einkommenslage".
- Es findet eine **Umverteilung** „nach unten" statt. Insbesondere in den Jahren ab 2001 werden die unteren drei Gruppen größer, während es bei den beiden oberen Gruppen nur geringe Veränderungen gibt.

6

AFB II

Erläutern Sie mithilfe der Statistik die Zusammenhänge zwischen Lebensformen und Armutsrisiko in Deutschland.

M1 **Betroffenheit von Armut in Deutschland nach Haushaltsmerkmalen**

	2001	2006
	Armutsquote in %	
insgesamt	**11,4**	**13,9**
Haushaltstypen		
Singlehaushalt	14,8	20,0
Paarhaushalt ohne Kind	5,7	7,2
Paarhaushalt mit minderjährigen Kindern	10,7	13,3
Einelternhaushalt	36,7	35,4
Elternhaushalt mit erwachsenen Kindern	11,8	12,8
Sonstige Mehrpersonenhaushalte	21,5	8,0
Haushaltsgröße		
1-Personen-Haushalt	14,8	19,9
2-Personen-Haushalt	7,9	9,2
3-Personen-Haushalt	11,1	14,4
4-Personen-Haushalt	8,2	13,2
5-Personen-Haushalt und mehr	23,0	18,4

Armutsquote: Umfang der Armutspopulation in Prozent. Als arm gilt ein Haushalt, dessen Pro-Kopf-Einkommen weniger als 60 % des durchschnittlichen Nettoeinkommens beträgt. *(Statistisches Bundesamt (Hrsg.), Datenreport 2008, S. 169 [Auszug])*

Zur Datenbasis

Die Statistik stellt den Zusammenhang zwischen **Haushaltstyp und Armutsquote** in den Jahren 2001 und 2006 dar. Die Quelle der Zahlen, das Statistische Bundesamt, kann als zuverlässig eingeschätzt werden.
Ein Haushalt wird als arm definiert, wenn sein Pro-Kopf-Einkommen weniger als 60 % des durchschnittlichen Nettoeinkommens beträgt. Die Armuts-

Fortsetzung: Erläutern Sie mithilfe der Statistik die Zusammenhänge zwischen Lebensformen und Armutsrisiko in Deutschland.

AFB II

quote aller Haushaltstypen betrug im Jahr 2001 11,4 % und im Jahr 2005 13,9 %. Dies bedeutet, dass die Armut in Deutschland in diesem Zeitraum zugenommen hat. Alle Haushaltstypen, die über diesen Zahlen liegen, haben eine höhere Armutsquote als der Durchschnitt.

Wesentliche Ergebnisse

- Laut der Statistik tragen 2006 – wenn man die Haushaltstypen betrachtet – die Einelternhaushalte mit 35,4 % das **höchste Armutsrisiko,** gefolgt von Singlehaushalten mit 20 %. Nach Haushaltsgrößen betrachtet, sind die Einpersonenhaushalte mit 19,9 % am häufigsten von Armut betroffen, gefolgt von Haushalten mit fünf oder mehr Personen, die 18,4 % ausmachen. Das Armutsrisiko von Singlehaushalten hat sich von 2001 bis 2006 deutlich erhöht, während es für Einelternhaushalte leicht abgenommen hat.
- Eine **unterdurchschnittliche Armutsquote** haben Paarhaushalte ohne Kind (2006: 7,2 %), sonstige Mehrpersonenhaushalte (2006: 8 %) und (ganz knapp) Elternhaushalte mit erwachsenen Kindern (2006: 12,8 %). Das Armutsrisiko von Paarhaushalten ohne Kinder und Elternhaushalten mit erwachsenen Kindern hat sich leicht erhöht, während das Armutsrisiko von sonstigen Mehrpersonenhaushalten deutlich abgenommen hat.

Zusammenfassung

Die Statistik verdeutlicht, dass ein signifikanter Zusammenhang zwischen **Lebensform und Armutsrisiko** sowie **Kinderzahl und Armutsrisiko** besteht. Wessen Lebensform beispielsweise vom Haushaltstyp Paar ohne Kinder deutlich abweicht, trägt ein überdurchschnittlich hohes Armutsrisiko. Wer viele Kinder hat oder alleinstehend ein Kind bzw. mehrere Kinder erzieht, ist ebenfalls einem höheren Armutsrisiko ausgesetzt als andere Gruppen in der Gesellschaft. Die Statistik lässt keine Rückschlüsse über die Ursachen dieser Zusammenhänge zu.

7

AFB II

Arbeiten Sie heraus, welche „Familienwirklichkeit“ nach Auffassung des Autors in Deutschland besteht.

M1 **Thomas E. Schmidt (Journalist) zur „Familienwirklichkeit“ in Deutschland (2006):**
Es ist recht eindeutig: Die Deutschen leben nach wie vor überwiegend in Familienverbänden, auch wenn die heute anders aussehen als [früher]. Sie bilden die Mitte der Gesellschaft. Und diese Gesellschaft „versingelt“ auch nicht. Die Steigerung bei Einpersonenhaushalten ist zum großen Teil ein Phänomen älterer Frauen, die ihre Männer überleben. Die Scheidungsraten steigen zwar, aber es lassen sich vor allem Paare ohne Kinder scheiden. Auch die Wiederverheiratungsraten sind hoch, aber sie werden nicht gegengerechnet. Klar: viele bunte Lebensformen, aber statistisch gesehen bedeutet jede Abweichung von der Familiennorm ein erhöhtes Armutsrisiko. Man kann aus solchen Sachverhalten keine Werte ableiten, aber es spricht viel dafür, dass eine Investition öffentlicher Mittel in die Familie für die Zukunftssicherung der Gesellschaft vernünftig ist. Und wenn man dreißig Jahre nach vorn blickt und sich die kommende Vergreisung der geburtenstarken Jahrgänge vor Augen führt, dann gewinnt die volkswirtschaftliche Argumentation eine ethische Komponente hinzu. Es wird nämlich nicht nur eine Strukturfrage bleiben, wie die Gesellschaft künftig – hoffentlich mit mehr Kindern, bestimmt aber mehr Alten – Fürsorgeleistungen organisiert. Die Pflegepflichten müssen neu verteilt werden. Es ist also von großer Bedeutung, welche Familienwirklichkeit genau staatlich unterstützt werden soll, die bestehende oder eine durch parteipolitische Wertvorstellungen idealisierte.
(Thomas E. Schmidt: Das große Kuddelmuddel. In: Die Zeit vom 1. 2. 2006, Auszug)

- Der Autor argumentiert, dass die meisten Deutschen in **Familienverbänden** leben, die er die „Mitte der Gesellschaft“ nennt. Diese sehen zwar anders aus als früher, sind im Prinzip aber noch immer Kernfamilien.
- Die Zahl der **bunten Lebensformen** hat zugenommen: Es gibt mehr Singles, Alleinerziehende und kinderlose Ehepaare. Dies kann als Resultat einer pluralistischen, postmodernen Gesellschaft gesehen werden. Nach Ansicht des Autors haben diese „bunten Lebensformen“ ein höheres **Armutsrisiko** als die Familien, die eher der „Familiennorm“ entsprechen.

Daraus ergibt sich für Schmidt die Frage, welche **Familienwirklichkeit** die Politik mit den Mitteln einer staatlichen Familienpolitik künftig unterstützen soll. Er spricht sich dafür aus, dass die Politik sich auf die Realitäten einstellt – Vergreisung, mehr Pflegebedarf, erhöhtes Armutsrisiko –, statt sich von einem **Familienbild** leiten zu lassen, das nicht mehr viel mit der gesellschaftlichen Wirklichkeit zu tun hat.

Erläutern Sie vertikale und horizontale Dimensionen von sozialer Ungleichheit.

AFB II

Der Begriff **soziale Ungleichheit** bringt zum Ausdruck, dass in einer Gesellschaft soziale Positionen und sozialer Status sowie Ressourcen wie Eigentum, Einkommen, Macht und Prestige ungleich verteilt sind. Man kann auch sagen, dass soziale Ungleichheit dann vorliegt, wenn Menschen aufgrund ihrer Stellung im sozialen Beziehungsgefüge von den wertvollen Gütern einer Gesellschaft regelmäßig mehr erhalten als andere. Statt sozialer Ungleichheit wird in der Soziologie auch der Begriff **soziale Differenzierung** verwendet.

Vertikale Dimensionen sozialer Ungleichheit sind:

- Stellung im Beruf,
- Einkommen,
- Bildung und Ausbildung,
- sozialer Status.

Horizontale Dimensionen sozialer Ungleich sind:

- Alter,
- Geschlecht,
- sexuelle Orientierung,
- soziales Milieu und Lebensstil sowie Konsumverhalten,
- Nationalität bzw. ethnische Herkunft,
- Wohnlage,
- Zugehörigkeit zu einer gesellschaftlichen Randgruppe.

Die **vertikalen** Dimensionen bestimmen meist die Stellung der Einzelnen in der Gesellschaft in einem materiell geprägten Gefüge von „oben“ und „unten“. Beispielsweise steht ein ungelernter Arbeiter „unten“, weil er ein geringes Einkommen hat und nur über wenig Ausbildung verfügt. Die **horizontalen Dimensionen** sind Ausdruck einer zunehmenden Ausdifferenzierung nach unterschiedlichen Lebensstilen. So können Personen mit gleicher Ausbildung und gleichem Beruf unterschiedliche Lebensstile haben, weil eine verheiratet und karriereorientiert ist, während die andere einer sexuellen Minderheit angehört und zugunsten von mehr Freizeit auf einen Teil ihres Einkommens verzichtet.

9

AFB III

Prüfen Sie, ob sich die These von der Entwicklung eines neuen Subproletariats aus dem Text von Aufgabe 4 mit den Daten aus der Statistik in Aufgabe 5 belegen lässt.

Insgesamt sind die Daten der Statistik zur Verteilung der monatlichen Nettohaushaltseinkommen **nicht ausreichend,** um einen zwingenden Zusammenhang zwischen der Entstehung eines neuen Subproletariats und veränderten Einkommenslagen abzuleiten. Dazu wären zusätzliche Daten, z. B. **Daten zu Lebensstilen, Werteorientierungen und Verhaltensweisen,** nötig, um sie mit den Daten von anderen Mitgliedern der unteren Schichten der Gesellschaft zu vergleichen.

Die Daten in der Statistik belegen lediglich die Entwicklung hin zu einer Zunahme der sogenannten **relativen Armut** in Deutschland, wenn auch nur in geringem Umfang. Der mit „prekärer Wohlstand" bezeichneten Gruppe gehörten 2001 22,7 % an, 2006 waren es 25 %. Das ist eine Zunahme von 2,3 %, womit sich nur schwerlich ein Trend hin zu einem „neuen Subproletariat" belegen lässt. Bei der Gruppe „relative Armut" beträgt der Unterschied zwischen dem niedrigsten (1997) und dem höchsten (2006) Wert 3,5 %. Diese Zahl spricht schon eher für den behaupteten Trend hin zu einem „neuen Subproletariat".

Prekariat

„Das Prekariat ist in der postindustriellen Gesellschaft, was das Proletariat in der Industriegesellschaft war". *(Alex Foti, italienischer Politikwissenschaftler)*

Als soziologischer Begriff definiert Prekariat **ungeschützt Arbeitende und Arbeitslose** als eine neue soziale Gruppe. Es handelt sich nicht um eine homogene Gruppierung. **Betroffene sind:**

- einkommensschwache Selbstständige,
- Arbeiter und Angestellte auf Zeit,
- Praktikanten,
- chronisch Kranke,
- Zeitarbeitnehmer,
- Langzeitarbeitslose,
- Angestellte aus wissenschaftlichen Arbeitsverhältnissen.

Häufig wird statt vom **Prekariat** auch von einer **neuen Unterschicht** gesprochen. Laut einer Studie der Friedrich-Ebert-Stiftung von 2006 gehören in Deutschland 6,5 Millionen Menschen (rund 8 % der Gesamtbevölkerung) zum **abgehängten Prekariat.** Es zeichnet sich durch flexible Arbeitsverhältnisse, Arbeitslosigkeit, Niedrigsteinkommen und mangelnde Bildung aus.

10 **Überprüfen Sie anhand der Statistik, ob sich ein Zusammenhang zwischen Kindergartenbesuch, sozialer Herkunft und Bildungsbeteiligung belegen lässt.**

AFB III

M1

Bildungsbeteiligung von 14-jährigen Schulkindern aus Westdeutschland mit Vorschulbildung (= KG-Besuch) nach sozialer Herkunft in Prozent

	Hauptschule	Realschule	Gymnasium
Arbeiterkinder			
KG-Besuch/kein KG-Besuch	39/71	35/23	27/7
Kinder un- und angelernter Arbeiter			
KG-Besuch/kein KG-Besuch	53/71	28/18	18/12
Kinder aus der oberen und unteren Dienstklasse			
KG-Besuch/kein KG-Besuch	13/0	27/36	61/64
Migrantenkinder			
Arbeiterkinder			
KG-Besuch/kein KG-Besuch	53/61	32/31	16/8
Kinder un- und angelernter Arbeiter			
KG-Besuch/kein KG-Besuch	55/69	29/27	17/4
Kinder aus der oberen und unteren Dienstklasse			
KG-Besuch/kein KG-Besuch	10/33	24/67	67/0

(Statistisches Bundesamt (Hrsg.), Datenreport 2008, S. 75, Auszug)

Die Statistik dokumentiert die Bildungsbeteiligung 14-jähriger Schulkinder in Westdeutschland. Einziges Kriterium für die soziale Herkunft ist der **Beruf des Haushaltsvorstandes,** unterteilt in drei Gruppen. Zudem wird für jede Gruppe unterschieden, ob die Kinder einen Kindergarten besucht haben oder nicht. **Migrantenkinder** sind separat aufgeführt. Die Zahlen sind Prozentangaben. Der jeweilige Anteil der Gruppen an der Gesamtgesellschaft wird nicht angegeben, sodass eine zuverlässige Aussage zum Zusammenhang von sozialer Herkunft und Bildungsbeteiligung erschwert ist.

- **Besuch eines Gymnasiums:** 61 % der Kinder aus der Dienstklasse besuchen das Gymnasium, während die Kinder der beiden anderen Gruppen im Vergleich dazu mit 27 % bzw. 18 % deutlich unterrepräsentiert sind. Ob ein Kindergarten besucht wurde oder nicht, ist meist signifikant. Bei Arbeiter-

10

AFB III

Fortsetzung: Überprüfen Sie anhand der Statistik, ob sich ein Zusammenhang zwischen Kindergartenbesuch, sozialer Herkunft und Bildungsbeteiligung belegen lässt.

kindern und Kindern von un- und angelernten Arbeitern führt ein Kindergartenbesuch eher zum Besuch des Gymnasiums. Bei Migrantenkindern aus der Dienstklasse haben alle Kinder, die ein Gymnasium besuchen, eine Vorschulbildung genossen.

- **Besuch einer Hauptschule:** Überdurchschnittlich viele Arbeiterkinder und Kinder un- und angelernter Arbeiter besuchen die Hauptschule (71 % ohne Kindergartenbesuch), während Kinder aus der Dienstklasse mit 13 % wohl deutlich unterrepräsentiert sind. Bei Migrantenkindern liegt der Anteil der Kinder, die die Hauptschule besuchen, insgesamt noch höher.
- **Besuch einer Realschule:** Diese Zahlen sind am „unauffälligsten". Etwa ein Viertel bis gut ein Drittel aller Kinder gehen auf die Realschule. Eine Ausnahme bilden Migrantenkinder (ohne Kindergartenbesuch) aus der Dienstklasse, die mit 67 % auffällig häufig die Realschule besuchen.

Zusammenfassung: Trotz aller gebotenen Vorsicht kann ein Zusammenhang zwischen sozialer Herkunft und dem Besuch einer bestimmten Schulart festgehalten werden. Je höher die berufliche Qualifikation des Haushaltsvorstands ist, desto höher ist der Anteil der Kinder, die die Realschule oder das Gymnasium besuchen. Zudem haben diejenigen Kinder signifikant bessere Bildungschancen, die einen Kindergarten besucht haben. Ob Kinder einen Migrationshintergrund haben oder nicht, ist vor allem in der Gruppe der Arbeiterkinder und der Kinder un- und angelernter Arbeiter bedeutsam.

Hinweise zur Statistik

Die vorliegende Statistik legt zwar Zahlen zur **Verteilung** der 14-jährigen Schulkinder nach dem Kriterium „Beruf des Vaters" auf die einzelnen Schularten vor, es fehlen jedoch vergleichende Angaben zum Anteil **aller** 14-jährigen Kinder an den einzelnen Schularten. Erst diese Angaben würden eine zuverlässige Aussage darüber zulassen, ob eine Gruppe in einer bestimmten Schulart über- oder unterrepräsentiert ist. Bei der vorliegenden Statistik ist deshalb Vorsicht geboten, wenn Schlussfolgerungen zum Zusammenhang von sozialer Herkunft und Bildungsbeteiligung gezogen werden. Nichtsdestoweniger lässt die vorliegende Statistik Aussagen darüber zu. Aussagen über den **Bildungserfolg** lassen sich jedoch **nicht** entnehmen, da die Statistik keine Angaben über Schul- und Berufsabschlüsse enthält.

„Nur durch Bildung kann man heute an der Gesellschaft partizipieren." Erörtern Sie diese Aussage.

Es ist zu vermuten, dass in der obigen Aussage mit „Bildung" die **schulische Bildung** und damit einhergehende **Bildungsabschlüsse** gemeint sind. Gesellschaftliche **Partizipation** bedeutet die Teilhabe des Einzelnen an allen Bereichen der Gesellschaft. Man kann die Aussage so verstehen, dass nur derjenige, der über ein ausreichend hohes Maß an schulischer Bildung verfügt, auch einen besseren Rang in der Gesellschaft erreichen kann.

Für einen Zusammenhang zwischen Bildung und Partizipation sprechen folgende Argumente:

- Die **Teilhabe am wirtschaftlichen Leben** ist zentral vom Schulabschluss abhängig. Das zeigt sich schon darin, dass es einen empirischen Zusammenhang zwischen höheren Schulabschlüssen und höheren sozialen Rangpositionen (Beruf, Einkommen) gibt. Zudem sind Menschen mit höherer Bildung seltener arbeitslos und häufiger zufrieden mit ihrer Arbeit.
- Auch hinsichtlich der **Teilhabe am politischen Leben** gibt es empirische Belege dafür, dass Menschen mit höheren Schulabschlüssen sich häufiger engagieren. Das zeigt sich z. B. auch an der Zusammensetzung des Bundestages oder auch der Landtage; Abgeordnete mit höheren Bildungsabschlüssen überwiegen.

Gegen einen Zusammenhang zwischen Bildung und Partizipation spricht vor allem folgendes Argument:
Nicht in allen Bereichen des gesellschaftlichen Lebens spielen Bildungsabschlüsse die entscheidende Rolle. So engagieren sich z. B. auch viele Menschen mit niedrigen Bildungsabschlüssen in Vereinen oder auf ehrenamtlicher Basis. Die **soziale Teilhabe** im Sinn des Eingebundenseins in die Gesellschaft ist kaum von Bildungsabschlüssen abhängig.

Zusammenfassung

Die Aussage, man könne heute nur durch Bildung an der Gesellschaft partizipieren, ist lediglich für den Fall uneingeschränkt gültig, dass man die berufliche Position als Beurteilungskriterium betrachtet. In Bezug auf Studium und Beruf ist die formale Bildung die entscheidende „Eintrittskarte".

12

AFB III

Bewerten Sie die Bedeutung der Familie für die Zukunftssicherung der Gesellschaft.

Der Familienbegriff bzw. das Familienbild hat sich in den letzten Jahrzehnten stark gewandelt. Heute werden unter dem Begriff „Familie" alle **Lebensformen** zusammengefasst, in denen Eltern oder ein Elternteil mit leiblichen und nicht leiblichen Kindern zusammenleben.

Zu den wichtigsten **Funktionen der Familie** gehören

- **die biologische Reproduktionsfunktion:** Wenn man unter Familie alle Lebensformen versteht, in denen mindestens ein Elternteil und mindestens ein Kind zusammenleben, dann sichert nach wie vor ein familiärer Zusammenhang die Reproduktion der Gesellschaft.
- **die Sozialisationsfunktion:** In der Familie lernen die meisten Kinder, sich an die Gesellschaft anzupassen (z. B. Rollenverhalten). In einer zunehmend komplexer werdenden Gesellschaft wird die Entwicklung von sozialen Kompetenzen und Wertehaltungen immer wichtiger. Auch in diesem Bereich spielt die Familie eine entscheidende Rolle.
- **die wirtschaftliche Funktion:** Neben die klassischen wirtschaftlichen Funktionen wie Schutz und Fürsorge tritt heute die **Freizeit- und Erholungsfunktion.** Die Familie leistet einen Beitrag zur Erhaltung und Wiederherstellung der Gesundheit der Familienmitglieder und bietet emotionalen Rückhalt sowie Spannungsausgleich.

Zusammenfassung

Die Bedeutung der Familie für die Zukunftssicherung der Gesellschaft ist noch immer groß. Dass für manche Funktionen andere Einrichtungen der Gesellschaft (Schulen, Peergroups, Medien u. a.) immer wichtiger werden, ändert daran nur wenig.

13

„Man muss dafür sorgen, dass der Gegensatz der Reichen und der Armen sich möglichst ausgleicht." (Aristoteles)
Diskutieren Sie diese Aussage.

AFB III

Man kann die Aussage von Aristoteles als einen Appell verstehen, das in letzter Zeit oft beschworene „Auseinanderdriften der Gesellschaft" zu verhindern oder zumindest zu vermindern.

Argumente für die Forderung von Aristoteles

- Eine Gesellschaft, die zu weit auseinanderdriftet, in der mithin die Gegensätze zwischen Armen und Reichen zu groß werden, gefährdet ihren **inneren (sozialen) Frieden.** Im Extremfall kann es zu politischen Unruhen bis hin zum Umsturz des bestehenden Systems kommen.
- Auch der rechtliche Friede kann gefährdet sein. Zunehmende Ungleichheit kann zu zunehmender **Kriminalität** führen und so die individuelle Gefährdung vergrößern.
- Die **Leistungsfähigkeit des politischen Systems** kann durch zu viel Ungleichheit infrage gestellt werden. Viele Bürger könnten sich von der Demokratie als Staatsform abwenden (Legitimationsverlust des Staates).

Aus diesen und anderen Gründen versuchen Staaten wie die Bundesrepublik Deutschland, den Gegensatz zwischen Arm und Reich nicht zu groß werden zu lassen. In der Bundesrepublik hat dieses Anliegen sogar Verfassungsrang **(Sozialstaatsgebot des Grundgesetzes).** Wichtigstes Mittel dabei ist die Umverteilung der Einkommen mittels einer geeigneten Steuerpolitik, unterstützt von Maßnahmen zur sozialen Absicherung und zur Förderung der Chancengleichheit.

Argumente, die gegen die Forderung von Aristoteles sprechen könnten

- Die Umverteilung von Einkommen und Vermögen kann die **Leistungsgerechtigkeit beeinträchtigen** und demotivierend auf sogenannte Leistungsträger wirken.
- Der politische Maßnahmenkatalog zur Realisierung eines geringeren Gegensatzes der Reichen und der Armen ist umstritten und kann zu unerwünschten Ergebnissen führen.

14

AFB III

Analysieren Sie die Karikatur im Hinblich auf ihre stilistischen Mittel und ihre politische Aussage. Nehmen Sie Stellung.

M1

Versöhnung zwischen Arbeiterschaft und Top-Management

(Greser & Lenz, Aschaffenburg, von: www.bpb.de*)*

Beschreibung

Die Karikatur zeigt zwei Männer, die an einem Tisch in einer Kneipe sitzen. Da die Kneipe „August Bebel Stubb" heißt, liegt sie vermutlich in einem „Arbeiterviertel". Die beiden Männer unterscheiden sich deutlich: Der eine trägt Anzug und Krawatte und trinkt Kaffee mit Cognac, der andere trägt eine Arbeitslatzhose und trinkt Bier. Es sitzen sich ein Manager und ein Arbeiter gegenüber. Der Arbeiter sagt „Chef" zu dem anderen Mann.

Analyse

- Stilistisch gesehen arbeitet der Karikaturist mit einer (etwas unwahrscheinlichen) Alltagssituation. Die beiden Männer werden zeichnerisch als „besser gestellt" und „Arbeiter" typisiert; zur Typisierung tragen auch die Getränke bei. Der Manager beklagt seine finanzielle Situation **(Übertreibung);** der Arbeiter ist davon so „beeindruckt", dass er die nächste Runde zahlen will, um den Chef nicht noch stärker finanziell zu belasten **(Ironie).**

Fortsetzung: Analysieren Sie die Karikatur im Hinblick auf ihre stilistischen Mittel und ihre politische Aussage.

AFB III

- Die Bildunterschrift kennzeichnet die Situation ironisch (fast zynisch) als „Versöhnung zwischen Arbeiterschaft und Top-Management".
- Der **politische Kontext** der Karikatur ist der große Einkommensunterschied zwischen Managern und Arbeitern als eine Form der sozialen Ungleichheit.

Interpretation und Bewertung

Die politische Aussage der Karikatur lässt sich so deuten: In der gesellschaftlichen Diskussion um soziale Ungleichheit werden oft völlig falsche Maßstäbe angesetzt, um die soziale Wirklichkeit zu verschleiern. Der Karikaturist verdeutlicht dies an einem besonders absurden Beispiel. Der Manager stellt fest, dass ihm aufgrund der hohen Unkosten für Privatjet, Geliebte und teure Autos kaum mehr Einkommen bliebe als dem Arbeiter. Er bettelt sozusagen um Verständnis für seine Situation, will fast bemitleidet werden. Auf diese Weise verspottet der Karikaturist den Manager und stellt ihn als unglaubwürdig dar. Kritisch kann man einwenden, dass der Karikaturist dadurch Gefahr läuft, die Debatte um (überhöhte) Managergehälter und die dahinterliegende Frage der sozialen Ungleichheit auf die Ebene einer „Neiddebatte" zu bringen, wo sie nicht hingehört. Die Debatte sollte darum gehen, ob große Einkommensunterschiede durch große Unterschiede in Kompetenz und Leistung zu rechtfertigen sind oder nicht.

Tipp: Erschließen von Karikaturen

Die Erschließung einer Karikatur erfolgt gewöhnlich in drei Schritten.

- **Beschreibung:** In einem ersten Schritt geht es darum, die vorliegende Karikatur zu beschreiben. Dadurch soll die dargestellte Situation vollständig erfasst werden, ohne dass die Beschreibung „ausufert". Im Idealfall kann man sich die Karikatur danach auch ohne Kenntnis der Vorlage gut vorstellen.
- **Analyse:** Anschließend sollen die in der Karikatur verwendeten Stilmittel identifiziert und in ihrer Wirkung beschrieben werden. Dabei ist auch der politisch-gesellschaftliche Kontext einer Karikatur herauszuarbeiten.
- **Interpretation und Bewertung:** Es wird eingeschätzt, welches die politische Aussage der Karikatur ist und ob und wie es dem Karikaturisten gelungen ist, sein Anliegen bzw. seine Kritik zu vermitteln.

KAPITEL 5

Sozialer Wandel, Sozialstaat und Sozialpolitik

Alle Fragen im Überblick

AFB I

1 Stellen Sie das Netz der sozialen Sicherung in der Bundesrepublik Deutschland nach geeigneten Kriterien dar.

2 Legen Sie dar, welches die wichtigsten Probleme des Sozialstaats in der Bundesrepublik Deutschland sind.

3 Nennen Sie die Gründe, die der Autor für die Krise des Sozialstaats anführt.

AFB II

4 Arbeiten Sie heraus, auf welche Weise der Autor der Krise des Sozialstaats begegnen will.

5 Versicherungsprinzip, Äquivalenzprinzip und das Prinzip der Solidarität gehören zu den Prinzipien des Sozialstaats. Erläutern Sie an Beispielen, wie diese Prinzipien das System der sozialen Sicherung in der Bundesrepublik Deutschland bestimmen.

6 Arbeiten Sie aus dem Text heraus, mit welchen Argumenten der Autor seine Behauptung von den „Paradoxien des Wohlfahrtsstaates“ begründet.

7 Nennen und erläutern Sie die Reformen des Sozialstaats zwischen 2003 und 2005, die mit dem Begriff „Agenda 2010“ in Zusammenhang gebracht werden.

AFB III

8 Erläutern und bewerten Sie die politische Aussage der Karikatur.

9 Entwerfen Sie einen Leserbrief, in dem Sie für die Abschaffung von Hartz IV und die Einführung eines bedingungslosen Grundeinkommens plädieren.

10 Gestalten Sie eine kurze Rede, in der Sie die Errungenschaften der Agenda-Reformen gegen ihre Kritiker verteidigen.

11 Erörtern Sie die Frage, ob angesichts von Globalisierung und zunehmendem Wettbewerbsdruck in der Wirtschaft der Sozialstaat an die Grenzen seiner Möglichkeiten stößt.

1

Stellen Sie das Netz der sozialen Sicherung in der Bundesrepublik Deutschland nach geeigneten Kriterien dar.

AFB I

Das Netz der sozialen Sicherung in der Bundesrepublik Deutschland lässt sich nach **drei grundlegenden Prinzipien,** dem Versicherungs-, dem Versorgungs- und dem Fürsorgeprinzip, unterscheiden.

	Versicherungsprinzip	Versorgungsprinzip	Fürsorgeprinzip
Wer ist abgesichert?	Mitglieder der gesetzlichen Versicherung	Personengruppen mit Anspruch auf Versorgung	Personen, die sich in einer individuellen Notlage befinden
Wann werden Leistungen fällig?	bei Eintritt des Versicherungsfalles	bei Vorliegen gesetzlich bestimmter Merkmale	bei Bedürftigkeit
Wie wird die Leistung finanziert?	durch Versicherungsbeiträge und Staatszuschüsse	durch Steuermittel	durch Steuermittel
Welche Gegenleistung muss erbracht werden?	Zahlung der Versicherungsbeiträge	nicht materielle Leistungen für die Gesellschaft	keine
Auf welche Bereiche der sozialen Sicherung wird das Prinzip angewendet?	Renten-, Pflege-, Unfall- und Arbeitslosenversicherung	Beamtenversorgung, Kriegsopferversorgung u. a.	Arbeitslosengeld II, Wohngeld, Sozialhilfe u. a.

Erläuterungen

■ Das **Versicherungsprinzip** basiert auf dem Grundsatz der **kollektiven Risikoübernahme.** Die Versicherten zahlen einen Geldbetrag (Versicherungsbeitrag) beim Versicherer ein, um beim Eintreten des Versicherungsfalls aus diesem Geldtopf einen Schadensausgleich zu erhalten. Es findet keine Bedürftigkeitsprüfung statt. Ein Anspruch besteht immer dann, wenn die Beiträge bezahlt wurden und der **Versicherungsfall** (Krankheit, Arbeitslosigkeit, Rentenalter usw.) eintritt. Es handelt sich um **solidarische Versicherungen.** So werden z. B. in der gesetzlichen Krankenversicherung die

Fortsetzung: Stellen Sie das Netz der sozialen Sicherung in der Bundesrepublik Deutschland nach geeigneten Kriterien dar.

Kosten für Behandlungen im Rahmen der geltenden Vorschriften übernommen, unabhängig davon, wie häufig der Einzelne krank ist und die Versicherung in Anspruch nehmen muss. Zudem spielt das Einkommen der Versicherten keine Rolle (wird jedoch bei der Höhe der Beitragszahlung berücksichtigt).

- Das **Versorgungsprinzip** geht davon aus, dass bestimmte Gruppen in der Bevölkerung für erbrachte **Leistungen** oder erlittene **Schädigungen** aus Steuermitteln vom Staat versorgt bzw. entschädigt werden. So zahlen z. B. Beamte – im Gegensatz zu Arbeitern und Angestellten – keine Beiträge in die gesetzliche Krankenversicherung ein. Im Krankheitsfall springt die staatliche Beihilfe ein und übernimmt zwischen 50 % und 70 % der Kosten.
- Das **Fürsorgeprinzip** beruht darauf, dass der Staat infolge des **Sozialstaatsgebotes** des Grundgesetzes verpflichtet ist, Menschen in individuellen und unverschuldeten Notlagen zu helfen. Diese Hilfe wird nach einer **Bedürftigkeitsprüfung** und **ohne finanzielle Gegenleistungen** der Betroffenen gewährt. So erhalten z. B. hilfsbedürftige erwerbsfähige Personen Arbeitslosengeld II, das der Grundsicherung dient. Zuvor wird geprüft, ob tatsächlich eine Bedürftigkeit vorliegt.

Sozialstaatsgebot des Grundgesetzes

In Art. 20 GG werden die sog. **Staatsstrukturprinzipien** aufgeführt. In Abs 1 heißt es: „Die Bundesrepublik Deutschland ist ein demokratischer und **sozialer** Bundesstaat.“ Daraus leitet sich das Selbstverständnis der Bundesrepublik Deutschland als **Sozialstaat** und das **Sozialstaatsgebot** bzw. **Sozialstaatspostulat** ab. Das Grundgesetz legt nicht im Detail fest, was unter einem Sozialstaat zu verstehen ist, sondere belässt es bei der recht allgemeinen Formulierung „sozialer Bundesstaat“.

Dies bedeutet, dass es die **Aufgabe der Politik** ist, über die **konkrete Ausgestaltung des Sozialstaats** zu entscheiden. Im Zweifelsfall muss das **Bundesverfassungsgericht** entscheiden, ob eine bestimmte Maßnahme des Gesetzgebers im Einklang mit dem Sozialstaatspostulat des Grundgesetzes steht. So hat das Gericht z. B. 2009 entschieden, dass die geltenden finanziellen Leistungen für Kinder im Rahmen von Hartz IV nicht ausreichend sind.

2

Legen Sie dar, welches die wichtigsten Probleme des Sozialstaats in der Bundesrepublik Deutschland sind.

AFB I

Das grundlegende Problem des Sozialstaats in Deutschland ist seine Finanzierbarkeit. Dieses steht zum einen in Zusammenhang mit der über die Jahrzehnte erfolgten Ausweitung seiner sozialpolitischen Aufgaben und der damit verbundenen Kosten. Zum anderen führten die wirtschaftliche und die demografische Entwicklung zu steigenden Ausgaben bei gleichzeitig sinkenden Einnahmen.

Das Problem der Finanzierbarkeit des Sozialstaates

- Eine Besonderheit des deutschen Sozialstaates besteht in der engen **Koppelung** zwischen **Löhnen** bzw. **Gehältern** einerseits und dem **Anspruch auf sozialpolitische Leistungen** andererseits. Diese Koppelung wird über die Beiträge der Versicherten und der Arbeitgeber für die gesetzlichen Pflichtversicherungen (Kranken-, Renten-, Unfall-, Pflege- und Arbeitslosenversicherung) realisiert. Bei hohem Beschäftigungsstand und langer, ununterbrochener Beschäftigungsdauer funktionierte dieses Modell gut.
- Mit **zunehmenden wirtschaftlichen Problemen** – vor allem steigende und dauerhafte Arbeitslosigkeit – geriet dieses Modell an seine Grenzen. Die Zahl der Beitragszahler nahm ab, die Zahl der Leistungsempfänger nahm zu und das Verhältnis zwischen Beitragszahlern und Leistungsempfängern geriet aus dem Gleichgewicht. Ein ähnliches Ungleichgewicht, das durch die demografische Entwicklung hervorgerufen wurde, entstand im Bereich der Rentenversicherung. Immer weniger aktiven Beitragszahlern stehen immer mehr Rentenempfänger gegenüber. Im Gesundheitswesen stiegen die Kosten ebenfalls beträchtlich. Das liegt zum einen an einer kostenintensiven Apparatemedizin und Medikamenten, die immer teurer werden, zum anderen wiederum an der demografischen Entwicklung in Verbindung mit steigender Lebenserwartung. Diese wirkt sich auch auf die Kosten der Pflegeversicherung aus, da die Menschen mit zunehmendem Alter vermehrt pflegebedürftig werden.

Die Kosten des Sozialstaats führten auch zu **deutlich steigenden Lohnnebenkosten** in Deutschland. Diese Entwicklung belastet die Arbeitgeber mit höheren Beitragszahlungen zu den gesetzlichen Pflichtversicherungen und die Arbeitnehmer mit potenziell sinkenden Nettoeinkommen.

AFB I

2 Fortsetzung: Legen Sie dar, welches die wichtigsten Probleme des Sozialstaats in der Bundesrepublik Deutschland sind.

Zudem führten Veränderungen bei den Beschäftigungsverhältnissen – Teilzeitarbeit, Zeitarbeit, Ausweitung des Niedriglohnsektors – dazu, dass immer mehr erwerbstätige Menschen auf staatliche Unterstützung (Hartz IV) angewiesen sind.

Rentensysteme im Vergleich

International gesehen gibt es hauptsächlich drei unterschiedliche Systeme zur Finanzierung der Renten:

- Beim **steuerfinanzierten System** wird die Rente komplett aus Steuermitteln finanziert, die Bürger zahlen keine Beiträge für eine gesetzliche Rentenversicherung oder Vergleichbares. Die steuerfinanzierte Rente ist im Prinzip eine **Grundsicherung** und kommt allen Bürgern zugute.
- Das **Umlageverfahren** zur Finanzierung der Altersvorsorge verzichtet fast komplett auf Rücklagen und bezahlt die Renten, indem die eingezahlten Beiträge unmittelbar für die zu erbringenden Leistungen herangezogen werden. Die Umlagefinanzierung wurde in der Bundesrepublik Deutschland 1957 u. a. deshalb gewählt, weil dadurch sofort Renten bezahlt werden konnten, ohne dass ein Kapitalvermögen existierte. Weil es keine nennenswerten Rücklagen gibt, setzt das Umlageverfahren allerdings die Existenz einer nachfolgenden Generation voraus, deren Angehörige versicherungspflichtig sind und in ausreichendem Maß Beiträge zahlen.
- Beim **Kapitaldeckungsverfahren** zahlen die Versicherten Beiträge in die Rentenversicherung ein. Der größte Teil dieser Beiträge wird vom Rentenversicherer am Kapitalmarkt angelegt. So wird für jede versicherte Person ein Deckungskapital angesammelt, das die künftig zu zahlenden Leistungen (Rente) abdecken soll. Da die Summe der Rentenzahlung von vielen Faktoren – nicht zuletzt der Lebensdauer – abhängt, existiert eine Rücklage, die diese Risiken abdeckt. Jeder Versicherte wird als eigenes Konto geführt, die Höhe seiner Rente wird ausschließlich durch die eigenen Beitragszahlungen bestimmt.

Zwar überwiegt in bestimmten Ländern oft ein System zur Finanzierung der Rente, jedoch werden in der Praxis häufig **Kombinationen** von zwei oder drei Finanzierungsverfahren eingesetzt. In der **Schweiz** z. B. bildet eine obligatorische Rentenversicherung, die das Existenzminimum im Alter sichern soll, die Basis. Hinzu treten die ebenfalls obligatorische betriebliche Altersvorsorge (Pensionskasse) und die freiwillige private Altersvorsorge.

3

Nennen Sie die Gründe, die der Autor für die Krise des Sozialstaats anführt.

AFB I

M1

Rolf-Ernst Breuer zur Krise des Sozialstaats (2000):
Genauer betrachtet, wird jedoch auf dramatische Weise deutlich, dass wir heute weit über unsere Verhältnisse leben. Jeder von uns trägt gewissermaßen einen ungedeckten Schuldschein des Staates in der Tasche, nämlich die Erwartung, in Alter und Krankheit in Zukunft mit den gleichen staatlichen Leistungen versorgt zu werden, die wir heute mit unseren Steuern und Beiträgen ermöglichen. So gesehen, ist der Staat viel höher verschuldet als gemeinhin angenommen wird, nämlich implizit. Wir merken heute von dieser Herausforderung nichts, weil die dafür verantwortliche demographische Entwicklung – Geburtenrückgang und Steigerung der Lebenserwartung – nicht allmählich, sondern in ungefähr fünfzehn Jahren sehr plötzlich zu einer starken Reduktion der Einnahmen des Staates und einem Ansteigen seiner Ausgaben führen wird. In einer solchen Lage müsste für zukünftiges Wachstum und zukünftige Erträge investiert werden; tatsächlich gehen die staatlichen Investitionen – besonders in den Bereichen Bildung, Infrastruktur, Gesundheit und Außenbeziehungen – zugunsten staatlichen Konsums zurück. Wir alle binden dem Staat die Hände, indem wir übertriebene Ansprüche an ihn stellen.

(Rolf-Ernst Breuer: Wir tun uns schwer, das Richtige in die Tat umzusetzen und uns anzupassen. In: Frankfurter Allgemeine Zeitung vom 6.1.2000, Auszug)

Der Autor nennt folgende Gründe für die **Krise des Sozialstaats:**

- Die Bevölkerung lebt über ihre Verhältnisse und erwartet eine hohe Versorgung mit staatlichen Leistungen.
- Dies führt zu einer hohen Staatsverschuldung.
- Die demografische Entwicklung sorgt dafür, dass erst ab etwa 2015 die Einnahmen des Staates sehr plötzlich zurückgehen und die Ausgaben ansteigen werden.
- Statt in Bereiche zu investieren, die für zukünftiges Wachstum und damit für künftige Erträge wichtig sind – das sind vor allem die Bereiche Bildung, Infrastruktur, Gesundheit und Außenbeziehungen –, erhöht der Staat die Konsumausgaben, während die Ausgaben in den genannten Bereichen zurückgehen.
- Des Weiteren schränken übertriebene Ansprüche an den Staat dessen Handlungsfreiheit ein.

4

AFB II

Arbeiten Sie heraus, auf welche Weise der Autor der Krise des Sozialstaats begegnen will.

M1 **Marc Hujer zur Frage der Chancengleichheit (2000):**
Die Chancen auf einen guten Job und ein gutes Gehalt werden immer ungleicher verteilt. Mit Arbeitsmarkt- und auch Bildungspolitik dagegenzuhalten, ist zwar richtig und nötig, reicht jedoch nicht aus. Keine arbeitsmarktpolitische Maßnahme, kein noch so hervorragend ausgebautes Bildungs- und Weiterbildungssystem kann die Ungerechtigkeiten am Start beheben, die dadurch entstehen, dass jeder Einzelne in ein bestimmtes gesellschaftliches Umfeld hineingeboren wird. Vermögen, Kontakte, gesellschaftlicher Status und Bildungsniveau des Umfelds sind Quellen der Ungerechtigkeit, die nicht zu beheben sind.
Die Erkenntnis, dass gleiche Startbedingungen in einer liberalen Gesellschaft nicht idealtypisch hergestellt werden können, entbindet Politik aber nicht davon, Ungerechtigkeiten so gut es geht zu korrigieren. Für die Sozialpolitik heißt das: Wenn die Chancenungleichheit am Start unweigerlich zunimmt – auch aufgrund der bisherigen Verteilungspolitik – muss sie für mehr und nicht weniger Umverteilung sorgen. Die begrenzten Mittel müssen mehr als bisher von oben nach unten gelenkt werden. Dazu gehört, dass auch die Bezieher hoher Einkommen ohne Einschränkungen in die Sozialkassen einzahlen müssen; dass alle, auch Beamte und Selbstständige, in die Solidarpflicht einbezogen werden. [...] Der neue Sozialstaat, der geschaffen werden muss, ist keineswegs teurer als der alte. Mehr Umverteilung heißt nicht mehr Geld – und angesichts der gegenwärtigen sozioökonomischen Machtverhältnisse wäre es auch töricht, eine solche Forderung aufzustellen. Der neue Sozialstaat muss aber eine neue Struktur bekommen. Nur: Dies schafft die Regierung natürlich nicht dadurch, dass sie einfach linear die Renten kürzt, einen zweijährigen Inflationsausgleich verordnet oder erneut über einen demographischen Faktor nachdenkt. Die Regierung muss den Mut haben, das starre Versicherungsprinzip aufzugeben; sie muss insbesondere bei der Rente die Höhe der Leistungen weniger davon abhängig machen, wie hoch die monetären Beiträge der Einzelnen waren, sondern davon, wer die Leistung nötig hat. Sie muss den Sozialstaat solidarischer machen und sie muss wissen, dass sie das nur schafft, wenn sie alle daran beteiligt.
(Marc Hujer: Wo bleibt die Chancengleichheit. In: Süddeutsche Zeitung vom 25.1.2000, Auszug)

Als **Kern der Krise des Sozialstaats** sieht der Autor die **Chancenungleichheit qua Geburt.** Jeder Einzelne wird in ein bestimmtes gesellschaftliches Umfeld hineingeboren, wodurch eine Ungerechtigkeit gesetzt ist, die nicht behoben werden kann. Abhängig von diesem gesellschaftlichen Umfeld ist der Zugang zu Vermögen und Kontakten verschieden, auch gibt es Unterschiede hinsichtlich Status und Bildungsniveau.

Fortsetzung: Arbeiten Sie heraus, auf welche Weise der Autor der Krise des Sozialstaats begegnen will.

AFB II

Aufgabe des Staates ist es deshalb, „Ungerechtigkeiten so gut es geht zu korrigieren“. Dies ist nur durch mehr Umverteilung von oben nach unten möglich. Um diese zu realisieren, schlägt der Autor gleichsam eine **Sozialversicherungspflicht für alle** vor: Auch die Bezieher höherer Einkommen sowie Beamte und Selbstständige sollen in die Sozialkassen einzahlen. Es soll keine Gruppe in der Gesellschaft mehr geben, die von der Sozialversicherungspflicht ausgenommen wird.

Diese **neue Struktur des Sozialstaats** soll den Sozialstaat **solidarischer** machen und sich stärker als bisher daran ausrichten, wer welche Leistung nötig hat. Dies ist nur möglich, wenn alle an der Finanzierung dieser Leistungen beteiligt werden.

Gesundheitsfonds und Kopfpauschale

Der **Gesundheitsfonds** ist ein politisch umstrittenes System zur Finanzierung der gesetzlichen Krankenversicherung und wurde zu Beginn des Jahres 2009 umgesetzt. Seine Basis ist ein **einheitlicher Beitragssatz** der Arbeitnehmer. Die gesetzlichen Krankenkassen ziehen die Beiträge von ihren Versicherten ein und überweisen sie an den Gesundheitsfonds, der vom Bundesversicherungsamt verwaltet wird. Das Bundesversicherungsamt teilt dann den Krankenkassen ihre Mittel zu. Wenn Krankenkassen mit diesen Mitteln nicht auskommen, können sie einen (begrenzten) Zusatzbeitrag von ihren Versicherten erheben. Der Gesundheitsfonds soll einen **Risikoausgleich** zwischen den Krankenkassen leisten und dazu beitragen, dass der Anteil der Arbeitgeber an den Beiträgen zur gesetzlichen Krankenversicherung nicht steigt.

Die **Kopfpauschale** (Gesundheitsprämie) ist ein ebenso umstrittenes Konzept zur Reform des Gesundheitswesens. Ziel ist es, die Lohnkosten von den Gesundheitskosten abzukoppeln. An die Stelle von einkommensabhängigen Beiträgen zur gesetzlichen Krankenversicherung tritt eine personenbezogene Pauschale. Der Beitragsanteil der Arbeitgeber wird auf 6,5 % des Bruttoeinkommens festgeschrieben, zukünftige Beitragserhöhungen gehen ausschließlich zulasten der Arbeitnehmer. Dadurch soll der Anstieg der Lohnnebenkosten gestoppt werden. Die Kopfpauschale sollen auch Arbeitnehmer, die über den Beitragsgrenzen der gesetzlichen Krankenversicherung liegen, sowie Selbstständige und Beamte zahlen.

5

AFB II

Versicherungsprinzip, Äquivalenzprinzip und das Prinzip der Solidarität gehören zu den Prinzipien des Sozialstaats. Erläutern Sie an Beispielen, wie diese Prinzipien das System der sozialen Sicherung in der Bundesrepublik Deutschland bestimmen.

Äquivalenzprinzip und Solidarprinzip sind Varianten des Versicherungsprinzips.

Versicherungsprinzip

- Das Versicherungsprinzip basiert auf der **kollektiven Risikoübernahme:** Viele Versicherte zahlen Beiträge in den Geldtopf des Versicherers ein; tritt ein Schadensfall ein, erhalten die Versicherten einen Schadensausgleich. Da der Versicherungsfall nicht bei allen, sondern nur bei einem Teil der Versicherten eintritt, reichen die finanziellen Mittel, die zur Verfügung stehen, aus und der Beitrag bleibt für den Einzelnen bezahlbar. Das Risiko des Einzelnen wird durch die Beiträge von vielen verringert.
- Nach diesem allgemeinen Prinzip funktionieren sowohl die private als auch die gesetzliche Krankenversicherung. Beide können im Schadensfall nur deshalb zahlen, weil nicht alle Versicherten (gleichzeitig und gleich häufig) erkranken und die Versicherung in Anspruch nehmen.

Äquivalenzprinzip

- Hier richten sich die Beiträge nach dem **zu versichernden Risiko;** ein hohes Risiko bedingt eine hohe Versicherungsprämie.
- Nach diesem Prinzip funktioniert die private Krankenversicherung. Die Beiträge richten sich nach individuellen Risiken (Alter, Geschlecht usw.), die Leistungen werden vertraglich vereinbart. Junge – und in der Regel gesunde – Menschen zahlen deshalb niedrigere Beiträge als ältere Menschen. Wer zusätzliche Leistungen wünscht – z. B. beim Zahnersatz – zahlt mehr.

Solidaritätsprinzip

- Hier richten sich die Beiträge nicht nach dem zu versichernden Risiko, sondern nach der Höhe der versicherten Leistung bzw. der Bedürftigkeit. Es gilt der Grundsatz „Einer für alle, alle für einen" (Solidargemeinschaft).
- Nach diesem Prinzip funktionieren die gesetzliche Krankenversicherung und die gesetzliche Rentenversicherung. In Ersterer werden die Leistungen unabhängig vom individuellen Risiko und von der Höhe des individuellen Beitrags erbracht. In Letzterer ist die Höhe der Leistungen von der Höhe der Beiträge und der Dauer ihrer Einzahlung abhängig.

6

Arbeiten Sie aus dem Text heraus, mit welchen Argumenten der Autor seine Behauptung von den „Paradoxien des Wohlfahrtsstaates" begründet.

AFB II

M1

Warnfried Dettling zur „Zukunft des Sozialstaates" (2003):

Die Paradoxien des Wohlfahrtsstaates

In den 1880er Jahren hat Bismarck den deutschen Sozialstaat eingeführt, um den Industriearbeiter abzusichern und vor Armut zu schützen. Leitbild und Norm war (und ist noch immer) der männliche Normalarbeiter, genauer gesagt: der männliche Haushaltsvorstand, der Frau und Familie ernährt. Erwerbsarbeit und Familie sind die Normalitätsstandards des Sozialstaates. [...] Sozial abgesichert war und ist, wer Arbeit hatte – oder einen Mann, der Arbeit hatte.

Nun kann man überall beobachten und nachlesen, wie sich diese Normalitätsstandards pluralisieren und ausdifferenzieren. Zahlen geben nur unvollkommen wieder, was sich verändert hat. In zehn Jahren werden nur noch die Hälfte der abhängig Beschäftigten ein normales Arbeitsverhältnis haben, wie es früher die Regel war: Vollzeit, unbefristet, rechtlich und sozial abgesichert. Ein Viertel eines Altersjahrganges wird unverheiratet, ein Drittel, wie schon jetzt die Alterskohorte des Jahrgangs 1965, ohne Kinder sein.

Was nun bemerkenswert ist: Diese Veränderungen sind nicht nur als Folge des sozialen, technischen oder kulturellen Wandels über uns gekommen wie fremde Mächte, als Folgen eines politikunabhängigen Wandels, sie sind vielmehr auch die Folgen und Ergebnisse des erfolgreichen Wohlfahrtsstaates selbst. [...]

Je erfolgreicher der Wohlfahrtsstaat, so kann man eine erste Paradoxie formulieren, desto mehr unterminiert er seine eigenen Grundlagen. Er kann nur funktionieren, wenn seine Grundlagen – Arbeit und Familie – ihre Funktion erfüllen. Er verfügt über kein eigenes Sicherungspotential. Er ist abhängig von anderen: Arbeit, Familie, vor allem Wirtschaft (und deren Entwicklung), gegen deren Risiken er aber gerade absichern soll. Das führt zu einer weiteren Paradoxie: Je dringender er gebraucht wird, umso weniger steht er zur Verfügung. [...]

Der Wohlfahrtsstaat muss sich notwendig, und zwar je erfolgreicher er ist, mit sich selbst und mit den Folgen seiner Erfolge beschäftigen. [...] Zwei Beispiele nur: Wenn die Gesundheitspolitik dank der gesetzlichen Krankenversicherung erfolgreich ist, dann leben die Leute länger, werden älter, die Gesundheitskosten steigen und es müssen länger Renten gezahlt werden. Nach der Einführung der Rentenversicherung braucht man nicht mehr unbedingt eigene Kinder, um für sein Alter vorzusorgen, im Gegenteil: Wenn man keine Kinder hat, hat man mehr Geld übrig, auch um besser fürs Alter vorzusorgen. Als Folge sinkt die Geburtenrate, und dann braucht man wieder eine aufwendige Familienpolitik, um gegenzusteuern, [...]

(*Warnfried Dettling: Zur Zukunft des Sozialstaats. Vortrag Diakonie Sachsen am 18.3.2003 in Radebeul, Auszug. [nach: www.warnfried-dettling.de/dettl_sozial.html]*)

6

AFB II

Fortsetzung: Arbeiten Sie aus dem Text heraus, mit welchen Argumenten der Autor seine Behauptung von den „Paradoxien des Wohlfahrtsstaates" begründet.

Warnfried Dettling sieht die Paradoxien des heutigen Wohlfahrtsstaates in seinem Erfolg und in der Tatsache, dass er unter Bedingungen begründet wurde, die heute nicht mehr gegeben sind.

Leitbild des Sozialstaates

- Als der Sozialstaat am Ende des 19. Jahrhunderts ins Leben gerufen wurde, folgte er einem für die damalige Zeit typischen Leitbild: **Erwerbsarbeit und Familie.** Dettling nennt dies die „Normalitätsstandards" des Sozialstaates und meint damit die Tatsache, die lange die Normalität des Sozialstaats bestimmt hat: Die erwerbstätigen Männer (Haushaltsvorstände) ernähren Frau und Kinder. Sozial abgesichert ist, wer Arbeit hat (oder einen Ehemann).
- Dieses Leitbild stimmt mit der gesellschaftlichen Wirklichkeit von heute nicht mehr überein: „Normale" Arbeitsverhältnisse (Vollerwerbsarbeit) werden immer seltener, immer mehr Menschen bleiben unverheiratet und kinderlos.
- Dettling argumentiert, dass diese Veränderungen nicht nur die Folge des sozialen, technischen und kulturellen Wandels sind, sondern auch die Folgen des erfolgreichen Wohlfahrtsstaates.

Paradoxien des Wohlfahrtsstaates

- Der Sozialstaat kann nur funktionieren, wenn seine Grundlagen – Arbeit und Familie – intakt sind. Dies ist heute – wie bereits erwähnt – nur noch eingeschränkt der Fall, da ein Prozess der Pluralisierung und Ausdifferenzierung stattgefunden hat.
- Der Sozialstaat hat nach Dettling auch deshalb Probleme, weil er umso weniger zur Verfügung steht, je dringender er gebraucht wird. Für diese Probleme ist der Sozialstaat sozusagen selbst verantwortlich: Eine erfolgreiche **Gesundheitspolitik** im Rahmen der gesetzlichen Krankenversicherung führt zu einer **längeren Lebenserwartung,** mehr älteren Menschen und höheren Kosten sowohl für die Kranken- als auch die Rentenversicherung. Die Existenz einer Rentenversicherung führt zu weniger Kindern, da diese für die Absicherung des Alters nicht mehr gebraucht werden und ohnehin das Leben verteuern. Um diesem Trend entgegenzuwirken, muss unter Umständen die Familienpolitik eingreifen, um Anreize für mehr Kinder zu schaffen.

7

Nennen und erläutern Sie die Reformen des Sozialstaats zwischen 2003 und 2005, die mit dem Begriff Agenda 2010 in Zusammenhang gebracht werden.

AFB II

Die Reformen der Agenda 2010 bezogen sich auf verschiedene Bereiche: Wirtschaft, Arbeitsmarkt und Sozialsystem.

Wirtschaft

- **Lockerung des Kündigungsschutzes:** Kündigungsschutz gilt nur in Betrieben mit mehr als zehn Arbeitnehmern; der Abschluss befristeter Arbeitsverhältnisse wurde erleichtert.
- **Senkung der betrieblichen Lohnnebenkosten**: Die Beiträge zu den gesetzlichen Pflichtversicherungen wurden gesenkt.

Arbeitsmarkt

- **Arbeitslosengeld und Arbeitslosenhilfe:** Die Dauer des Bezugs von Arbeitslosengeld – gekoppelt an die Höhe des Einkommens der letzten Monate – wurde grundsätzlich auf zwölf Monate gekürzt. Seit 2008 können ältere Arbeitnehmer, abhängig von der Dauer ihrer Beschäftigung und ihrem Alter, entweder 15, 18 oder 24 Monate Arbeitslosengeld erhalten. Die Arbeitslosenhilfe wurde abgeschafft und durch das **Arbeitslosengeld II** ersetzt. Dieses entspricht dem geltenden Sozialhilfesatz und wird nur bei Bedürftigkeit gewährt.
- **Zumutbarkeit für Arbeitsangebote:** Im Prinzip gilt jede Arbeit als zumutbar.

Gesetzliche Kranken- und Rentenversicherung

- **Reduzierte Leistungen:** Viele bisher gewährte Leistungen wurden aus dem Katalog der gesetzlichen Krankenversicherung gestrichen (z. B. teilweise Zahnersatz, Krankentagegeld, Brillen für Erwachsene, Fahrtkosten).
- **Selbstkostenanteil:** Ein Selbstkostenanteil in Höhe von 2 % (bei chronisch Kranken 1 %) des Bruttojahreseinkommens und die Praxisgebühr wurden eingeführt, die Zuzahlung bei Medikamenten wurde erhöht.
- **Rentenbeiträge und Rentenformel:** Die Beiträge zur Rentenversicherung sollen nicht steigen. Die Rentenformel wurde um den Nachhaltigkeitsfaktor ergänzt, der einen weiteren Anstieg der Beiträge dämpfen soll.

8

Erläutern und bewerten Sie die politische Aussage der Karikatur.

AFB III

M1

(T. Plaßmann, Essen, aus: Frankfurter Rundschau vom 2.7.2009)

Beschreibung und Aussage der Karikatur

- Die Karikatur aus der Frankfurter Rundschau (2009) thematisiert die Auseinandersetzung zwischen den Generationen um die Rente.
- Sie zeigt einen älteren Mann und einen Jugendlichen, die über die Rente streiten. Sie beschimpfen sich mit gegenseitigen Vorwürfen: Der ältere Mann nennt die Jugend ein egoistisches, undankbares Pack, während der Jugendliche die ältere Generation als einen unverschämten, aussaugenden Haufen bezeichnet. Der Untertitel der Karikatur lautet ironisch „Rente im Dialog“.
- Der Zeichner bringt mit seiner Karikatur einen der umstrittensten Punkte unseres Rentensystems auf den Punkt: die Frage nämlich, wie gerecht ein Rentensystem sein kann, das auf den **Generationenvertrag** setzt.

Fortsetzung: Erläutern und bewerten Sie die politische Aussage der Karikatur.

AFB III

Grundproblematik der gesetzlichen Rentenversicherung

- Das Rentensystem in der Bundesrepublik beruht seit Jahrzehnten auf dem Prinzip, dass die gegenwärtig Beschäftigten mit ihren Beiträgen zur gesetzlichen Rentenversicherung die Menschen finanzieren, die zum derzeitigen Zeitpunkt Rente beziehen. Dieses **Umlageverfahren** wird manchmal auch als „Durchlauferhitzer-Prinzip" bezeichnet, da die Beiträge der Beschäftigten direkt den Rentnern zufließen. Dieses System funktionierte so lange ohne wesentliche Probleme, solange eine recht hohe Anzahl von Beschäftigten mit ihren Beiträgen eine vergleichsweise kleine Anzahl von Rentnern finanzierte.
- Seit einiger Zeit ändert sich jedoch dieses Verhältnis: **Immer weniger Beitragszahler finanzieren immer mehr Rentenempfänger.** Dafür sind zum einen die seit den 1970-Jahren herrschende Massenarbeitslosigkeit, zum anderen die steigende Lebenserwartung und die niedrige Geburtenrate verantwortlich.
- Um dieses Problem in den Griff zu bekommen, gibt es im derzeitigen Rentensystem grundsätzlich **zwei Lösungswege** (auch in Kombination miteinander): die Erhöhung der Einnahmen der Rentenversicherung (also höhere Beitragssätze zur gesetzlichen Rentenversicherung) oder die Senkung der Leistungen (also niedrigere Renten). Mit Rücksicht auf die immer größer werdende Wählergruppe der Rentner tendiert die Politik eher dazu, die Rentner finanziell auf Kosten der kommenden Generationen zu schonen.

Bewertung

Diese Grundproblematik greift der Karikaturist auf und verdeutlicht sie durch die pointierte Art der Darstellung. Die Menschen, die gegenwärtig oder bald Rente beziehen, argumentieren wie folgt: Sie haben lange gearbeitet und Beiträge gezahlt, weswegen sie eine gute Rente verdienen. Aus der Sicht des Jugendlichen stellt sich der Sachverhalt jedoch anders dar: Je höher die Renten der älteren Generation jetzt und in naher Zukunft ausfallen, desto geringer sind seine Chancen, im Alter eine ausreichend hohe Rente zu bekommen. Er sieht einen Teil seiner Lebensperspektive durch „die Alten, die nicht genug bekommen können" bedroht.

9

AFB III

Entwerfen Sie einen Leserbrief, in dem Sie für die Abschaffung von Hartz IV und die Einführung eines bedingungslosen Grundeinkommens plädieren.

Die **Arbeitsmarktreformen,** die unter dem Begriff Hartz IV subsumiert werden, haben folgende **Resultate** gezeitigt:

- Immer mehr Menschen in diesem Land können vom Ertrag ihrer Arbeit nicht mehr leben und sind als sogenannte Aufstocker zusätzlich auf Hartz IV angewiesen.
- Sie sind im neu entstandenen Niedriglohnsektor beschäftigt, wo sie entweder zwei oder drei Jobs brauchen, um von ihrer Arbeit leben zu können, oder Hartz IV beantragen müssen, obwohl sie eine Beschäftigung haben.

Es ist zu befürchten, dass diese Entwicklung weiter zunehmen wird. 1-Euro-Jobs, Ich-AGs, Minijobs, Beschäftigung in Branchen ohne Mindestlohn sind für immer mehr Menschen ihre ganz persönliche Perspektive für die kommenden Jahre. **Leben am Existenzminimum,** im Wechsel zwischen Arbeitsagentur und meist nur vorübergehender Beschäftigung.
Globalisierung und technologischer Wandel tragen ihren Teil dazu bei, dass die Zahl der Jobs, von denen die Beschäftigten tatsächlich angemessen leben können, drastisch abnehmen.
Es ist deshalb an der Zeit, über einen **grundlegenden Wandel des Sozialstaats** nachzudenken. Es stellt sich die Frage, wie diese Gesellschaft der Herausforderung, dass immer mehr Menschen immer wieder oder gar dauerhaft vom Arbeitsmarkt ausgeschlossen werden, begegnen will.

Die richtige Antwort: bedingungsloses Grundeinkommen!

- Jeder Bürger erhält aus Steuermitteln eine gesetzlich festgelegte und für jeden Bürger **gleiche finanzielle Zuwendung,** für die **keine Gegenleistung** erbracht werden muss.
- Das Grundeinkommen ist existenzsichernd und soll die gesellschaftliche Teilhabe ermöglichen. Eine Bedürftigkeitsprüfung findet nicht statt, ein Zwang zur Arbeit besteht nicht.

Konzepte und Finanzierung

- Die Höhe des Sozialbudgets der Bundesrepublik betrug im Jahr 2007 etwa 735 Milliarden Euro. Dieser Betrag reicht für ein Grundeinkommen von etwa 800 Euro pro Bürger.

Fortsetzung: Entwerfen Sie einen Leserbrief, in dem Sie für die Abschaffung von Hartz IV und die Einführung eines bedingungslosen Grundeinkommens plädieren.

AFB III

- Andere Konzepte wollen ein Grundeinkommen von etwa 1500 Euro monatlich: Dieser Betrag geht deutlich über die minimale Grundsicherung hinaus und lässt allen Menschen die freie Wahl, ob sie arbeiten wollen oder nicht. Jeder kann so die Arbeit ergreifen, die für ihn sinnvoll ist.
- Finanziert werden kann das bedingungslose Grundeinkommen über ein **vereinfachtes Steuersystem** und eine deutliche **Verringerung der Bürokratie** in der Sozialverwaltung. Heutige Sozialleistungen wie Kindergeld, Rente, Hartz IV u. Ä. würden wegfallen. Die bisherige Lohn- und Einkommenssteuer könnte durch eine (recht hohe) **Konsumsteuer** auf Dienstleistungen und Waren ersetzt werden.

Zusammenfassung: Durch ein bedingungsloses Grundeinkommen kann die Arbeit humanisiert, die Stigmatisierung der gegenwärtigen Arbeitslosen und Sozialhilfeempfänger beseitigt, die Autonomie der Bürger vergrößert und die Effizienz des Sozialstaats gesteigert werden.

Bürgergeld und negative Einkommenssteuer

Ähnlich wie das **Grundeinkommen** verfolgen auch das Bürgergeld und die negative Einkommensteuer den Anspruch, allen Bürgern ein zumindest existenzsicherndes Einkommen zu gewährleisten, sei es mit, sei es ohne Bedürftigkeitsprüfung. Diskussionen um solche Modelle gibt es in allen politischen Parteien.
Das **Bürgergeld** propagiert vor allem die FDP. Es soll bei Bedürftigkeit und Arbeitsbereitschaft oder Arbeitsunfähigkeit gezahlt werden und knapp 700 Euro betragen. Als Anreiz für die Aufnahme einer Erwerbstätigkeit sind Freibeträge vorgesehen.
Das Modell der **negativen Einkommenssteuer** sieht so aus: Jeder Bürger ohne oder mit nur geringem Einkommen erhält eine staatliche Transferleistung, die das Existenzminimum deckt. Die Höhe der Zahlung nimmt in dem Maß ab, wie der Bürger eigenes Einkommen erzielt. Beträgt der Steuersatz z. B. 33,3 % und der Grundfreibetrag beispielsweise 15 000 Euro, so sind bei einem jährlichen Einkommen von 90 000 Euro 25 000 Euro Steuer zu entrichten. Bei einem Einkommen von 15 000 Euro sind keine Steuern zu entrichten, bei einem Einkommen von 6000 Euro bekommt der Haushalt Transferleistungen in Höhe von 3000 Euro und bei einem Einkommen von 0 Euro Transferleistungen in Höhe von 5000 Euro.

10

AFB III

Gestalten Sie eine kurze Rede, in der Sie die Errungenschaften der Agenda-Reformen gegen ihre Kritiker verteidigen.

Was bekommen wir von den **Kritikern** der Agenda-Reformen nicht alles zu hören: Die Reformen seien zutiefst unsozialdemokratisch, sie seien einem neoliberalen Horrorprogramm verpflichtet, die Quantität des Sozialabbaus habe Dimensionen wie in der Ära Kohl erreicht, die Agenda bedeute einen Systemwechsel, eine Verschärfung der gesellschaftlichen Spaltung, mehr Armut ...

Wie sieht die Wirklichkeit aus?

- Die **Arbeitsmarktreformen** haben Wirkung gezeigt. Während wir vor den Agenda-Reformen die höchste Arbeitslosigkeit nach der Vereinigung hatten, liegt sie im Jahr 2009 deutlich darunter – und dies trotz der schlimmsten Wirtschaftskrise in der Geschichte der Bundesrepublik.
- Zwar ist es richtig, dass ein Teil der neuen Arbeitsplätze im Niedriglohnsektor entstanden ist. Doch immerhin – diese Menschen haben Arbeit! Ein Ziel der Agenda – so wenig Langzeitarbeitslose und so wenig Vollzeitarbeitslose zu haben wie möglich – wurde zumindest teilweise erreicht.
- Wir sind dabei, das **Rentensystem** und das **Gesundheitssystem** an die veränderten demografischen Bedingungen anzupassen und die Effektivität der Systeme zu steigern.
- Der **Nachhaltigkeitsfaktor** in der Rentenversicherung sorgt dafür, dass die Renten nicht länger im bisherigen Umfang steigen und berücksichtigt die künftigen – demografisch bedingten – Veränderungen im Verhältnis von Rentnern und Beitragszahlern. So wird Rücksicht auf die folgenden Generationen genommen.
- Die Einführung der **Praxisgebühr** ist ein wichtiger Beitrag zur Kostensenkung im Gesundheitswesen und zur Senkung der Beiträge der gesetzlichen Krankenversicherung (und damit auch der Lohnnebenkosten).

Die Kritiker der Agenda 2010 vergessen, dass die individualisierte Gesellschaft des 21. Jahrhunderts einen **anderen Sozialstaat** braucht als die Industriegesellschaft des 20. Jahrhunderts. Wer den Sozialstaat heute nicht fit macht für die veränderten Bedingungen der Arbeitswelt und der Gesellschaft, riskiert sein endgültiges Scheitern.

Erörtern Sie die Frage, ob angesichts von Globalisierung und zunehmendem Wettbewerbsdruck in der Wirtschaft der Sozialstaat an die Grenzen seiner Möglichkeiten stößt.

AFB III

Standortkonkurrenz und Standortfaktoren

- Im Zeichen der Globalisierung gibt es eine starke Standortkonkurrenz zwischen den Staaten. Einer der wichtigsten Standortfaktoren sind die **Produktionskosten.** Diese wiederum hängen in einem nicht geringen Maß von den **Sozialkosten** (Lohnnebenkosten) ab.
- Ganz allgemein kann man sagen, dass Standorte mit geringen Sozialkosten eine billigere Produktion ermöglichen und so einen Standortvorteil gegenüber Standorten mit höheren Sozialkosten haben.

Alternativen

Länder, die im Rahmen der Globalisierung einem starken **Wettbewerbsdruck** ausgesetzt sind, stehen deshalb vor der Wahl,

- entweder ihre Lohnnebenkosten zu senken, um sich im internationalen Wettbewerb einen möglichen Vorteil zu verschaffen,
- oder ihre sozialen Standards beizubehalten und so mögliche Nachteile im internationalen Wettbewerb in Kauf zu nehmen.

Perspektiven

- Zwar sind die Sozialkosten nicht der einzige wichtige Faktor im Standortwettbewerb. Faktoren wie ein hoher Ausbildungsstand und eine gute Infrastruktur sind ebenfalls wichtig. Jedoch ist zu befürchten, dass Länder mit sehr hohen (und teuren) sozialen Standards im internationalen Wettbewerb um Standorte dauerhaft benachteiligt werden. Dies muss nicht zwangsläufig zu **Sozialdumping** führen, obwohl diese Gefahr besteht. Länder wie die Bundesrepublik Deutschland werden jedoch kaum umhinkommen, die derzeitige Ausprägung des Sozialstaats auf den Prüfstand zu stellen und ihn den neuen Gegebenheiten anzupassen.
- Eine Möglichkeit kann darin bestehen, die enge Koppelung zwischen Löhnen bzw. Beschäftigung und Sozialleistungen aufzuheben und durch **steuerfinanzierte Sozialleistungen** zu ersetzen. So könnten Wettbewerbsnachteile vermieden und soziale Standards weitgehend erhalten werden.

KAPITEL 6

Europa und die europäische Integration

Alle Fragen im Überblick

AFB I

1 Stellen Sie die Europaidee in Grundzügen dar.

2 Das politische System der EU nach dem Maastrichter Vertrag wird als Drei-Säulen-Modell bezeichnet. Beschreiben Sie dieses Modell und nennen Sie kurz die Veränderungen nach Inkrafttreten des Vertrages von Lissabon.

3 Legen Sie an Beispielen die Vorteile dar, die die Bürger der EU durch die europäische Einigung haben.

AFB II

4 Stellen Sie die Zusammensetzung und die Aufgaben der EU-Kommission und des Europäischen Rates dar und charakterisieren Sie ihre jeweilige Stellung im politischen System der EU.

5 Staatenbund, Staatenverbund oder Bundesstaat (Vereinigte Staaten von Europa). Vergleichen Sie diese Grundrichtungen der europäischen Integration.

6 Analysieren Sie mögliche Ursachen für die niedrige Wahlbeteiligung (43 % im Jahr 2009) bei den Wahlen zum Europäischen Parlament.

7 Vergleichen Sie den Föderalismus der EU mit dem Föderalismus der Bundesrepublik Deutschland.

AFB III

8 Setzen Sie sich mit der Frage auseinander, ob die These „Dem politischen System der EU mangelt es an demokratischer Legitimation“ nach dem Inkrafttreten des Vertrages von Lissabon noch aufrechterhalten werden kann.

9 Erörtern Sie die Chancen und Risiken, die sich aus der Aufnahme immer weiterer Staaten für die EU ergeben können.

1 Stellen Sie die Europaidee in Grundzügen dar.

AFB I

Viele **Kernelemente** der Europaidee finden sich bereits in einem Vortrag, den der britische Premierminister Winston Churchill 1946 in Zürich hielt:

- die Neuschöpfung der europäischen Völkerfamilie mit einer Struktur, die es ihr ermöglicht, in Frieden, Sicherheit und Freiheit zu leben,
- die Errichtung einer Art Vereinigten Staaten von Europa,
- das Vorbild des Völkerbundes,
- ein europäischer Zusammenschluss, der den Völkern ein erweitertes Heimatgefühl und ein gemeinsames Bürgerrecht gibt,
- die Partnerschaft zwischen Frankreich und Deutschland,
- die Gleichrangigkeit großer und kleiner Staaten.

Am Anfang des Prozesses der europäischen Integration nach dem Zweiten Weltkrieg steht gleichsam das Bewusstsein vom Scheitern Europas im 20. Jahrhundert: Nach zwei Weltkriegen und Millionen von Toten schien Europa am Ende zu sein. Gleichzeitig war es genau diese Ausgangslage, die zur Umsetzung der Europaidee motivierte: Es galt unter allen Umständen zu verhindern, dass Europa erneut in eine solche Situation geraten könnte. Das geeignete Mittel war für viele die Überwindung des Nationalismus und des Nationalstaates sowie die allgemeine Humanisierung von Staaten und Gesellschaften. Der ehemalige französische Präsident Mitterrand fasste dieses Motiv in dem Satz „Nationalismus bedeutet Krieg" zusammen.
Etwas verkürzt kann man **Frieden und Wohlstand** als die Kernidee der europäischen Integration bezeichnen. Das zentrale Mittel, um dieses Ziel zu erreichen, ist die Schaffung von **supranationalen europäischen Einrichtungen** und einer gemeinsamen europäischen Identität.

Der Europagedanke nach dem Ersten Weltkrieg

Schon nach der Katastrophe des Ersten Weltkriegs stellte sich mit großer Dringlichkeit die Frage nach einem dauerhaften Rahmen für einen Frieden in Europa. 1924 schlug der Österreicher Richard Nikolaus Graf von Coudenhove-Kalergi, 1923 Gründer der Paneuropa-Bewegung, den „Zusammenschluss Kontinentaleuropas von Portugal bis Polen zu einem Staatenbunde" vor. Ende der 1920er-Jahre entwickelte der französische Außenminister Aristide Briand Pläne zu einer engeren Verbindung der europäischen Staaten.

2

AFB I

Das politische System der EU nach dem Maastrichter Vertrag wird als Drei-Säulen-Modell bezeichnet. Beschreiben Sie dieses Modell und nennen Sie kurz die Veränderungen nach Inkrafttreten des Vertrages von Lissabon.

Mit der Gründung der Europäischen Union im **Vertrag von Maastricht** (in Kraft getreten am 1.11.1993) wurde die Zusammenarbeit der Mitgliedstaaten erweitert. Die EU bildete danach gleichsam ein „Dach", das drei Politikbereichen als institutioneller Rahmen diente. Das **Drei-Säulen-Modell** veranschaulicht diesen Aufbau:

I. Die Europäischen Gemeinschaften

Die Europäischen Gemeinschaften (bestehend aus Europäischer Gemeinschaft, Europäischer Gemeinschaft für Kohle und Stahl [bis 2002]) und Europäischer Atomgemeinschaft) waren als **supranationale Einrichtung** verantwortlich für die Gemeinschaftspolitik, u.a. für:

- die Gemeinsame Agrarpolitik,
- Zollunion und Binnenmarkt,
- Umweltpolitik,
- Wirtschafts- und Währungsunion,
- Verbraucherschutz.

II. Gemeinsame Außen- und Sicherheitspolitik (GASP)

In den Bereichen Außen- und Sicherheitspolitik (v.a. Friedenserhaltung, Wahrung bzw. Förderung von Demokratie, Achtung der Menschenrechte, Aufbau einer europäischen Sicherheitsordnung) besteht auf **intergouvernementaler Ebene** eine enge Zusammenarbeit.

III. Zusammenarbeit in den Bereichen Justiz und Inneres

Hier handelt es sich ebenfalls um eine Zusammenarbeit auf **intergouvernementaler Ebene.** Sie umfasst u.a. die justizielle Kooperation in Zivilsachen und im Bereich Asyl- und Einwanderungspolitik (1999 in die erste Säule überführt) sowie die Polizeiliche und Justizielle Zusammenarbeit in Strafsachen (PJZS).

Mit dem Inkrafttreten des **Vertrages von Lissabon** am 1.12.2009 wurde die Drei-Säulen-Struktur formal aufgehoben. Die EU erhielt als Rechtsnachfolgerin der Europäischen Gemeinschaft Rechtspersönlichkeit, alle Bereiche wurden in den Rechtsrahmen der Europäischen Union überführt.

3

Legen Sie an Beispielen die Vorteile dar, die die Bürger der EU durch die europäische Einigung haben.

AFB I

Den Bürgern der EU bringt die europäische Einigung eine ganze Reihe von Vorteilen, die unmittelbar im Alltag zu spüren sind. In Anlehnung an die **vier Freiheiten** des Binnenmarktes kann man folgende Bereiche unterscheiden:

- **Freier Personenverkehr:** Alle EU-Bürger können sich ohne Grenzkontrollen (mit wenigen Ausnahmen) im gesamten EU-Gebiet frei bewegen. Sie können grundsätzlich in jedem Land der EU arbeiten und sich dort niederlassen. Dies erweitert die Möglichkeit, einen **Arbeitsplatz** und geeignete Arbeitsbedingungen zu finden. Auch der Erwerb ausländischer Immobilien ist erleichtert. **Studenten** können in jedem Mitgliedsland der EU studieren, Abschlüsse werden weitgehend gegenseitig anerkannt.
- **Freier Warenverkehr:** Durch den Wegfall von Grenzkontrollen, die Harmonisierung oder gegenseitige Anerkennung von Normen und Vorschriften und die Steuerharmonisierung hat sich das **Warenangebot** für alle EU-Bürger beträchtlich erhöht. Gleichzeitig findet ein Prozess der Angleichung der Preise statt.
- **Freier Dienstleistungsverkehr:** Auch die Öffnung der Transport- und Telekommunikationsmärkte, die Liberalisierung der Finanzdienste und die Harmonisierung der Banken- und Versicherungsaufsicht bringen den EU-Bürgern praktische Vorteile. So ist speziell das Fliegen billiger geworden und auf dem Markt der Telekommunikation und der Versicherungen herrscht mehr Konkurrenz, was meist zu niedrigeren Preisen führt.
- **Freier Kapitalverkehr:** Obwohl von diesem Bereich in erster Linie Banken und Unternehmen profitieren, gibt es auch für Privatpersonen Vorteile, z. B. für private Anleger oder Käufer ausländischer Immobilien.

Des Weiteren bieten praktische Vorteile:

- die gemeinsame **Währung** (Euro),
- der einheitliche **Verbraucherschutz,**
- preisdämpfende Maßnahmen der EU, z. B. bei den Kosten für internationale Mobilfunkgespräche (Roaming),
- Richtlinien zur gegenseitigen **Anerkennung von Berufs- und Hochschulabschlüssen** (Bologna-Prozess) und
- gemeinsame **Umwelt-** und **Sozialstandards.**

4

AFB II

Stellen Sie die Zusammensetzung und die Aufgaben der EU-Kommission und des Europäischen Rates dar und charakterisieren Sie ihre jeweilige Stellung im politischen System der EU.

EU-Kommission

■ Die Europäische Kommission wird oft als „Regierung“ der EU bezeichnet. Sie vertritt gemeinschaftliche Ziele, fördert die Entwicklung einer gemeinschaftlichen Politik und koordiniert Exekutiv- und Verwaltungsaufgaben. Die Kommission ist ein **supranationales Organ.**

■ Die Kommission setzt sich einschließlich ihres Präsidenten und des Hohen Vertreters der Union für Außen- und Sicherheitspolitik aus **27 Mitgliedern** (jedes Mitgliedsland stellt einen Vertreter) zusammen. Der Präsident wird vom Europäischen Rat vorgeschlagen und vom Europäischen Parlament gewählt. Der Hohe Vertreter wird vom Europäischen Rat mit Zustimmung des Präsidenten der Kommission ernannt; er ist einer der Vizepräsidenten der Kommission. Seine Ernennung bedarf der Zustimmung des Europäischen Parlaments. Die Kommissare werden von den Regierungen der Mitgliedstaaten in Absprache mit dem designierten Präsidenten benannt. Das Europäische Parlament muss der gesamten Kommission zustimmen.

■ Um ihre **Aufgaben** zu erfüllen, besitzt sie ein hohes Maß an Unabhängigkeit. Sie führt u. a. den Haushaltsplan aus, überwacht die Anwendung des Unionsrechts und die Einhaltung der Verträge. Die Kommission kann Sanktionen vorschlagen. Nur sie hat das Initiativrecht für „Gesetze“ der Union.

Europäischer Rat

■ Den Europäischen Rat kann man als Impulsgeber, politische Steuerungsinstanz und obersten Konfliktlöser charakterisieren. Er ist ein **intergouvernementales Organ** der EU.

■ Er setzt sich im Grundsatz aus den Staats- und Regierungschefs der Mitgliedstaaten, seinem Präsidenten (für 2½ Jahre mit qualifizierter Mehrheit gewählt) und dem Präsidenten der Kommission zusammen. Der Hohe Vertreter nimmt an seinen Sitzungen teil. Der Europäische Rat tagt mindestens viermal jährlich und entscheidet grundsätzlich einstimmig; sein Präsident und der Präsident der Kommission sind nicht abstimmungsberechtigt.

■ Zu seinen **Aufgaben** gehört es, die **Leitlinien** des europäischen Integrationsprozesses und die strategische Orientierung z. B. in der Gemeinsamen Außen- und Sicherheitspolitik (GASP) festzulegen. Er wird von keinem anderen Organ der EU kontrolliert.

Staatenbund, Staatenverbund oder Bundesstaat (Vereinigte Staaten von Europa). Vergleichen Sie diese Grundrichtungen der europäischen Integration.

AFB II

Die Konzepte **Staatenbund, Staatenverbund** und Vereinigte Staaten von Europa **(Bundesstaat)** unterscheiden sich hinsichtlich des gewünschten Grades der Integration. Sie geben unterschiedliche Antworten auf die **Frage,**

- wie weit das Zusammenwachsen Europas gehen soll und
- welche Kompetenzen auf der europäischen Ebene und welche auf der Ebene der Nationalstaaten angesiedelt werden sollen.

Die Diskussion um diese Positionen wird als **Finalitätsdebatte** bezeichnet.

Staatenbund

Ein Staatenbund ist ein relativ lockerer Zusammenschluss souveräner Nationalstaaten, der auch Konföderation genannt wird. Zwar gibt es beim Staatenbund gemeinsame politische Organe des Bundes, in die die Mitglieder des Staatenbundes ihre Vertreter entsenden, jedoch liegt letztlich die Souveränität bei den einzelnen Staaten. Ein bekanntes Beispiel für einen Staatenbund ist der Deutsche Bund (1815–66). Die Europäische Union ist völkerrechtlich gesehen kein Staatenbund, sondern ein einzigartiges Gebilde.

Staatenverbund

Dieser Begriff wurde Anfang der 1990er-Jahre vom Bundesverfassungsgericht für die EU verwendet, woraufhin er Eingang in die politik- und rechtswissenschaftliche Terminologie fand. Staatenverbund steht für ein **Mehrebenensystem,** in dem die Staaten enger zusammenarbeiten als in einem Staatenbund, jedoch im Gegensatz zum Bundesstaat ihre eigene staatliche Souveränität behalten. Als Staatenverbund ist die EU eine supranationale Institution, die in bestimmten Bereichen zwar Verordnungen, Richtlinien und Beschlüsse erlassen oder Recht sprechen kann, diese Bereiche jedoch nicht selbst festlegen darf. Sie muss von den Mitgliedstaaten dazu ermächtigt sein.

Bundesstaat (Vereinigte Staaten von Europa)

Der Bundesstaat treibt die Integration am weitesten. In diesem Konzept gehen die Nationalstaaten zugunsten eines neuen europäischen Staates auf. Dessen Mitgliedstaaten geben ihre volle Souveränität an den neuen Staat ab.

6

AFB II

Analysieren Sie mögliche Ursachen für die niedrige Wahlbeteiligung (43 % im Jahr 2009) bei den Wahlen zum Europäischen Parlament.

Die Beteiligung bei den Wahlen zum Europäischen Parlament (EP) liegt in fast allen Mitgliedstaaten deutlich unter der Wahlbeteiligung bei wichtigen nationalen Wahlen.
Daraus lässt sich nur der Schluss ziehen, dass die Menschen den Wahlen zum Europäischen Parlament eine **geringere Bedeutung** zumessen als den Wahlen zu ihren nationalen Parlamenten. Es stellt sich die Frage, warum dies der Fall ist. Dafür lassen sich mehrere Gründe nennen.

- **Mangelnde Informationen:** Viele Wähler wissen zu wenig über die Bedeutung der Wahlen zum EP. Es ist das einzige Organ der EU, dessen Mitglieder direkt gewählt werden. Es bleibt abzuwarten, ob der Bedeutungszuwachs des EP infolge des Vertrages von Lissabon – vor allem ist das Mitentscheidungsverfahren für die Gesetzgebung zum Regelverfahren geworden – zu einer höheren Wahlbeteiligung führt.
- **Vorbehalte und Vorurteile:** Vielen Bürgern gilt die EU als bürgerfern und bürokratisch, sie fühlen sich von der EU „bevormundet". Dafür ist sie zum Teil selbst verantwortlich, da sie immer mehr Entscheidungsbefugnisse von den Mitgliedsländern übernommen hat, ohne die demokratischen Legitimationsgrundlagen dafür aufzubauen. Zugleich wollen viele auch nicht oder nur bedingt die Notwendigkeit supranationaler Regelungen, von denen sie alltäglich profitieren, anerkennen. Die Auffassung, die EU sei wesentlich bürokratisches Monstrum im fernen Brüssel, das alles (über)-regulieren wolle, entspringt überwiegend einem Ressentiment und ist häufig ein Vorurteil.
- **Demokratiedefizit:** Für den informierten Teil der Wählerschaft spielt wohl das oft kritisierte Demokratiedefizit der EU eine wichtige Rolle. Im Gegensatz zu den nationalen Parlamenten fehlen dem EP noch immer wichtige Rechte. So kann es z. B. keine Gesetze initiieren oder wichtige Beschlüsse im Bereich der Außen- und Sicherheitspolitik fassen (wenngleich der Vertrag von Lissabon in der GASP gewisse Kontrollrechte vorsieht).
- **Mangelnde europäische Identität:** Die meisten Bürger definieren ihre politische Identität eher regional und national; Europa kommt erst an dritter Stelle.

7 **Vergleichen Sie den Föderalismus der EU mit dem Föderalismus der Bundesrepublik Deutschland.**

AFB II

Während das politische System der Bundesrepublik Deutschland eindeutig ein föderales ist, lässt sich zum politischen System der EU keine so eindeutige Aussage treffen. Manchmal wird die EU als semiföderales System oder als Staatenverbund bezeichnet. Dies soll ausdrücken, dass die EU zwar noch kein föderaler Bundesstaat ist, jedoch auf dem Weg ist, zu einer Organisation „über den Staaten" zu werden, die deutlich mehr ist als ein bloßer Staatenbund.

Merkmale des Föderalismus in der Bundesrepublik Deutschland

- Der Föderalismus ist das staatliche Organisationsprinzip in der Bundesrepublik Deutschland. Deutschland ist ein Bundesstaat, der aus 16 Teileinheiten (Bundesländern) besteht.
- Der Bund bildet den übergeordneten Zentralstaat, die Länder die Gliedstaaten. Nicht nur der Bund, auch die Gliedstaaten erfüllen eigene staatliche Aufgaben und haben selbst Staatsqualität (Verfassung, Staatsorgane, eigene Amtsträger, eigene Zuständigkeiten und – mit Einschränkungen – finanzielle Selbstverantwortung). In der Bundesrepublik wird dieses Maß an Eigenstaatlichkeit besonders im Bildungsbereich deutlich.
- Trotzdem sind die Gliedstaaten nicht souverän. Die völkerrechtliche Souveränität liegt allein beim übergeordneten Zentralstaat.
- Staatliche Aufgaben sind zwischen dem Zentralstaat und den Gliedstaaten aufgeteilt, Bund und Länder arbeiten eng zusammen, bis hin zur Verflechtung. Der **Bundesrat** ist die Vertretung der Länder und wirkt an der Gesetzgebung des Bundes mit.

Merkmale des politischen Systems der EU

Die EU weist durchaus föderale Züge auf. Dies belegt der vom Europäischen Gerichtshof bestätigte Vorrang des EU-Rechts gegenüber nationalem Recht, das EU-Recht entgegensteht. Trotzdem ist die EU kein eindeutig föderales System. So fehlt der EU z. B. eine Verfassung. Die EU ist ein **Mehrebenensystem,** das sowohl Merkmale eines **Staatenbundes** als auch eines **Bundesstaates** in sich vereinigt – dafür hat sich in Deutschland die Bezeichnung **Staatenverbund** etabliert. Lange waren EWG und EG tatsächlich ein Staatenbund. Inzwischen hat sich die EU dem Zustand eines Bundesstaates

7

AFB II

Fortsetzung: Vergleichen Sie den Föderalismus der EU mit dem Föderalismus der Bundesrepublik Deutschland.

angenähert, da die EU als **Organisation über den Staaten** eigene Kompetenzen gegenüber den Mitgliedern hat. Allerdings haben die Mitgliedstaaten nicht den Status von Teileinheiten wie im föderalen System. Ihre Staatsqualität geht deutlich darüber hinaus. Zwar besitzt die EU supranationale Souveränitätsrechte, jedoch können diese nur durch zwischenstaatliche Verträge der Mitgliedstaaten begründet und verändert werden.

Das **Mehrebenensystem** der EU besteht aus **vier Schichten,** von denen jede bestimmte Zuständigkeiten vorsieht.

- Die oberste Schicht ist die **ausschließliche Zuständigkeit** der Union: Hier ist sie gesetzgeberisch tätig und handelt z. B. in den Bereichen Wettbewerbspolitik und Handels- und Zollpolitik wie ein Staat.
- Die nächste Schicht ist der Bereich der **geteilten Zuständigkeiten:** Für den Fall, dass die EU keine Regelungen trifft, können die Mitgliedstaaten tätig werden, z. B. in der Umweltpolitik oder beim Verbraucherschutz.
- Die dritte Schicht ist die **Unterstützung von Maßnahmen der Mitgliedstaaten durch die Union,** z. B. in den Bereichen Bildung oder Gesundheit.
- Die letzte Schicht ist der **intergouvernementale Bereich:** Hier müssen die Mitgliedstaaten weiterhin grundsätzlich einstimmig Beschlüsse fassen (im Europäischen Rat oder im Ministerrat). Betroffen davon sind vor allem die Gemeinsame Außen- und Sicherheitspolitik und die Gemeinsame Sicherheits- und Verteidigungspolitik.

Eine **zweite Kammer** wie den Bundesrat zur Vertretung der Interessen der Mitgliedstaaten gibt es nicht.

Ausblick: Der Begriff „Föderalismus“ ist in der EU äußerst umstritten. Im Entwurf der gescheiterten EU-Verfassung war noch von einem „föderalen Modus“ der Zuständigkeiten die Rede. Dieser Begriff wurde durch den Begriff „Gemeinschaftsmethode“ ersetzt. Letztlich ist noch immer offen, ob sich die Befürworter eines föderalistisch strukturierten Bundesstaates in der EU durchsetzen oder ob eine intergouvernementale EU ohne supranationale Kompetenzen, in denen souveräne Staaten miteinander verhandeln und zusammenarbeiten, das erfolgreichere Modell sein wird.

8

Setzen Sie sich mit der Frage auseinander, ob die These „Dem politischen System der EU mangelt es an demokratischer Legitimation“ nach dem Inkrafttreten des Vertrages von Lissabon noch aufrechterhalten werden kann.

AFB III

Der Vorwurf, dem politischen System der Europäischen Union mangele es an demokratischer Legitimation, ist so alt wie die EU selbst und kritisierte in erster Linie die politischen Strukturen der EU unter den Bedingungen des Vertrages von Maastricht (1993) und des Vertrages von Amsterdam (1999).

Mit dem Schlagwort **Demokratiedefizit der Europäischen Union** wird die Einschätzung bezeichnet, dass die EU in ihrem politischen Wirken nicht ausreichend demokratisch legitimiert ist. Man kann zwei Richtungen der Kritik unterscheiden: **strukturelles Demokratiedefizit** (es gibt kein Staatsvolk) und **institutionelles Demokratiedefizit** (Mängel des politischen Systems). Die Kritik an einem **institutionellen Demokratiedefizit** ist weiter verbreitet. Im Mittelpunkt der Kritik stehen der jeweilige Einfluss und das Zusammenspiel der **EU-Organe.**

„Demokratisierung“ der EU durch den Vertrag von Lissabon

- **Aufwertung des Europäischen Parlaments (EP):** Es erhält das Recht, den Kommissionspräsidenten zu wählen und mehr Rechte bei der Festlegung der Ausgaben der EU (Budgethoheit). Das Mitentscheidungsverfahren, das Parlament und Rat gleiche Rechte im Gesetzgebungsprozess garantiert, wird zum Standardverfahren und gilt für die Mehrzahl der Politikbereiche. So erhält das EP wichtige Rechte, über die auch die nationalen Parlamente der Mitgliedstaaten verfügen. Allerdings fehlt dem EP bei der Gesetzgebung noch immer das **Initiativrecht.** Zudem gibt es weitere Einschränkungen: Die Zuständigkeit für **außen- und sicherheitspolitische Beschlüsse** liegt beim Ministerrat und damit bei den nationalen Regierungen. Zusammenfassend ist festzuhalten, dass das EP nun volle Mitwirkungsrechte in fast allen Politikbereichen hat und auch in einem bestimmten Maß die Kommission kontrollieren kann.
- **Doppelte Mehrheit im Rat der Europäischen Union (Ministerrat):** Beschlüsse im Ministerrat sind ab 2014/17 dann gültig, wenn ihnen 55% der Mitgliedstaaten, die mindestens 65% der EU-Bevölkerung repräsentieren, zustimmen. Dadurch werden Entscheidungen vereinfacht und auch leichter nachvollziehbar. Dieses sogenannte Prinzip der doppelten Mehrheit stellt sicher, dass die Bedenken, die großen Mitgliedstaaten in der Europäischen

8

AFB III

Fortsetzung: Setzen Sie sich mit der Frage auseinander, ob die These „Dem politischen System der EU mangelt es an demokratischer Legitimation“ nach dem Inkrafttreten des Vertrages von Lissabon noch aufrechterhalten werden kann.

Union könnten Politik über die Köpfe der kleinen Mitgliedstaaten hinweg machen, hinfällig sind.

Kritikpunkte, die weiter Bestand haben

- **Keine Gewaltenteilung:** Der **Ministerrat** der EU besteht aus Mitgliedern der jeweiligen nationalen Regierungen und ist – zusammen mit dem Europäischen Parlament – das oberste Gesetzgebungsorgan (Exekutivföderalismus). Im Ministerrat findet keine Gewaltenteilung zwischen supranationaler Legislative und nationaler Exekutive statt. Die Mitglieder im Ministerrat sind beides: Vertreter ihrer nationalen Exekutive und Mitglieder eines supranationalen Gesetzgebungsgremiums.
- **Zu viele Kompetenzen für die EU:** Der Vorwurf, die EU eigne sich zu viele **Kompetenzen** in Politikbereichen an, die sinnvoller auf nationalstaatlicher Ebene geregelt werden sollten, bildet das Zentrum dieses Kritikpunktes. Das widerspreche dem **Subsidiaritätsprinzip,** das vorsieht, dass die EU nur tätig werden darf, wenn die Ziele der vorgesehenen Regelungen auf lokaler, regionaler oder nationaler Ebene nicht zu erreichen sind.

Zusammenfassung

Der Vertrag von Lissabon hat das Demokratiedefizit der EU tatsächlich verringert, wenn auch nicht in dem von manchen gewünschten Maß. Insbesondere die Erweiterung der Rechte des Europäischen Parlaments zeigt, dass mehr Demokratie in der EU gewollt und möglich ist.

9

Erörtern Sie die Chancen und Risiken, die sich aus der Aufnahme immer weiterer Staaten für die EU ergeben können.

AFB III

Das Ende des Ost-West-Konflikts und die damit verbundene Neuordnung Europas führten im Rahmen der **Osterweiterung** zur größten Ausdehnung der EU. In den Jahren 2004 und 2007 traten die meisten ehemaligen Satellitenstaaten der Sowjetunion der EU bei, sodass sich die Anzahl ihrer Mitglieder von 15 auf 27 erhöhte. Mit der Türkei und Kroatien laufen Beitrittsverhandlungen. Eine weitere Erweiterung der EU ist indes umstritten.

Argumente für die Aufnahme weiterer Staaten in die EU

- Neue Mitgliedsländer sind zusätzliche **Absatzmärkte** für die alten Mitgliedstaaten.
- Der allgemeine **Wohlstand** in der EU kann weiterwachsen, das noch vorhandene Wohlstandsgefälle zwischen einzelnen Ländern kann sich mittel- und langfristig verringern.
- Die Chance für eine dauerhafte **Friedensordnung** für Europa steigt mit der Zahl der Nationalstaaten in einem vereinten Europa.
- Die **politische Kultur** der EU erfährt eine Bereicherung.
- **EU-Standards** (Sicherheit, Umwelt, soziale Standards) in mehr Ländern dienen der Stabilisierung und Sicherheit in Europa.

Argumente gegen die Aufnahme weiterer Staaten in die EU

- Vorübergehend werden die **wirtschaftlichen Unterschiede** in der EU größer, da Beitrittsländer meist deutlich unter dem EU-Durchschnitt liegen.
- Die **haushaltspolitischen Belastungen** der EU durch die regionale Förderung von Industrie und Landwirtschaft in den neuen Mitgliedstaaten – wohl zulasten der alten Mitgliedstaaten – steigen erheblich.
- Die **Konkurrenz** um Arbeitsplätze und Industriestandorte verschärft sich.
- Strittig ist, ob der Beitrittskandidat Türkei die von der EU vertretenen Werte in ihrer Gesamtheit teilt und eine **europäische Identität** hat.

Zusammenfassung: Es ist nicht einfach, ein Urteil darüber zu fällen, ob die Chancen oder die Risiken der Aufnahme neuer Staaten in die EU überwiegen. Die bisherige – überwiegend positive – Geschichte der Erweiterungen lässt jedoch hoffen, dass die Europäische Union auch neue Erweiterungen ohne schwerwiegende Probleme bewältigt.

KAPITEL 7

Internationale Politik: Staatenwelt, Konflikte und Friedenssicherung

Alle Fragen im Überblick

AFB I

1 Stellen Sie den realistischen und den institutionellen Ansatz zur Beschreibung der internationalen Beziehungen dar.

2 Beschreiben Sie die Funktionsweise und die Aufgaben des UN-Sicherheitsrats.

3 Legen Sie die Rolle Deutschlands als außenpolitischer Akteur nach dem Ende des Ost-West-Konflikts dar.

4 Beschreiben Sie den Auftrag der Bundeswehr.

AFB II

5 Charakterisieren Sie unterschiedliche Konzepte zur Friedenssicherung.

6 Erläutern Sie die neue Dimension des Terrorismus seit dem 11. September 2001.

7 Erklären Sie, weshalb auch nach dem Ende des Ost-West-Konflikts aus der Existenz von Massenvernichtungswaffen Gefahren und Probleme für die sicherheitspolitische Situation in der Welt erwachsen.

8 Erläutern Sie die Wesensmerkmale der „neuen Kriege" in der Gegenwart. Gehen Sie dabei besonders auf die Formen der Kriegführung und auf die Kriegsfolgen ein.

9 Internationaler Terrorismus und Massenvernichtungswaffen sind zwei sicherheitspolitische Herausforderungen der Gegenwart. Charakterisieren Sie weitere, vor denen die Welt seit dem Ende des Ost-West-Konflikts steht.

10 Beide Autoren setzen sich mit der Rolle der USA in den internationalen Beziehungen auseinander. Vergleichen Sie die Positionen.

11 Erörtern Sie die Möglichkeiten demokratischer Staaten, sich gegen internationale Terrornetzwerke zu schützen.

AFB III

12 Beurteilen Sie die These, dass der UN-Sicherheitsrat in seiner gegenwärtigen Verfassung nicht in der Lage sei, seinen Aufgaben gerecht zu werden.

13 Die Bundesrepublik Deutschland hat sich in den letzen Jahren um einen ständigen Sitz im UN-Sicherheitsrat bemüht. Diskutieren Sie das Für und Wider einer solchen Mitgliedschaft.

14 Erörtern Sie ausgehend von der Karikatur die Problematik des Irakkrieges im Jahr 2003.

Stellen Sie den realistischen und den institutionellen Ansatz zur Beschreibung der internationalen Beziehungen dar.

AFB I

Die Denkschule des **Realismus** geht davon aus, dass

- das internationale System **anarchisch** (ohne übergeordnete Entscheidungs- und Sanktionsinstanz) ist und deshalb ein **Sicherheitsdilemma** für alle staatlichen Akteure besteht;
- die Hauptakteure **souveräne Nationalstaaten** sind, die ihr **nationales Interesse** verfolgen;
- die Staaten in diesem anarchischen System durch **mehr Macht** überleben wollen;
- Macht auf internationaler Ebene ein **Nullsummenspiel** ist (die Macht, die ein Staat hinzugewinnt, muss ein anderer verlieren);
- nationale Interessen mit den **Mitteln des Ausbaus und der Demonstration von Macht** (politisch, wirtschaftlich, militärisch), der **Abschreckung,** der **Bündnispolitik** und der **Gewaltanwendung** verfolgt werden müssen und erreicht werden können.

Der **institutionelle Ansatz** geht davon aus, dass

- neben den souveränen **Staaten** auch **internationale Organisationen** bzw. **Institutionen** die internationale Politik prägen;
- internationale Akteure **rational** handeln;
- die Anarchie des internationalen Systems zunehmend von den **Interdependenzen** zwischen den einzelnen Staaten und Gesellschaften eingeengt wird (Zunahme der **internationalen Kooperation**), wodurch das Sicherheitsdilemma überwunden werden kann;
- Macht in der internationalen Politik **kein Nullsummenspiel** ist, da alle Akteure durch bessere internationale Kooperation und die Beachtung der Regeln und Normen der internationalen Institutionen gewinnen können.

Sicherheitsdilemma

In einem Rechtsstaat sind die Bürger sicher, da sie durch staatliche Organe (Polizei, Gerichte) geschützt werden. Sie müssen (und dürfen) ihr Recht nicht selbst in die Hand nehmen **(staatliches Gewaltmonopol).** Für internationale Akteure (Staaten) gibt es ein solches Gewaltmonopol nicht. Sie müssen sich deshalb selbst schützen (Militär).

2

AFB I

Beschreiben Sie die Funktionsweise und die Aufgaben des UN-Sicherheitsrats.

Der UN-Sicherheitsrat ist das wichtigste und mächtigste Organ der Vereinten Nationen. Er trägt die Hauptverantwortung für die Wahrung des Weltfriedens und der internationalen Sicherheit. Seine Beschlüsse sind für alle UN-Mitglieder bindend.

Funktionsweise

- Der Sicherheitsrat besteht aus 15 Mitgliedern – den ständigen Mitgliedern und den gewählten Mitgliedern.
- Die **fünf ständigen Mitglieder** sind die Siegermächte des Zweiten Weltkrieges (USA, Russland [früher: UdSSR], Frankreich, Großbritannien, China). Jedes der fünf ständigen Mitglieder hat ein **faktisches Vetorecht:** Lehnt eines der ständigen Mitglieder eine Beschlussvorlage ab, ist der Beschluss gescheitert.
- Die **übrigen zehn Mitglieder** des Sicherheitsrats werden von der Generalversammlung gewählt, und zwar jährlich fünf Mitglieder für die Dauer von zwei Jahren.
- **Beschlüsse** werden mit einer Mehrheit von neun der 15 Mitglieder gefasst. Für die Ausführung der Beschlüsse ist der Generalsekretär der UN zuständig.

Aufgaben

Der Sicherheitsrat trifft Entscheidungen zur **Sicherung des Weltfriedens** und zur Herstellung und Erhaltung der internationalen Sicherheit. Er kann

- feststellen, dass die internationale Sicherheit gefährdet ist,
- die Konfliktparteien auffordern, den Konflikt friedlich beizulegen,
- nicht militärische Druckmittel beschließen (z. B. Wirtschaftssanktionen),
- den Einsatz militärischer Mittel zur Erhaltung bzw. Erzwingung des Friedens beschließen.

Der Sicherheitsrat hat noch eine Reihe **weiterer Aufgaben:** Zum Beispiel spricht er Empfehlungen zur Aufnahme neuer Mitglieder in die Vereinten Nationen aus, unterbreitet den Wahlvorschlag für die Wahl des Generalsekretärs und wählt – gemeinsam mit der Generalversammlung – die Mitglieder des Internationalen Gerichtshofs.

Legen Sie die Rolle Deutschlands als außenpolitischer Akteur nach dem Ende des Ost-West-Konflikts dar.

AFB I

Mit dem Ende des Ost-West-Konflikts zu Beginn der 1990er-Jahre änderte sich die Rolle Deutschlands als außenpolitischer Akteur. Dies lag zum einen an den veränderten Bedingungen in Deutschland (Vereinigung der beiden deutschen Teilstaaten) und zum anderen an dem durch das Ende der Sowjetunion und des Ost-West-Konflikts veränderten internationalen System.

Veränderungen in Deutschland

Als Folge des sogenannten **Zwei-plus-vier-Vertrags** und der im Oktober 1990 vollzogenen **Vereinigung** der beiden deutschen Teilstaaten war die Bundesrepublik Deutschland zum ersten Mal ein Staat ohne jegliche Einschränkung seiner Souveränität. Darüber hinaus hatte sich die wirtschaftliche und militärische Bedeutung Deutschlands innerhalb Europas und der Welt vergrößert. Damit einher gingen auch **veränderte Erwartungen,** die die Verbündeten an die Bundesrepublik stellten.

Veränderungen im internationalen System

Mit dem Ende des Ost-West-Konflikts verlor das internationale System viel von seiner (erzwungenen) Stabilität. Das Ende des „Systems von Potsdam“ markierte das **Ende einer bipolaren Welt,** die von der Dominanz der beiden Supermächte und ihrer Bündnissysteme geprägt war.

Rolle Deutschlands als außenpolitischer Akteur

Zu den Zeiten des Ost-West-Konflikts war die Rolle der Bundesrepublik Deutschlands als außenpolitischer Akteur relativ klar definiert: Die BRD war ein wichtiger NATO-Partner, im Weltmaßstab ein eher unbedeutender Akteur und militärisch auf ihre Verteidigungsaufgaben im Rahmen der NATO beschränkt. Dies änderte sich in den 1990er-Jahren. Deutschland übernahm neue Aufgaben in der internationalen Politik:

- Es beteiligte sich zunehmend an „Out-of-area-Einsätzen“ der NATO (z. B. im Gebiet des ehemaligen Jugoslawiens).
- Es engagierte sich militärisch in Afghanistan und in anderen Teilen der Welt.
- Es strebt (bislang erfolglos) einen Sitz im Sicherheitsrat der UN an.
- Es übernahm eine stärkere Führungsrolle im Integrationsprozess der EU.

4 AFB I Beschreiben Sie den Auftrag der Bundeswehr.

Der Auftrag der Bundeswehr setzt sich aus **zwei Aufgabenbereichen** zusammen: Da sind zum einen die traditionellen Aufgaben der Bundeswehr, die schon in der Zeit des Ost-West-Konflikts Gültigkeit hatten, und zum anderen die neuen Aufgaben, die sich seit den 1990er-Jahren herausbildeten.

Landesverteidigung

Im Zentrum des Auftrags der Bundeswehr steht die **Landesverteidigung.** Die Bundeswehr soll einen Angriff auf das Hoheitsgebiet der Bundesrepublik Deutschland abwehren. Erfolgt ein solcher Angriff, sind die **NATO-Verbündeten** zur militärischen Unterstützung verpflichtet. Dies gilt umgekehrt auch, d.h. die Bundeswehr muss im Fall eines Angriffs ebenfalls dem betroffenen NATO-Partner beistehen.

Neue Aufgaben

Mit dem Wegfall der Bedrohung durch den Warschauer Pakt und den Umgestaltungen im internationalen System veränderte sich der Auftrag der Bundeswehr. Die Abwehr eines Angriffs aus dem Osten trat in den Hintergrund, **Auslandseinsätze** der Bundeswehr traten stattessen in den Vordergrund.

Als **wichtigste Aufgaben** der Bundeswehr gelten heute:

- internationale Konfliktverhütung und Krisenbewältigung, sei es im Rahmen von UN-Einsätzen *(peacekeeping, peacemaking),* sei es bei sogenannten selbst mandatierten Einsätzen im Rahmen eines Bündnisse (NATO),
- Kampf gegen den internationalen Terrorismus (Deeskalation),
- Unterstützung von Bündnispartnern,
- Rettung und Evakuierung von Bundesbürgern im Ausland,
- Partnerschaft und Kooperation im internationalen Bereich,
- Hilfe bei Katastrophen und Unglücksfällen.

Diese Aufgaben sind Ausdruck eines erweiterten Sicherheitsverständnisses, das sowohl militärische als auch nicht militärische Aspekte berücksichtigt.

Charakterisieren Sie unterschiedliche Konzepte zur Friedenssicherung.

AFB II

Konzepte zur **Friedenssicherung** sind abhängig vom **Friedensbegriff.**

Negativer Friedensbegriff: Negativer Friede wird als bloße (vorübergehende) **Abwesenheit von Krieg** definiert. Bei diesem Ansatz werden Gewalt und Krieg als quasi unvermeidlich angesehen. **Friedenssicherung** ist darauf ausgerichtet, die Phasen der Abwesenheit von Krieg möglichst lang zu erhalten und möglichst stabil zu gestalten.

Konzepte zur Friedenssicherung

- Die Politik des **Gleichgewichts** *(balance of power):* Zur Zeit des Kalten Krieges verstand man darunter das **strategische Gleichgewicht** zwischen den Supermächten („Gleichgewicht des Schreckens"), aber auch die Politik der Rüstungskontrolle und der Abrüstung.
- Das Modell der **Weltorganisation der Staaten (Völkerbund, UNO):** Wichtigstes Ziel der UNO als zwischenstaatliche Organisation ist die Wahrung des Weltfriedens und der internationalen Sicherheit.

Positiver Friedensbegriff

Der positive Friedensbegriff ist deutlich weiter gefasst und definiert Frieden als dauerhafte **Abwesenheit von struktureller Gewalt.** Als Ursache von Gewalt und Kriegen werden soziale Ungleichheit, Diskriminierung, ungleiche Verteilung von Einkommen sowie Chancenungleichheit angesehen. Erst die Beseitigung dieser strukturellen Gewalt kann dauerhaft Frieden bringen.

Konzepte zur Friedenssicherung

- Eines der bekanntesten Konzepte ist Kants Modell vom **ewigen Frieden.** Danach ist der Frieden kein natürlicher Zustand und muss deshalb gestiftet werden. Es ist Aufgabe der Politik, durch die Schaffung eines allgemeingültigen **Rechtssystems,** dem sich alle Staaten unterordnen, den Frieden herbeizuführen (Völkerrecht, Verbindlichkeit zwischenstaatlicher Abkommen, Frieden als völkerrechtlicher Vertrag, Weltbürgergemeinschaft).
- Eine moderne Variante ist die Vorstellung von **Frieden als Zivilisierungsprozess.** Hierzu gehören die Herstellung und Bewahrung von Demokratie, von sozialer Gerechtigkeit und eine nicht gewalttätige Konfliktkultur.

6

AFB II

Erläutern Sie die neue Dimension des Terrorismus seit dem 11. September 2001.

Neue Qualität des Terrorismus

Terrorismus, ob national oder international organisiert oder ausgerichtet, ist kein neues Phänomen. So übten z. B. palästinensische Terroristen einen Anschlag auf israelische Sportler der Olympischen Spiele 1972 in München aus. Der Angriff auf das World Trade Center am 11. September 2001 wich indes in mehrfacher Hinsicht vom Muster des bisher bekannten (internationalen) Terrorismus ab und markiert somit eine **neue Qualität.**

Merkmale des Terrorismus von heute

- Der Terrorismus ist **stärker international vernetzt.** Das hängt zum einen mit der zunehmenden internationalen Mobilität und Kommunikation, zum anderen mit dem Aufkommen von ideologisch-weltanschaulichen Gruppierungen, für die Staatsgrenzen keine Bedeutung mehr haben, zusammen.
- Das **Grundmotiv** des Terrorismus ist **ideologisch-weltanschaulich.** Das hat bereits der säkulare **sozialrevolutionäre Terrorismus** (z. B. RAF, Rote Brigaden, der in seinem Agieren noch stärker national ausgerichtet war) mit dem heute dominanten **ideologisch-religiösen Terrorismus** (z. B. islamischer Terrorismus) gemeinsam.
- Die **Methoden** des Terrorismus haben sich geändert. Zu „konventionellen" Anschlägen mit Bomben und Schusswaffen kommen neue Formen hinzu, die mit dem Begriff **NBC-Terrorismus** (nuklear, biologisch, chemisch) beschrieben werden. So hat z. B. Mitte der 1990er-Jahre eine radikale religiöse japanische Sekte einen Giftgasanschlag in Tokio durchgeführt. Zudem setzen Terroristen ihr eigenes Leben mit als Waffe ein **(Suicide bombing).**
- An die Stelle „gezielter" Anschläge auf bestimmte Personen treten immer häufiger **Angriffe auf symbolische Orte und Gebäude,** die die Werte und Einstellungen des Gegners repräsentieren. So sollen möglichst viele Menschen ermordet sowie Angst und Schrecken verbreitet werden. Zudem geht es den Terroristen um Medienwirksamkeit. Der Angriff auf das World Trade Center ist das beste Beispiel für diese neue Zielsetzung.
- Der **asymmetrische Krieg** und die **Privatisierung der Gewalt** stellen neue Formen der Bedrohung dar, da Einzeltäter oder kleine Gruppen über ein enormes Zerstörungspotenzial gegenüber **offenen Gesellschaften** verfügen.

Erklären Sie, weshalb auch nach dem Ende des Ost-West-Konflikts aus der Existenz von Massenvernichtungswaffen Gefahren und Probleme für die sicherheitspolitische Situation in der Welt erwachsen.

AFB II

Zu den **Massenvernichtungswaffen** werden atomare, biologische und chemische Waffen gezählt. Während des Ost-West-Konflikts ging die größte Gefahr vom Einsatz atomarer Waffen aus. Schon zu dieser Zeit wurde die Zahl der atomaren Sprengköpfe und Trägersysteme der beiden Supermächte durch Rüstungskontroll- und Abrüstungsabkommen deutlich reduziert. Trotzdem gibt es heute noch Tausende von nuklearen Sprengköpfen.

Mit dem **Ende des Ost-West-Konfikts** verringerte sich die Bedrohung durch den möglichen Einsatz der Nuklearwaffen der USA und Russlands zwar deutlich, jedoch traten eine **Reihe von neuen Problemen und Gefahren** auf:

- Es ist heute schwieriger, die **Verbreitung** (Proliferation) von Massenvernichtungswaffen zu kontrollieren, da dieser Prozess nicht länger der weitgehenden Kontrolle der (ehemaligen) beiden Supermächte unterliegt.
- Die **Anzahl der Länder,** die entweder im Besitz von Atomwaffen sind oder vermutlich an Atomwaffenprogrammen arbeiten, hat zugenommen. Beispiele für Länder, die (wahrscheinlich) an Atomwaffenprogrammen arbeiten, sind Nordkorea und der Iran.
- Prinzipiell birgt eine Sicherheitspolitik, die wenig Rücksicht auf die Belange anderer nimmt, das **Risiko eines neuen Rüstungswettlaufs** in sich. So haben z. B. die Pläne der Regierung Bush, ein **Raketenabwehrsystem** gegen sogenannte **Schurkenstaaten** zu bauen und u. a. in Osteuropa zu stationieren, erneut zu politischen Spannungen zwischen den USA und Russland geführt.
- Die Strategie der **präventiven Verteidigungsmaßnahmen** gegenüber Staaten, die vermutlich Massenvernichtungswaffen entwickeln oder den internationalen Terrorismus unterstützen, führen zu neuen sicherheitspolitischen Risiken. Ein Beispiel dafür bietet der Irakkrieg, den Kritiker als einen völkerrechtswidrigen Angriffskrieg bezeichnen.

Deshalb sind Massenvernichtungswaffen auch nach dem Ende des Ost-West-Konflikts ein sicherheitspolitisches Problem. Die Vorschläge des amerikanischen Präsidenten Obama zur verstärkten Abrüstung und Vernichtung von Nuklearwaffen können neue Impulse setzen, das Problem zu verringern.

8

AFB II

Erläutern Sie die Wesensmerkmale der „neuen Kriege“ in der Gegenwart. Gehen Sie dabei besonders auf die Formen der Kriegführung und auf die Kriegsfolgen ein.

Das wichtigste Merkmal der sogenannten neuen Kriege der letzten beiden Jahrzehnte ist die **asymmetrische Kriegführung.** Damit ist eine militärische Auseinandersetzung unter Parteien gemeint, die waffentechnisch und strategisch sehr unterschiedlich ausgerüstet bzw. ausgerichtet sind.

Asymmetrische Kriege

Seit dem Ende des Ost-West-Konflikts nahm die Zahl und Bedeutung der klassischen symmetrischen Kriege zwischen Staaten deutlich ab. An ihre Stelle traten vermehrt asymmetrische Kriege. Bekanntestes Beispiel ist der Angriff des islamistischen Terrornetzwerks al-Qaida auf die Supermacht USA am 11. September 2001. Hier ist die Asymmetrie besonders deutlich, da sozusagen ein Zwerg mit extrem begrenzten militärischen Mitteln einen hochgerüsteten Riesen angreift. In diesem Zusammenhang wird auch von einer **Privatisierung des Krieges** gesprochen. Ein wichtiges Merkmal eines solchen neuen Krieges besteht darin, dass die Opfer ausschließlich oder weit überwiegend Zivilisten sind.

Innerstaatliche Konflikte

Die gängigste Konfliktform sind heute **regional begrenzte Kriege** in Form von **innerstaatlichen Konflikten,** in die häufig Nachbarstaaten einbezogen sind. Solche Konflikte finden vor allem in Afrika statt (Kongo, Horn von Afrika u. a.). Oft handelt es sich um Guerillakriege zwischen staatlichem Militär und Rebellengruppen. Die Folgen solcher Kriege für die Zivilbevölkerung sind z. T. verheerend. Eines der bekanntesten Beispiele ist Ruanda, wo Millionen Menschen Opfer von Krieg und Völkermord wurden.

Fehlendes staatliches Gewaltmonopol

Häufig stehen bei den neuen Kriegen nicht länger politische, sondern ökonomische Ziele im Vordergrund. Dies ist mit einer **Entstaatlichung des Krieges** verbunden und typisch für Krisenregionen, in denen Staaten schwach oder praktisch völlig zerfallen sind. Es besteht kein staatliches Gewaltmonopol mehr. Stattdessen wird Gewalt von bewaffneten Gruppierungen, Warlords usw. ausgeübt. Diese Gewalt richtet sich meist gegen die Zivilbevölkerung, oft in Form von Massakern.

Internationaler Terrorismus und Massenvernichtungswaffen sind zwei sicherheitspolitische Herausforderungen der Gegenwart. Charakterisieren Sie weitere, vor denen die Welt seit dem Ende des Ost-West-Konflikts steht.

AFB II

Neben dem **internationalen Terrorismus** (vgl. Aufgabe 6) und der **Verbreitung von Massenvernichtungswaffen** (vgl. Aufgabe 7) gibt es noch weitere sicherheitspolitische Herausforderungen, vor denen die Welt seit dem Ende des Ost-West-Konflikts steht.

Zerfall von Staaten und Ethnisierung von Konflikten

- Der Zerfall des „Ostblocks“ führte zu einer **Destabilisierung der Staaten Osteuropas.** Jahrzehntelang waren dort ethnische und religiöse Konflikte unterdrückt worden. Mit dem Wegfall des Ostblocks und dem beginnenden Zerfall osteuropäischen Staaten brachen sich diese Konflikte gewaltsam Bahn. Zahlreiche Minderheiten forderten ihr Selbstbestimmungsrecht und ihren eigenen Staat. Außerordentlich gewaltsam verlief dieser Prozess im „Vielvölkerstaat“ Jugoslawien, der Anfang der 1990er-Jahre zerfiel. Aus den Kriegen dort gingen mehrere „neue“ Staaten hervor und bis heute hat die Region noch keine dauerhafte Stabilität gefunden. Ähnliches gilt für Teile der ehemaligen Sowjetunion (z. B. Tschetschenien).
- Ganz allgemein kann man sagen, dass in absehbarer Zukunft wohl immer mehr bewaffnete Konflikte deshalb aufkommen werden, weil **ethnische Gruppen** nach mehr politischer Unabhängigkeit oder sogar **Eigenstaatlichkeit** streben.

Konflikte um Ressourcen

- Knappe lebenswichtige Ressourcen wie z. B. Wasser und Öl führen zu **Verteilungskonflikten.** Nicht selten werden die Konflikte gewaltsam ausgetragen. So rief z. B. 2008 eine Rebellengruppe im Nigerdelta den „Erdölkrieg“ aus.
- Auch bisher auf ausschließlich politischer Ebene geführte Auseinandersetzungen um Staudammprojekte wie z. B. in Südostanatolien, für die das Wasser von Euphrat und Tigris genutzt wird, zeigen, wie konfliktträchtig solche Projekte sein können, geht es doch mittel- und langfristig um die Entwicklungschancen der Staaten. Gräbt ein Staat einem anderen im übertragenen wie im wörtlichen Sinn das Wasser ab, so sind die Folgen für die betroffenen Anrainerstaaten unter Umständen katastrophal (Wasserknappheit, Versteppung, unfruchtbare Böden).

10

AFB II

Beide Autoren setzen sich mit der Rolle der USA in den internationalen Beziehungen auseinander. Vergleichen Sie die Positionen.

M1

Robert Kagan zur Rolle der USA in den internationalen Beziehungen (2003):
Die Europäer glauben im Allgemeinen, ihre Bedenken gegen den amerikanischen Unilateralismus bewiesen, dass sie sich stärker den Prinzipien einer Weltordnungspolitik verpflichtet fühlen. Und es stimmt, dass sie sich stärker [...] für diese Ideale einsetzen als die meisten Amerikaner. Aber eine andere Tatsache geben die Europäer nicht so gern zu: dass nämlich ihre ablehnende Haltung gegenüber dem Unilateralismus auch auf Eigeninteresse beruht. Da die Europäer nicht in der Lage sind, [...] einseitige militärische Maßnahmen durchzuführen, ist es nur natürlich, dass sie anderen nicht erlauben wollen, was sie selbst nicht können. [...] Aus europäischer Sicht mögen die USA zwar ein relativ gutmütiger Hegemon sein, aber insofern ihr Handeln das Zustandekommen einer der Sicherheit der schwächeren Staaten förderlicheren Weltordnung verzögert, stellen sie objektiv eine Gefahr dar. [...] Aus diesem Grund bestehen die Europäer darauf, dass die Vereinigten Staaten nur mit Zustimmung des UN-Sicherheitsrats handeln. Der Sicherheitsrat ist freilich nur eine schwache Annäherung an eine echte multilaterale Weltordnung [...]. Dennoch ist der Sicherheitsrat der einzige Ort, wo ein schwächerer Staat [...] zumindest theoretisch die Macht hat, das amerikanische Vorgehen zu kontrollieren [...]

(Robert Kagan: Macht und Ohnmacht. Übersetzung: Thorsten Schmidt © 2003, Siedler Verlag, München, in der Verlagsgruppe Random House GmbH)

M2

Ulrich Speck zur Rolle der USA in der internationalen Politik (2005):
Auf der einen Seite erhöht die wachsende Interdependenz der Staaten den Bedarf an einer übergeordneten Institution, die globale Regeln setzt und ihre Einhaltung garantiert, die Konflikte managt und übergreifenden Bedrohungen und Gefahren entgegentritt – eine Art von Weltregierung. Auf der anderen Seite sind de facto derzeit nur die Vereinigten Staaten in der Lage, eine solche Position zumindest annähernd einzunehmen. Die Vereinigten Staaten aber haben, als partikularer Staat, nicht das Mandat dazu, [...] Ist eine andere Lage denkbar, eine bessere? Eine realistische Prüfung der Optionen ergibt, dass derzeit keine Alternative existiert. [...] Man wird weiterhin mit den Mängeln leben müssen. Das ist mühsam, konfliktreich und keineswegs ideal. Pragmatisch gesehen aber sind wir – in Deutschland und Europa – alles in allem mit der amerikanischen Hegemonie in den vergangenen Jahrzehnten sehr gut gefahren. Es ist in unserem Interesse, diese Ordnung zu stützen und zu erhalten. Eine bessere haben wir nicht.

(Ulrich Speck: Amerika, der gute König. In: Die Zeit vom 23.12.2005, Auszug)

Fortsetzung: Beide Autoren setzen sich mit der Rolle der USA in den internationalen Beziehungen auseinander. Vergleichen Sie die Positionen.

AFB II

Beide Autoren bewerten die **Hegemonie der USA** aus europäischer Sicht positiv:

- Kagan spricht von den USA als einem „gutmütigen Hegemon", Speck ist der Ansicht, Deutschland und Europa seien mit der amerikanischen Hegemonie „sehr gut gefahren".
- Einig sind sich beide Autoren auch darin, dass die USA die **einzige Weltmacht** sind, die angesichts der Schwäche des UN-Sicherheitsrats für **Ordnung** sorgen kann.

Unterschiedliche Einschätzungen haben die Autoren im Hinblick auf die **Rolle der USA:**

- Kagan glaubt, dass die Dominanz der USA die Sicherheit schwächerer Staaten gefährden kann, solange die USA nicht bereit sind, sich auf eine neue Weltordnung einzulassen, in der der Sicherheitsrat eine wichtige Rolle spielt (Abkehr vom **Unilateralismus**).
- Speck dagegen glaubt, dass es zur Rolle der USA als Weltmacht **keine realistische Alternative** gibt. Ohne die USA als Weltmacht sieht er die Gefahr einer Anarchie ohne internationale Ordnung.

Unilateralismus und Multilateralismus

Die Begriffe Unilateralismus und Multilateralismus kennzeichnen unterschiedliche außenpolitische Politikstile.

- Das **Konzept des Unilateralismus** beschreibt das Handeln von Staaten aus einseitigen nationalen Interessen und ohne Rücksichtnahme auf andere. So wird beispielsweise den USA immer wieder vorgeworfen, außenpolitische Entscheidungen aus ihrer Stellung als Supermacht bzw. Hegemonialmacht zu treffen, ohne ihre Verbündeten in den Entscheidungsprozess mit einzubeziehen (Beispiel Irakkrieg).
- Im Gegensatz dazu ist eine am **Konzept des Multilateralismus** orientierte Politik darauf bedacht, gemeinsam und gleichberechtigt zu handeln und alle betroffenen Staaten gleichberechtigt in den Entscheidungsprozess einzubeziehen. Damit kann im Idealfall ein Prozedere in der internationalen Politik etabliert werden, das jenseits tradierter Machtpolitik bestehende Interessengegensätze durch **Kooperation und Kompromissfähigkeit** zu lösen versucht.

11

AFB III

Erörtern Sie die Möglichkeiten demokratischer Staaten, sich gegen internationale Terrornetzwerke zu schützen.

Die Möglichkeiten demokratischer Staaten, sich gegen internationale Terrornetzwerke zu schützen, sind immer eingeschränkt. Dies liegt zum einen an der **Natur des internationalen Terrorismus,** zum anderen an der **inneren Struktur demokratischer Staaten.**

Freiheit und Sicherheit

- Jeder demokratische Staat, der sich gegen den internationalen Terrorismus so gut es geht schützen will, kommt in einen Konflikt zwischen Freiheit und Sicherheit. Mehr Sicherheit ist meist nur durch die Einschränkung von individueller Freiheit möglich. Während z. B. erhöhte Sicherheitsmaßnahmen an Flughäfen für die meisten Menschen zwar manchmal lästig, doch insgesamt hinnehmbar sind, sieht es bei anderen Maßnahmen zur Terrorabwehr ganz anders aus. Viele Menschen sind nicht bereit, in jeder Hinsicht zum „gläsernen Bürger“ zu werden und sehen in der **Datensammelwut** des Staates (Antiterrordatei, biometrische Merkmale, Lauschangriff, Vorratsdatenspeicherung u. a.) nicht nur eine Gefährdung ihrer persönlichen Freiheit, sondern der freiheitlichen Demokratie überhaupt.
- Der **Konflikt zwischen Freiheit und Sicherheit** ist schwer zu lösen: Zum einen wollen die meisten Menschen mehr Sicherheit, zum anderen lehnen sie zu große Eingriffe in ihre persönliche Freiheit ab. Der demokratische Staat ist deshalb in seinem Bemühen um mehr Sicherheit ständigen Einschränkungen ausgesetzt.
- Sogenannte **passive Abwehrmaßnahmen** gegen den modernen Terrorismus greifen nur sehr bedingt, da die prinzipielle Offenheit demokratischer Systeme in Konflikt mit weitgehenden Abschottungs- und Kontrollmaßnahmen gerät.

Natur des internationalen Terrorismus

- Wie die Erfahrungen seit 2001 zeigen, sind Terrornetzwerke wie z. B. al-Qaida mit militärischen oder geheimdienstlichen Aktionen kaum wirksam zu bekämpfen. Eine Option der aktiven Schutzmaßnahmen gegen den Terrorismus, die **staatliche Gewaltanwendung,** ist deshalb nur sehr eingeschränkt erfolgreich. Dies liegt vor allem an der Struktur solcher Terrornetzwerke: Sie operieren weltweit, nutzen alle modernen Kommunika-

Fortsetzung: Erörtern Sie die Möglichkeiten demokratischer Staaten, sich gegen internationale Terrornetzwerke zu schützen.

AFB III

tionsmöglichkeiten und verfügen über multinationale Organisationsstrukturen.

- Doch auch die zweite aktive Schutzmaßnahme, die **Ursachenbekämpfung,** ist schwierig zu bewerkstelligen. Politisch gesehen reagieren Terrornetzwerke wie al-Qaida ideologisch auf **Modernisierung, Globalisierung** und **Säkularisierung** und wenden sich gegen die Dominanz der Werte der „westlichen Moderne“ wie **Pluralismus, religiöse Indifferenz** und **Materialismus.** Transnationalen Terrornetzwerken geht es überdies darum, eine **internationale oder regionale Ordnung** zu verändern. Die Ursachen des internationalen Terrorismus sind also sehr vielfältig und lassen sich deshalb nicht leicht bekämpfen. Zwar ist es richtig, dass es langfristig darum gehen muss, das Umfeld, aus dem sich Terroristen und Sympathisanten rekrutieren, nach dem Motto „nicht Taten, sondern Täter verhindern“ zu verändern. Kurzfristige Erfolge sind hier aber nicht zu erwarten.

Terrorismus

Unter **Terrorismus** versteht man Gewalt und Gewaltaktionen gegen eine politische Ordnung mit dem Ziel, politische Veränderungen herbeizuführen. Der **Terror** soll als Druckmittel Unsicherheit und Schrecken verbreiten oder Sympathie und Unterstützungsbereitschaft erzeugen. Terrorismus ist keine militärische Strategie, die z. B. nach Raum greift, sondern primär eine **Kommunikationsstrategie,** die „in den Köpfen“ wirken und möglichst große Aufmerksamkeit erreichen will: „Der […] Guerilla besetzt tendenziell den Raum, um später das Denken gefangen zu nehmen, der Terrorist besetzt das Denken, da er den Raum nicht nehmen kann.“ (Franz Wördemann).
Eine entscheidende Rolle spielen dabei die modernen **Massenmedien.** Man kann so weit gehen zu sagen, dass ohne die Massenmedien der internationale Terrorismus seine Wirkung nicht entfalten könnte. Angst, Schrecken, Panik und Unsicherheit werden eher über die **Berichterstattung** (Bilder) über den Terrorakt als durch den Terrorakt selbst verbreitet. Dazu kommt, dass die Terroristen heute in der Lage sind, sich diesen medialen Zugang über das Internet selbst zu verschaffen.

12

AFB III

Beurteilen Sie die These, dass der UN-Sicherheitsrat in seiner gegenwärtigen Verfassung nicht in der Lage sei, seinen Aufgaben gerecht zu werden.

Dieser These kann man zustimmen. Der UN-Sicherheitsrat ist in der Tat nur eingeschränkt in der Lage, seinen Aufgaben nachzukommen.
Die wichtigste Aufgabe des Sicherheitsrats besteht darin, Entscheidungen zur **Sicherung des Weltfriedens** und zur Herstellung und Erhaltung der internationalen Sicherheit zu treffen.

Sucht man nach den Gründen, warum der UN-Sicherheitsrat diese Aufgabe nur eingeschränkt erfüllt, so sind vor allem folgende Punkte zu betrachten: die Zusammensetzung des Sicherheitsrats, die hervorgehobene Position der USA und seine mangelnde Ausstattung.

- **Die Zusammensetzung des Sicherheitsrats:** Noch immer bestimmen die **fünf ständigen Mitglieder** des Sicherheitsrats mit ihrem **Vetorecht** weitgehend die Politik und die Handlungsfähigkeit des Sicherheitsrats. Jedes dieser Mitglieder kann partikulare Interessen verfolgen und Beschlüsse des Sicherheitsrats blockieren. Als Beispiel dafür kann der Nahostkonflikt genannt werden, wo der Sicherheitsrat seit Jahrzehnten über Resolutionen nicht hinauskommt.
- **Die starke Position der USA:** Seit die USA die einzige verbliebene **Weltmacht** sind, handeln sie häufig **unilateral** und ohne Rücksicht auf Entscheidungen des Sicherheitsrats. Als Beispiele dafür können der (zweite) Irakkrieg und das Vorgehen im Kosovo angeführt werden.
- **Keine Streitkräfte und zu wenig finanzielle Mittel:** Noch immer verfügt der Sicherheitsrat über **keine eigenen Streitkräfte für Friedensmissionen.** Er ist darauf angewiesen, dass Staaten oder Organisationen wie die NATO Soldaten zur Verfügung stellen.
- **Neue Herausforderungen:** Der Sicherheitsrat kann kaum auf die neuen Bedrohungen wie den internationalen **Terrorismus** oder die neuen **asymmetrischen Kriege** reagieren.

Zusammenfassung

Ohne eine **Reform** seiner veralteten Struktur und Funktionsweise wird der Sicherheitsrat kaum in der Lage sein, seine Aufgaben zu erfüllen.

Die Bundesrepublik Deutschland hat sich in den letzen Jahren um einen ständigen Sitz im UN-Sicherheitsrat bemüht. Diskutieren Sie das Für und Wider einer solchen Mitgliedschaft.

AFB III

Argumente für einen ständigen deutschen Sitz im Sicherheitsrat

- Deutschland ist das bevölkerungsreichste Land Europas und eines der wirtschaftlich stärksten Länder der Welt.
- Deutschland ist – nach den USA und Japan – der drittgrößte Beitragszahler der Vereinten Nationen.
- Deutschland verfügt über keine Atomwaffen und könnte deshalb im Sicherheitsrat als einziges ständiges Mitglied ohne eigene Atomwaffen besonders glaubwürdig sein.
- Deutschland hat seit dem Ende des Kalten Krieges bei zahlreichen UN-Friedensmissionen mitgewirkt und sich an militärischen Einsätzen im UN-Auftrag beteiligt.
- Als außenpolitischer Akteur hat die Bundesrepublik auch in der Zeit des Ost-West-Konfikts eine multilaterale Außenpolitik betrieben und z. B. seit Ende der 1960er-Jahre auf Aussöhnung mit den Ländern Osteuropas gesetzt.

Argumente gegen einen ständigen deutschen Sitz im Sicherheitsrat

- Es gibt weitere Kandidaten für einen ständigen Sitz im Sicherheitsrat, die entweder über eine größere Wirtschaftskraft (z. B. Japan) oder eine höhere Bevölkerungszahl (z. B. Indien) verfügen.
- Durch eine ständige Mitgliedschaft Deutschlands würde das ohnehin schon starke Gewicht Europas im Sicherheitsrat (Großbritannien, Frankreich) weiter ausgebaut. Viele Kritiker der Zusammensetzung des Sicherheitsrats vertreten die Ansicht, dass die Dritte Welt mit einem ständigen Sitz im Sicherheitsrat vertreten sein sollte. Ob Großbritannien und Frankreich für einen ständigen Sitz Deutschlands sind, ist durchaus zweifelhaft.
- Wichtiger als eine Ausweitung der Zahl der ständigen Mitglieder im Sicherheitsrat ist eine grundlegende Reform der Funktionsweise des Sicherheitsrats.

Zusammenfassung: In der gegenwärtigen Situation und angesichts guter Gründe Pro und Kontra ist ein ständiger Sitz für Deutschland im Sicherheitsrat eher unwahrscheinlich. Die notwendige Zweidrittelmehrheit in der Generalversammlung sowie die Zustimmung aller ständigen Mitglieder des Sicherheitsrats sind auf absehbare Zeit kaum zu erreichen.

14

Erörtern Sie ausgehend von der Karikatur die Problematik des Irakkrieges im Jahr 2003.

AFB III

M1

(H. Haitzinger, München, aus: Südwestpresse vom 21.3.2007)

Aussageabsicht der Karikatur

Die Karikatur problematisiert den politischen Zustand im Irak vier Jahre nach dem gewaltsamen Sturz Saddam Husseins durch die Streitkräfte der USA, Großbritanniens und ihrer Verbündeten im April 2003.
Ein amerikanischer Soldat steht auf dem Sockel einer geschleiften Saddam-Hussein-Statue und gratuliert einem Iraker zum Sieg über Saddam Hussein. Der Iraker ist allerdings fast völlig unter Trümmern begraben, nur ein Arm und eine kleine Fahne mit der Aufschrift „Irak" ragen hervor. Ebenfalls im Bild ist eine Zündvorrichtung für Bomben mit der Aufschrift „USA". Der Text zur Karikatur lautet „... seit 4 Jahren befreit!".
Die Karikatur fasst die aktuelle Lage im Irak aus der Sicht des Karikaturisten zusammen: Auch Jahre nach dem „Sieg" über das Regime Saddam Husseins kennt der Irak noch keine politische Stabilität. Damit stellt sich die Frage, ob der Irakkrieg sinnvoll und erfolgreich war.

Der Irakkrieg war ein **Präventivkrieg** und wurde von der Koalition mit einer akuten Bedrohung durch den Irak (Existenz von Massenvernichtungswaffen) gerechtfertigt. Militärisch gesehen war der Irakkrieg kurz und erfolg-

Fortsetzung: Erörtern Sie ausgehend von der Karikatur die Problematik des Irakkrieges im Jahr 2003.

AFB III

reich, da das Regime innerhalb weniger Wochen gestürzt wurde. Anders sieht es aus, wenn man die **Folgen des Krieges** berücksichtigt:

- Noch immer ist der Irak politisch äußerst **instabil.**
- Es herrschen **bürgerkriegsähnliche Zustände.**
- Die **US-Streitkräfte** werden von der Mehrheit der irakischen Bevölkerung als **Besatzungsmacht** abgelehnt.
- Obgleich zurzeit (Anfang 2010) noch mehr als 100 000 amerikanische Soldaten im Irak stationiert sind, hat sich die **Sicherheitslage** nur mäßig verbessert.

Mit dem Irakkrieg konnte keines der **politischen** Ziele der USA realisiert werden. Weder gibt es stabile demokratische noch stabile politische Verhältnisse. Hinzu kommt, dass die **Region** insgesamt destabilisiert wurde und der **Iran** der regionale Nutznießer des Irakkrieges ist.

Vereinte Nationen: Agenda für den Frieden

Die Agenda für den Frieden basiert auf den Vorschlägen des ehemaligen UN-Generalsekretärs Boutros Boutros-Ghali und legte 1992 eine neue und bis heute sehr einflussreiche Konzeption für die Handlungsmöglichkeiten der Vereinten Nationen auf dem Gebiet der Friedenssicherung vor.

- **Vorbeugende Diplomatie** *(preventive diplomacy):* Spannungen sollen abgebaut, eine Konfliktsituation vermieden werden (Mittel: Früherkennung von Spannungen, Vertrauensbildung zwischen potenziellen Konfliktparteien).
- **Friedensschaffung** *(peacemaking):* Ein offener Konflikt soll beendet werden (Mittel: Verhandlung bzw. Vermittlung, Sanktionen, militärische Gewalt).
- **Friedenssicherung** *(peacekeeping):* Eine entstandene Konfliktsituation soll entschärft werden (Mittel: Einsatz von UN-Truppen zur Sicherung humanitärer Aktionen und zur Überwachung der Einhaltung von Abkommen).
- **Friedenskonsolidierung** *(post-conflict peacebuilding):* Nach Beendigung eines Konfliktes soll der Frieden gesichert werden (Mittel: Entwaffnung der Kriegsparteien, Hilfe beim Neuaufbau und Schutz der Menschenrechte).
- **Friedenserzwingung** *(peace-enforcement):* Zudem gibt es Mandate des Sicherheitsrates für friedenserzwingende Maßnahmen. Hier wird auf militärische Kapazitäten von Regionalorganisationen (z. B. NATO) zurückgegriffen und militärische Gewalt auch gegen den Willen der Konfliktparteien eingesetzt.

KAPITEL 8

Globalisierung

Alle Fragen im Überblick

AFB I

1 Beschreiben Sie Ursachen und Auswirkungen der Globalisierung.

2 Globalisierung bedeutet auch eine drastische Zunahme von Umweltproblemen. Legen Sie den Zusammenhang von Globalisierung und Gefährdung der Umwelt an einem Beispiel dar.

3 Stellen Sie in einer Übersicht die internationalen Institutionen dar, die die Säulen der Global Governance bilden.

AFB II

4 Erläutern Sie, auf welchen wirtschaftstheoretischen Grundlagen die Aussagen von H.-W. Sinn beruhen, und arbeiten Sie diese Grundlagen aus dem Text heraus.

5 Vergleichen Sie H.-W. Sinns (Text in Aufgabe 4) Bewertung des Globalisierungsprozesses mit der Bewertung von A. Sen.

6 Erläutern Sie, welche ökonomischen Chancen und Risiken sich für die Entwicklungsländer aus der Globalisierung ergeben.

7 Erklären Sie den Begriff der Globalisierung und weisen Sie nach, dass Globalisierung mehr ist als Internationalisierung der Wirtschaft.

8 Analysieren Sie die Bedeutung des Standortwettbewerbs im Rahmen der Globalisierung.

9 Erläutern Sie die Rolle der NGOs im Global-Governance-Prozess.

AFB III

10 A. Sen (Text in Aufgabe 5) behauptet, „dass die Regeln des Welthandels zugunsten der Reichen manipuliert sind“. Überprüfen Sie diese Aussage am Beispiel einer internationalen Institution oder Organisation.

11 Erörtern Sie, welche Probleme in der Bundesrepublik Deutschland die Globalisierung offenlegt und wie die Politik darauf reagiert.

12 Das Bild von der „Welt als globalem Dorf“ beschreibt mögliche gesellschaftliche Folgen des Globalisierungsprozesses. Erläutern Sie, was darunter verstanden wird, und nehmen Sie dazu Stellung.

13 Diskutieren Sie Chancen und Gefahren der Globalisierung unter Berücksichtigung der unterschiedlichen Dimensionen der Globalisierung.

14 „Weltweit tätige Unternehmen haben schon heute einen größeren Einfluss als manche Staaten. Früher hatten Nationen Unternehmen; bald werden Konzerne über Staaten bestimmen.“ Nehmen Sie Stellung zu dieser Aussage.

1

Beschreiben Sie Ursachen und Auswirkungen der Globalisierung.

AFB I

Zu den wichtigsten **Ursachen der Globalisierung** gehören sowohl technische, infrastrukturelle und politische Entwicklungen.

- **Technologie (Internet):** Die technische Entwicklung – besonders in den Bereichen Information und Kommunikation – zählt zu den wichtigsten Ursachen der Globalisierung. Ohne die neuen Möglichkeiten, die das Internet bietet, sind zentrale Aspekte der globalisierten Welt kaum vorstellbar. Dazu gehören u. a. die **globalisierten Finanzmärkte,** wo in Sekunden unvorstellbare Summen rund um den Globus verschoben werden, und die Herstellung von Produkten in **transnationalen Produktionsverbünden.** Auch bei der Herausbildung einer globalisierten Alltagskultur spielen technische Neuerungen eine wichtige Rolle.
- **Transportkosten und Transportgeschwindigkeit:** Die enorme Ausweitung des Handels geht nicht zuletzt darauf zurück, dass die Transportkosten stark gesunken sind und Waren schneller und preiswerter transportiert werden können. So können Produkte wie Software oder Datenbanken per Datenleitung in Sekunden von einem Ende der Welt zum anderen geschickt werden. Damit sind die Voraussetzungen geschaffen, auch **Dienstleistungen** innerhalb kürzester Zeit abzuwickeln.
- **Ende des Ost-West-Konflikts und des Kalten Krieges:** Für die Dauer des Ost-West-Konflikts war die Welt in zwei Teile geteilt und durch einen „Eisernen Vorhang" getrennt. Diese beiden Teile der Welt unterhielten nur wenige Beziehungen zueinander. Insbesondere waren die Wirtschaftsbeziehungen zwischen diesen beiden Teilen der Welt nur gering entwickelt. Das Ende des Ost-West-Konflikts brachte bedeutende Veränderungen. Die ehemaligen Staaten des „Ostblocks" öffneten sich dem Weltmarkt und der Marktwirtschaft. Erst dadurch konnte ein globalisierter Markt **(Weltbinnenmarkt)** entstehen.
- **Globale Probleme:** Auf der **Wahrnehmungsebene** spielen globale Probleme wie Umwelt- und Menschenrechtsprobleme eine wichtige Rolle und fördern die Internationalisierung der Politik und ein globales Bewusstsein. Daraus ergeben sich Ansätze für eine **Weltgesellschaft.**

1

AFB I

Fortsetzung: Beschreiben Sie Ursachen und Auswirkungen der Globalisierung.

Die wichtigsten **Auswirkungen der Globalisierung** sind mit den Begriffen »vernetzte Welt«, »Weltbinnenmarkt«, »Welt als globales Dorf« und »Welt als Risikogesellschaft« (manchmal auch als **Erschließungsbegriffe** bezeichnet) benannt.

- **Vernetzte Welt:** Innovationen im Bereich der **Telekommunikation** (Internet, Handy, Satelliten-TV u.a.) führen zu einer informationstechnischen globalen Vernetzung bisher unbekannten Ausmaßes. Diese Vernetzung bietet neue Möglichkeiten der Kommunikation ebenso wie der Wissensaneignung und Wissensaufbereitung.
- **Weltbinnenmarkt:** Zum ersten Mal in der Geschichte kann man von einem Weltbinnenmarkt sprechen. Er ist geprägt von der Liberalisierung des Handels, der Mobilität der Produkte, des Kapitals und der Produktionsstandorte, von sinkenden Transportkosten und regionalen Arbeitsmarktentwicklungen.
- **Welt als globales Dorf:** Die Globalisierung bringt einen **Souveränitätsverlust** (Erosion) für die Nationalstaaten mit sich. Ein wesentlicher Grund dafür sind globale Probleme wie der Treibhauseffekt, für die es keine nationalen Lösungen gibt. Nationalstaaten schließen sich deshalb zu internationalen Akteuren wie z.B. der Europäischen Union zusammen. Zudem führen neue Formen der Kommunikation und des Reisens zu einem Verlust räumlicher Distanz. Die Lebensstile gleichen sich weltweit immer mehr an **(Weltgesellschaft, McDonaldisierung).**
- **Welt als Risikogesellschaft:** Globale Umweltgefahren wie der Treibhauseffekt und Ressourcenverschwendung erzeugen eine Welt als Risikogemeinschaft, die nur durch mehr internationale Kooperation bestehen kann.

Erschließungsbegriffe

Globalisierung ist ein komplexer Prozess. Um ihn in seiner Gesamtheit zu erfassen, ist es sinnvoll, sich seiner Definition über sogenannte Erschließungsbegriffe zu nähern. Das sind Begriffe oder auch Sentenzen, die jeweils einen wichtigen Aspekt des Phänomens „Globalisierung“ erfassen. Indem wir diese Erschließungsbegriffe erläutern und zusammenführen, gelangen wir zu einem Verständnis des Gesamtprozesses.

2

Globalisierung bedeutet auch eine drastische Zunahme von Umweltproblemen. Legen Sie den Zusammenhang von Globalisierung und Gefährdung der Umwelt an einem Beispiel dar.

AFB I

Wirtschaftliche Globalisierung und Umweltprobleme hängen eng zusammen. Wichtige Umweltprobleme wie z. B. die globale Erwärmung (Treibhauseffekt) sind eine unmittelbare Folge der Industrialisierung und Globalisierung. Zunehmender Energie- und Ressourcenverbrauch und immer mehr Müll und Emissionen gehören ebenfalls zu den Folgen der Globalisierung.

Beispiel globale Klimaerwärmung

Am Beispiel der globalen Klimaerwärmung soll der Zusammenhang zwischen Globalisierung und Gefährdung der Umwelt aufgezeigt werden:

- Als **Ursache des Klimawandels** gilt heute die Verstärkung des natürlichen Treibhauseffektes durch menschliches Einwirken. Dieser menschengemachte Treibhauseffekt ist auf mehrere Faktoren zurückzuführen. Hierzu zählen vor allem das Verbrennen **fossiler Brennstoffe,** die weltweite Entwaldung sowie die damit verbundene Zunahme von Land- und Viehwirtschaft.
- Alle diese Prozesse hängen eng mit der Industrialisierung und Globalisierung – die man auch als weltweite **Industrialisierung** verstehen kann – zusammen. Schon der Energiehunger der Industriestaaten im 19. und 20. Jahrhundert führte dazu, dass sich die Nutzung fossiler Brennstoffe exponentiell erhöhte. Veränderte Lebensweisen ließen die Nachfrage nach Fleisch steigen, was wiederum zur Rodung von Wäldern führte, um Platz für Viehherden zu schaffen.
- Die Globalisierung verstärkt diese Prozesse. Riesige Länder wie **China** und **Indien** industrialisieren sich und entwickeln ähnliche Formen der individuellen Mobilität wie die „alten“ Industrieländer. Die Folgen sind eine drastische Zunahme der Treibhausgase durch die Verbrennung fossiler Brennstoffe und eine sich beschleunigende globale Erwärmung.

Diese Entwicklungen stellen die globalisierte Welt vor **neue Herausforderungen,** da globale Umweltprobleme nicht im nationalen Alleingang gelöst werden können. Vielmehr braucht es politische Maßnahmen zum **Klimaschutz** auf internationaler, nationaler und lokaler Ebene. Ein Beispiel dafür ist die internationale **Klimapolitik** (Kyōto-Protokoll).

3

AFB I

Stellen Sie in einer Übersicht die internationalen Institutionen dar, die die Säulen der Global Governance bilden.

Unter **Global Governance** (Globale Ordnungs- und Strukturpolitik, Weltinnenpolitik, Weltordnungspolitik) versteht man **internationale Politik,** bei der kooperative Entscheidungen dezentral auf freiwilliger Basis getroffen werden. Ziel dieser multilateralen Politik ist es, globale Probleme einvernehmlich zu lösen. Beteiligt an diesem Prozess sind sowohl nationalstaatliche Organe als auch unabhängige Organisationen.

Auf der Seite der **Regierungsorganisationen** (GOs) spielen die folgenden Institutionen eine wichtige Rolle:

- die Vereinten Nationen,
- die Weltbank (Entwicklungspolitik, Finanzierung, Armutsbekämpfung),
- die Welthandelsorganisation (World Trade Organization, WTO),
- der Internationale Währungsfonds (IWF; International Monetary Fund, IMF),
- die internationale Gerichtsbarkeit (Internationaler Strafgerichtshof) und
- internationale Verträge (z. B. das Kyōto-Protokoll).

Nichtregierungsorganisationen (NGOs) gibt es insgesamt über 7000. Folgende Organisationen spielen im Rahmen der Global Governance eine bedeutende Rolle:

- Amnesty International (AI),
- Greenpeace,
- das globalisierungskritische Netzwerk Attac,
- die Umweltorganisation World Wildlife Fund for Nature (WWF),
- Weltsozialforum,
- Transparency International (TI; Korruptionsbekämpfung auf volks- und betriebswirtschaftlicher Ebene) und
- Ärzte ohne Grenzen.

NGOs sind meist private Organisationen, die demokratisch strukturiert sind, für bestimmte Ziele eintreten und nicht nach Profit streben. Sie sind Teil der Zivilgesellschaft.

4

Erläutern Sie, auf welchen wirtschaftstheoretischen Grundlagen die Aussagen von H.-W. Sinn beruhen, und arbeiten Sie diese Grundlagen aus dem Text heraus.

AFB II

M1

Hans-Werner Sinn, Präsident des ifo Instituts für Wirtschaftsforschung an der Universität München, zum Prozess der Globalisierung (2008):
Die Schaffung größerer Märkte durch die Beseitigung von Zoll- und Wechselkursschranken ist grundsätzlich eine Quelle der Wohlstandsmehrung, weil sie für alle beteiligten Länder Handelsgewinne und Spezialisierungsvorteile ermöglicht. [...] Handelsgewinne sind die Quelle menschlichen Wohlstandes an sich. Die Erfindung der Märkte, auf denen Waren getauscht werden konnten, war wahrscheinlich die größte kulturelle Leistung der Menschheit. Dabei geht es keinesfalls nur um die Gewinne der Händler oder direkt betroffenen Firmen. Durch die Konkurrenz entsteht vielmehr die Möglichkeit, dass sich die Anbieter, seien es einzelne Menschen, Firmen oder ganze Länder, auf die Produktion jener Güter konzentrieren, bei denen sie vergleichsweise günstige Bedingungen haben und Größenvorteile in der Produktion realisieren können. Die Vorteile kommen den am Handel beteiligten Volkswirtschaften ganz allgemein zugute und erhöhen den Lebensstandard aller. [...] Zu den Gewinnern der Globalisierung und der Abschaffung von Zollschranken gehören insbesondere auch die Entwicklungsländer, deren angebliche Ausbeutung von Nichtökonomen immer wieder behauptet wird. Die Globalisierung hat zur Folge, dass die Einwohner Chinas, Indiens und vieler anderer asiatischer Länder derzeit eine rasche Verbesserung ihres Lebensstandards erfahren. Sie ist ein erheblicher Beitrag zur Überwindung der Teilung der Welt in Arme und Reiche. Vor 20 Jahren bestand die Welt aus den 14 % Reichen, die in den OECD-Ländern lebten, und den 86 % Armen im Rest der Welt. Mit Indien, China, den südostasiatischen Tigerländern und den OECD-Staaten beträgt heute der Anteil der Menschen, die die Armutsfalle überwunden haben, bereits 55 %. [...] Allerdings produziert die Öffnung der Märkte auch Verlierer. Betroffen sind insbesondere gering qualifizierte Arbeiter in den reichen OECD-Staaten. Sie treten über den Güterhandel und die Konkurrenz um Investitionen mit den Arbeitern in den aufstrebenden Ländern Asiens, Südamerikas und Osteuropas in den Wettbewerb. Die Globalisierung der Märkte bekommt dadurch in den traditionell wohlhabenden Staaten eine sozialpolitische Brisanz. Die Löhne für einfache Tätigkeiten geraten so unter Druck, dass sie nicht mehr ausreichen, um am teuren Lebensstandard in diesen Staaten teilzuhaben. Die häufig geforderten Mindestlöhne und sind keine Lösung, weil sie dazu führen, dass die Unternehmen einfache Arbeit in andere Regionen der Welt verlagern, und die Arbeitslosigkeit in den Industriestaaten steigt. Dieselbe Wirkung haben hohe staatliche Transferzahlungen, die ebenfalls die Flexibilität der Löhne nach unten beschränken. Einen möglichen Ausweg bieten jedoch Lohnzuschusssysteme, bei denen die niedrigen Löhne, die der globale Wettbewerb erfordert, mit staatlichen Transfers aufgestockt werden, so dass die Arbeitnehmer in der Summe ein auskömmliches Einkommen erzielen.

(H.-W. Sinn: Ist Deutschland noch zu retten? Berlin 2008, S. 99 ff.)

4

AFB II

Fortsetzung: Erläutern Sie, auf welchen wirtschaftstheoretischen Grundlagen die Aussagen von H.-W. Sinn beruhen, und arbeiten Sie diese Grundlagen aus dem Text heraus.

Hans-Werner Sinn ist ein **Vertreter der klassischen liberalen Wirtschaftstheorie,** wie sie in der zweiten Hälfte des 18. und zu Beginn des 19. Jahrhundert von Theoretikern wie Adam Smith oder David Riccardo entwickelt wurde. Dies lässt sich durch seinen Text gut belegen:

- Sinn tritt für die **Liberalisierung des Welthandels** ein und vertritt die Ansicht, dass diese Liberalisierung eine „Quelle der Wohlstandsmehrung" sei (Beseitigung von Zoll- und Wechselkursschranken).
- Er hält den freien **Markt** für die „größte kulturelle Leistung der Menschheit".
- Wie Adam Smith ist er der Ansicht, dass das Streben nach Gewinn der Einzelnen die beste Lösung für alle ist. („Die Vorteile kommen den am Handel beteiligten Volkswirtschaften ganz allgemein zugute und erhöhen den Lebensstandard aller.")
- Sinn ist ein Anhänger der **Theorie des komparativen Kostenvorteils** von David Riccardo. Einzelne Menschen, Firmen oder ganze Länder können sich im Rahmen der Globalisierung „auf die Produktion jener Güter konzentrieren, bei denen sie vergleichsweise günstige Bedingungen haben und Größenvorteile in der Produktion realisieren können".
- Er vertritt die Ansicht, dass die Gesellschaften nur dann von der Globalisierung profitieren können, wenn sie der Marktwirtschaft freien Lauf lassen und insbesondere alle Preise und Löhne flexibel auf die Bedürfnisse des Marktes reagieren müssen. Nur dadurch kann sichergestellt werden, dass es zu ausgeglichenen Märkten (Angebot und Nachfrage, Arbeitsmarkt) kommt.
- Er weist allerdings darauf hin, dass es in Deutschland auch Verlierer des aktuellen Globalisierungsprozesses (v. a. gering qualifizierte Arbeiter) gibt.

Adam Smith

Adam Smith (1723–90) gilt als der Begründer der klassischen Volkswirtschaftslehre und als einer der geistigen Väter der Marktwirtschaft. In seinem Hauptwerk **Der Wohlstand der Nationen** (1776) beschreibt Smith die Auswirkungen von **Eigeninteresse** auf die Gesellschaft. Eine seiner Hauptthesen lautet: Das allgemeine, gesellschaftliche **Glück** wird maximiert, indem jedes Individuum im Rahmen seiner ethischen Gefühle versucht, sein persönliches Glück zu erhöhen.

5 **Vergleichen Sie H.-W. Sinns Bewertung des Globalisierungsprozesses (Text in Aufgabe 4) mit der Bewertung von A. Sen.**

AFB II

M1

Amartya Sen zum Globalisierungsprozess (2002):
Der internationale Handel ist im Kern paradox. In der globalisierten Welt des frühen 21. Jahrhunderts ist Handel eine der stärksten Kräfte, die unser aller Leben verbindet. Zugleich ist er auch Quelle beispielloser Reichtums. Und doch bleiben Millionen der Ärmsten der Welt dabei auf der Strecke. Wachsender Reichtum ging Hand in Hand mit Massenarmut und der Zunahme der bereits obszönen Ungleichheiten zwischen Arm und Reich. Der Welthandel birgt das Potenzial in sich, als kräftiger Antrieb sowohl für die Armutsbekämpfung als auch für Wirtschaftswachstum zu dienen, doch dieses Potenzial liegt brach. Das Problem ist nicht, dass internationaler Handel als solches den Bedürfnissen und Interessen der Armen entgegenstünde, sondern dass die Regeln des Welthandels zugunsten der Reichen manipuliert sind. Die sozialen Kosten des unfairen Handels sind immens. Wenn Afrika, Ostasien, Südasien und Lateinamerika ihren Anteil am Weltexport jeweils um ein Prozent steigern würden, könnten mit dem daraus entstehenden Einkommenszuwachs 128 Millionen Menschen aus der Armut erlöst werden. Eine derartige Armutsverringerung würde auch in anderen Bereichen, z. B. Gesundheit [...] oder Bildung, zu Verbesserungen führen.
Die Regierungen reicher Länder betonen unablässig ihr Engagement für den Abbau von Armut. Zugleich betreiben dieselben Regierungen jedoch eine Handelspolitik, die als Raub an den Armen der Welt bezeichnet werden muss. Für Entwicklungsländer, die auf die Märkte reicher Länder exportieren wollen, sind die Zollschranken vier Mal höher als für andere Industrieländer. Durch diese Handelshemmnisse entgehen den armen Ländern jährlich 100 Milliarden Dollar – das Doppelte dessen, was sie an Entwicklungshilfe erhalten.

(Amartya Sen: Unfaires Spiel – Zweierlei Maß: Handel, Globalisierung und der Kampf gegen Armut, Oxfam International Report; März 2002. [www.oxfam.de/download/Handelsstudie.pdf])

Sinns Bewertung der Globalisierung

- Sinn sieht den Prozess der Globalisierung durchgehend positiv. Dies zeigt schon seine Wortwahl: Größere Märkte sind seines Erachtens eine „Quelle der Wohlstandsmehrung“, die Vorteile des Handels „erhöhen den Lebensstandard aller“ und nicht zuletzt stellt er fest: „Zu den Gewinnern der Globalisierung (...) gehören (...) die Entwicklungsländer (...).“
- Im Zentrum seiner Argumentation steht die positive Wirkung des Handels und der freien Märkte. In einer Welt mit freien Märkten kann jedes Land das produzieren, wofür es die günstigsten Bedingungen hat. Ein solches System kommt nach Sinn allen Volkswirtschaften zugute.

5

AFB II

Fortsetzung: Vergleichen Sie H.-W. Sinns Bewertung des Globalisierungsprozesses (Text in Aufgabe 4) mit der Bewertung von A. Sen.

- In besonderem Maß profitierten Entwicklungsländer wie China, Indien und andere Länder in Asien von einem solchen freien System. Während 1983 noch 14 % der Menschen in den wohlhabenden OECD-Ländern und 86 % im Rest der Welt lebten, betrage heute der Anteil der Menschen, die in Ländern leben, „die die Armutsfalle überwunden" hätten, bereits 55 %.

Sens Bewertung der Globalisierung

- Sen sieht den Globalisierungsprozess nicht nur positiv. Zwar gilt auch für ihn, dass die Globalisierung eine „Quelle beispiellosen Reichtums" ist, jedoch geht nach ihm Reichtum „Hand in Hand mit Massenarmut und der Zunahme der bereits obszönen Ungleichheiten zwischen Arm und Reich".
- Grund dafür ist der unfaire Handel, dessen Regeln „zugunsten der Reichen manipuliert sind" (Handelshemmnisse). Ein fairer Handel könnte zu einem beträchtlichen Wohlstandsgewinn für die ärmeren Länder führen und rund 128 Millionen Menschen aus der Armutsfalle befreien.

Global Governance: Internationale Netzwerke

Im Rahmen der Zusammenarbeit von staatlichen und nicht staatlichen Akteuren spielen **informelle Netzwerke** eine immer wichtigere Rolle. Hierbei handelt es sich um eine Form der **globalen transgouvernementalen Zusammenarbeit.** Bekannte Beispiele sind die G-8-Staaten, die G-20-Staaten und die Gruppe der Zwanzig (auch G 20 genannt).

Die **G-8-Staaten** setzen sich aus wichtigen Industriestaaten zusammen: Die USA, Kanada, Russland, Japan, Deutschland, Großbritannien, Frankreich und Italien bilden die **Gruppe der Acht,** die sich als ein Abstimmungsforum versteht. In gemeinsamer Verantwortung und im Konsens nimmt sie sich Fragen zur Weltpolitik an. Die jährlichen Treffen der G 8 sind informell und finden im „kleinen" Kreis der Staats- bzw. Regierungschefs statt. Dem informellen Forum der **G-20-Staaten** gehören die 20 wichtigsten Volkswirtschaften der Welt an (Industrie- und Schwellenländer).

Die **Gruppe der Zwanzig** ist ein informelles Dialogforum von Entwicklungs- und Schwellenländern. Dazu zählen u. a. China, Indien, Brasilien, Mexiko, Südafrika und die Türkei. Der Schwerpunkt der Beratungen bilden die Bereiche Agrar-, Wirtschafts- und Finanzpolitik. So fordern die G 20 z. B. den Abbau von Agrarsubventionen und die Aufhebung von Importbeschränkungen für Agrarprodukte in den USA und in der Europäischen Union.

6

Erläutern Sie, welche ökonomischen Chancen und Risiken sich für die Entwicklungsländer aus der Globalisierung ergeben.

AFB II

Dass es für die Entwicklungsländer sowohl **Chancen** als auch **Risiken** aus der Globalisierung ergeben, kann man leicht empirisch belegen:

- Seit etwa 30 Jahren beträgt der Anteil der **Entwicklungsländer** an den weltweiten **Güterexporten** rund 30 %. Dies spricht eher dafür, dass die Entwicklungsländer im statistischen Durchschnitt kaum von der zunehmenden Integration von Handel, Produktion und Kapital profitiert haben.
- Ganz anders sieht es aus, wenn man einen Blick auf die **Schwellenländer** wirft. Ihr Anteil am weltweiten Güterexport hat in den letzten Jahrzehnten deutlich zugenommen. Dies gilt auch für ausländische **Direktinvestitionen** in Schwellenländer. Dies spricht eher dafür, dass ein Teil der weniger entwickelten Länder von der Globalisierung der Wirtschaft profitiert. Auch ein Blick auf Länder wie **China** belegt ganz klar, dass dort die wirtschaftlichen Folgen der Globalisierung positiv sind. China ist inzwischen die „Werkstatt der Welt“ und hat Deutschland als „Exportweltmeister“ abgelöst.

Alle Entwicklungsländer sind in starkem Maß von den Rahmenbedingungen des von den Industrieländern dominierten Welthandels und der Finanzmärkte abhängig. Ob ein Entwicklungsland von der Globalisierung profitieren kann oder nicht, hängt ganz wesentlich davon ab, welche **Exportgüter** ihm zur Verfügung stehen:

- Ist es in der Lage, Fertiggüter zu produzieren, so stehen die Chancen für dieses Land relativ gut.
- Kann es jedoch nur Nahrungsmittel und Rohstoffe ausführen, so stehen seine Chancen eher schlecht.

Auch in denjenigen Ländern, die sich relativ erfolgreich in die Weltwirtschaft und ihre globale Arbeitsteilung integriert haben, gibt es oft schwerwiegende **ökologische und soziale Folgekosten.**

Obwohl etliche Schwellenländer von der Globalisierung profitieren, hat der Prozess der Globalisierung insgesamt zu einer weiteren Öffnung der Schere zwischen Armen und Reichen geführt und ganze Regionen der Welt (v. a. Afrika) außen vor gelassen.

7

AFB II

Erklären Sie den Begriff der Globalisierung und weisen Sie nach, dass Globalisierung mehr ist als Internationalisierung der Wirtschaft.

Unter **Globalisierung** wird der Prozess der zunehmenden **weltweiten Verflechtung** in den Bereichen Wirtschaft, Politik, Kultur, Umwelt und Kommunikation verstanden. Manche sehen in der Globalisierung „die größte wirtschaftliche und gesellschaftliche Umwälzung seit der industriellen Revolution". Zugleich wird allgemein davon ausgegangen, dass zumindest die wirtschaftliche Globalisierung keineswegs ein völlig neuer Prozess ist. Allerdings erfuhr der Prozess der Globalisierung im letzten Jahrzehnt des 20. Jahrhunderts eine deutliche Beschleunigung. Verantwortlich dafür waren in erste Linie technische Fortschritte (Internet) und das Ende des Ost-West-Konflikts.

Die Globalisierung der Wirtschaft ist nur eine – aber wohl die wichtigste – Dimension der Globalisierung. Insgesamt kann man folgende **Dimensionen der Globalisierung** benennen, die sich nicht immer genau trennen lassen und sich zum Teil überlappen:

- Wirtschaft,
- Politik,
- Gesellschaft,
- Kultur und
- Umwelt.

Am Beispiel der **Dimension Kultur** lässt sich belegen, dass Globalisierung mehr ist als die Internationalisierung der Wirtschaft. Die kulturellen Verflechtungen sind immens und führen primär zu zwei Ergebnissen:

- Zum einen nimmt die sogenannte **Amerikanisierung** der Kultur und der Lebensstile weltweit zu (z.B. Filme, TV-Serien, MTV, Mode-Labels, Fast Food).
- Zum anderen ist auch die Besinnung auf **lokale und regionale Kulturen** eine Begleiterscheinung der Globalisierung.

Dazu kommen die neuen Formen der **Kommunikation** (Internet, Mobilfunk, soziale Netze), die in vorher nie gekannter Weise Entfernungen und Grenzen fast bedeutungslos werden lassen.

8

Analysieren Sie die Bedeutung des Standortwettbewerbs im Rahmen der Globalisierung.

AFB II

In einer globalisierten Wirtschaft konkurrieren Staaten um ausländische **Direktinvestitionen.** Sie versuchen, durch günstige Bedingungen bei den Standortfaktoren ihr Land für ausländische Investoren attraktiv zu machen.

Harte Standortfaktoren

- Zu dieser Gruppe gehören **Steuern und Abgaben, Subventionen, Infrastruktur,** Verfügbarkeit von **Ressourcen** und **Arbeitskräftepotenzial.**
- So ist für manche Unternehmen das Vorhandensein eines gut ausgebauten Kommunikationsnetzes von entscheidender Bedeutung, für andere die Energieversorgung, die Qualifikation der Arbeitskräfte oder die Vergünstigungen bei Steuern und direkten oder indirekten Subventionen.

Weiche Standortfaktoren

- Hierzu zählt man **Freizeitmöglichkeiten, Bildungs- und Kulturangebote.** Diese Faktoren lassen sich zwar kaum in Zahlen ausdrücken, spielen aber bei Standortentscheidungen von Unternehmen eine gewisse Rolle.
- Auch die **politischen Verhältnisse** in einem Land (Demokratie, Rechtsstaatlichkeit) beeinflussen die Standortentscheidungen von Unternehmen.

Produktionsverlagerung ins Ausland – Motive der Unternehmen

Immer mehr Unternehmen in Deutschland verlagern ihre wirtschaftlichen Aktivitäten ins Ausland. Dabei sind die **Lohnkosten** und **der Zugang zu neuen Absatzmärkten** die wichtigsten **Motive.** Aber auch **Steueranreize** und geringere **Regulierung** spielen eine wichtige Rolle bei Standortentscheidungen.

Standortwettbewerb als Druckmittel für Unternehmen

Unternehmen können den internationalen Standortwettbewerb dafür ausnutzen, um – mit der **Drohung der Abwanderung** bzw. der Verlagerung von Arbeitsplätzen – Druck auf Arbeitnehmer, Gewerkschaften und Politiker auszuüben. Sie verfolgen dabei meist das Ziel, Lohn- und Lohnnebenkosten zu senken und eine geringere Regulierung zu erreichen. Der Wettbewerb der Länder um Direktinvestitionen birgt deshalb die Gefahr des **Sozialdumpings.**

9

AFB II

Erläutern Sie die Rolle der NGOs im Global-Governance-Prozess.

NGOs ist die Abkürzung von *non-governmental organizations* **(Nichtregierungsorganisationen),** die auf der Basis privater Initiative transnationale politische, gesellschaftliche, soziale und ökonomische Ziele vertreten. Sie engagieren sich vor allem in den **Politikfeldern** Entwicklungspolitik, Menschenrechte, humanitäre Hilfe und Ökologie. Bekannte NGOs sind Amnesty International, Greenpeace, Oxfam, WWF und kirchliche Organisationen wie Brot für die Welt oder Misereor. Weltweit gibt es über 7000 NGOs.

Funktionen der NGOs im Global-Governance-Prozess

- NGOs sind Akteure im Prozess der **politischen Willensbildung** und versuchen, ihre Interessen zu artikulieren und durchzusetzen. Dies tun sie, indem sie ihre Themen über die Medien verbreiten, Interessen transnational vertreten und konkrete Projektarbeit leisten. Häufig arbeiten NGOs eng mit staatlichen Stellen zusammen – vor allem im Bereich der Entwicklungspolitik – und ersetzen bzw. ergänzen zum Teil die staatlichen Entwicklungsbürokratien („Privatisierung der Entwicklungspolitik"). Die Mehrzahl der NGOs versteht sich allerdings eher als Widerpart von Regierungen und Wirtschaftsakteuren.
- NGOs spielen eine wichtige Rolle bei allen **UN-Konferenzen** und mischen sich in alle Verhandlungen ein. Ihre Rolle wird dabei durchaus zwiespältig wahrgenommen. Für manche sind die NGOs wichtige und positive Akteure in der globalen Politik, die globalisierungskritische Positionen einbringen. Für andere sind sie Erfüllungsgehilfen einer neoliberalen Globalisierung. Als Akteure der politischen Willensbildung und Teil der Zivilgesellschaft sind die Nichtregierungsorganisationen nicht unmittelbar demokratisch legitimiert, was von manchen als Problem gesehen wird.

Zusammenschluss von NGOs

Als Folge gemeinsamer Proteste gegen die Globalisierung bzw. deren Auswirkungen haben sich mehrere NGOs im **Weltsozialforum** zusammengeschlossen, um mehr Einfluss auf die internationale Politik zu gewinnen und ein **Gegengewicht** zu den Gipfeltreffen der WTO, dem Davoser Wirtschaftsforum und den Weltwirtschaftsgipfeln der G-8-Staaten zu schaffen.

10 A. Sen (vgl. Text in Aufgabe 5) behauptet, „dass die Regeln des Welthandels zugunsten der Reichen manipuliert sind". Überprüfen Sie diese Aussage am Beispiel einer internationalen Institution oder Organisation.

Ob die Regeln des Welthandels tatsächlich zugunsten der Reichen „manipuliert" sind, ist durchaus fraglich. Es ist wohl vielmehr so, dass die reichen Länder die Regeln des Welthandels zu ihren eigenen Gunsten festsetzen bzw. auslegen können, weil sie über mehr Wirtschaftsmacht als die armen Länder verfügen. Am Beispiel der **Welthandelsorganisation (WTO)** soll dies belegt werden:

- Die WTO ist eine Sonderorganisation der Vereinten Nationen und wurde 1995 als Nachfolger des GATT (General Agreement on Tariffs and Trade) gegründet. Ihr Ziel ist es, weltweit den **Freihandel** durchzusetzen, indem **tarifäre Handelshemmnisse** (z. B. Zölle) und **nicht tarifäre** (z. B. Normen) abgebaut werden und so eine **Welthandelsordnung** geschaffen wird.
- Da jedes Mitgliedsland der WTO über eine Stimme verfügt, scheinen auf den ersten Blick alle WTO-Mitglieder gleichberechtigt zu sein. Dies ist formal zwar der Fall, doch in der Realität **dominieren die reichen Länder** häufig die Beschlüsse der WTO. Die ökonomisch und politisch starken Staaten können ihre Interessen oft auch ohne formale Privilegien durchsetzen.
- Das lässt sich leicht an den **Verhandlungen über die Agrarmärkte** nachvollziehen. Nach wie vor erheben die ökonomisch entwickelten Staaten hohe Zölle für Agrarprodukte, um ihre Märkte vor der Konkurrenz der ärmeren Staaten zu schützen. Darüber hinaus verzerren Subventionen im Agrarsektor den Wettbewerb zusätzlich.
- Die sogenannte **Doha-Runde** der WTO versucht seit einiger Zeit, diese Situation zu ändern. Zölle für Agrarprodukte sollen massiv gesenkt werden und die Agrarsubventionen sollen bis 2013 auslaufen. Die am wenigsten entwickelten Länder (LDCs) sollen einen quoten- und zollfreien Zugang zu den Agrarmärkten erhalten. Trotz mehrerer Anläufe konnte bisher (März 2010) keine Einigung erzielt werden.
- Ein Grund für das **bisherige Scheitern der Verhandlungen** liegt in der Weigerung der Industriestaaten, ihre subventionierten Agrarmärkte zu öffnen. Die Industriestaaten sind nicht nur wegen ihrer wirtschaftlichen Stärke in einer besseren Verhandlungsposition, sondern auch deshalb, weil viele der ärmeren Länder aus Geldmangel nicht an den Verhandlungen teilnehmen können oder nicht über die notwendigen Experten verfügen.

11

AFB III

Erörtern Sie, welche Probleme in der Bundesrepublik Deutschland die Globalisierung der Wirtschaft offenlegt und wie die Politik darauf reagiert.

Als hoch entwickeltes und exportorientiertes Industrieland gehört Deutschland zweifellos zu den Gewinnern der Globalisierung. Trotzdem brachte die Globalisierung vor allem hinsichtlich des **Standortwettbewerbs** auch Probleme mit sich.

Als Folge der globalisierten Wirtschaft befindet sich die Bundesrepublik Deutschland in einem Standortwettbewerb mit anderen Ländern. In zunehmendem Maß werden **Produktionsstätten** und damit **Arbeitsplätze** ins **Ausland** verlagert. Eines der bekanntesten Beispiele der letzten Jahre ist die Schließung des Bochumer Werkes des Handy-Herstellers Nokia, der seine Produktion nach Rumänien verlagert hat.

Maßnahmen der Politik als Reaktion auf die Standortproblematik:

- Durch **Deregulierung** soll der Standort Deutschland attraktiver werden. Vor allem die Unternehmen sind häufig der Ansicht, dass Deutschland durch die sogenannte Überregulierung bestimmter Bereiche einen Standortnachteil hat. Dazu gehören z. B. Arbeitszeit- und Arbeitsschutzregelungen sowie der Kündigungsschutz, aber auch Umweltauflagen und hohe Lohnnebenkosten und hohe Unternehmenssteuern. In den letzten Jahren wurden deshalb z. B. die Lohnnebenkosten gesenkt, Kündigungsschutzregeln gelockert, der Arbeitsmarkt flexibilisiert und die Steuerlast der Unternehmen reduziert.
- Durch **Forschungs- und Innovationsförderung** soll die Spitzenstellung der Bundesrepublik in bestimmten Zukunftsbranchen (erneuerbare Energien, Umweltschutz u. a.) ausgebaut werden. Beispiele dafür sind die Förderung von Solarkollektoranlagen, Wärmepumpen und Biomasse, aber auch die Förderung der Nanotechnologie und der optischen Technologien.
- Durch **Subventionen** soll die Verlagerung von Produktionsstandorten gebremst werden. Ein Beispiel dafür ist die – letztlich erfolglose – Subventionierung der Firma Nokia, die Landesmittel für den Produktionsstandort Bochum erhielt.

12

Das Bild von der „Welt als globalem Dorf" beschreibt mögliche gesellschaftliche Folgen des Globalisierungsprozesses. Erläutern Sie, was darunter verstanden wird, und nehmen dazu Sie Stellung.

AFB III

Der Begriff **Global Village** wurde bereits 1962 von dem Medientheoretiker Marshall McLuhan geprägt. Er beschreibt eine Welt, die durch **elektronische Vernetzung** und der raschen **Verbreitung von Informationen** zu einem „Dorf" zusammenwächst, und in der nationale Eigenheiten an Bedeutung verlieren. Heute wird der Begriff eher als eine **Metapher für das Internet und das World Wide Web** benutzt. Viele gehen davon aus, dass dieser Prozess die Entstehung einer Welt fördert, in der sich Lebensstile und Werthaltungen angleichen. Wirft man einen Blick auf die Industriestaaten und die Schwellenländer, so gibt es eine Reihe von Faktoren, die für die allmähliche Entstehung einer Weltbinnengesellschaft sprechen:

- Insbesondere die **Lebensstile** von jüngeren Menschen werden sich weltweit immer ähnlicher. Dazu gehören das Kommunikationsverhalten, eine häufige Präferenz von Fast Food sowie die Wichtigkeit von Musik, Fernsehen, Mode und Sport bzw. Fitness. In all diesen Bereichen findet zudem eine Angleichung statt, die manchmal mit den kritischen Begriffen **McDonaldisierung** oder **globale Kulturindustrie** umschrieben wird.
- **Geografische Trennungen** haben nicht mehr die Bedeutung wie früher. Große Entfernungen schrumpfen auf wenige Stunden Flugzeit zusammen oder verlieren fast ganz an Bedeutung, wenn es um Kommunikation mithilfe des Internets geht. **Soziale Netzwerke** (Web 2.0) lassen Millionen von Menschen fast überall auf der Welt in Kontakt miteinander treten, wenn auch noch in erster Linie in den entwickelten Staaten und den Schwellenländern (digitale Kluft).
- Die **neuen Möglichkeiten der Kommunikation** bieten auch neue Möglichkeiten des Informationsaustauschs und des politischen Handelns. So können NGOs z. B. schnell auf Entwicklungen reagieren und ihre Mitglieder und Unterstützer mobilisieren.

Zusammenfassung: Diese Angleichungsprozesse kann man durchaus zwiespältig bewerten. Zum einen tragen sie zweifellos dazu bei, die Menschen einander näherzubringen, die Möglichkeiten ihrer Zukunftsgestaltung zu verbessern und neue Formen der internationalen Solidarität zu praktizieren. Zum anderen ist aber nicht auszuschließen, dass diese Prozesse auch zu einem Verlust von Identität und Individualität führen können.

13

AFB III

Diskutieren Sie Chancen und Gefahren der Globalisierung unter Berücksichtigung der unterschiedlichen Dimensionen der Globalisierung.

Chancen der Globalisierung

- Verbesserter Zugang zum Wissen und Intensivierung der weltweiten Kommunikation;
- fortschreitende weltweite Arbeitsteilung und steigender Wohlstand;
- Schaffung neuer Arbeitsplätze durch die technische Entwicklung;
- Verbesserung der technischen und ökonomischen Chancen;
- Steigerung der internationalen politischen Kooperation und der Friedenssicherung;
- Fortschritte auf dem Weg zur Weltgesellschaft und
- internationale Anstrengungen zur Lösung ökologischer Probleme.

Gefahren der Globalisierung

- Wachsender Einfluss durch internationale Medienkonzerne und „Datenkraken" (z. B. Google) sowie digitale Spaltung (Vertiefung der Kluft zwischen Besitzenden und Nichtbesitzenden von Kommunikationsmitteln);
- soziale Spaltung der Gesellschaft in eine Minderheit von Arbeitsplatzbesitzern und eine Mehrheit von Nichtbeschäftigten;
- Vernichtung von Arbeitsplätzen durch Einsparungen und Verlagerung von Arbeitsplätzen;
- Auslieferung an die Interessen weniger „Global Player";
- Verlust politischer Handlungsmöglichkeiten und demokratischer Errungenschaften;
- Verlust kultureller Identität und der Vielfalt der Kulturen, Verwestlichung der Lebensstile;
- drohende Umweltkatastrophen.

In einigen Bereichen überwiegen wohl die Chancen: Die internationale Kooperation macht Fortschritte (z. B. EU), die Herausbildung einer Weltgesellschaft kann zum Abbau des Nationalismus führen und die Anzahl der Länder, die von der Globalisierung profitieren, nimmt langsam zu.
In anderen Bereichen überwiegen wohl die Risiken und Gefahren: Für das besonders dringende Umweltproblem Klimaerwärmung ist keine Lösung in Sicht und der Standortwettbewerb der Staaten führt zum Abbau von sozialen Standards.

14

„Weltweit tätige Unternehmen haben schon heute einen größeren Einfluss als manche Staaten. Früher hatten Nationen Unternehmen; bald werden Konzerne über Staaten bestimmen." Nehmen Sie Stellung zu dieser Aussage.

AFB III

Diese Aussage provoziert und ist trotzdem wohl richtig. Wirft man einen Blick auf die **Umsätze großer multinationaler Konzerne** und vergleicht sie mit den **Etats mancher Staaten,** so stellt man fest, dass etliche multinationale Konzerne durchaus mit vielen Staaten konkurrieren können. Der Umsatz des umsatzstärksten Unternehmens der Welt – Royal Dutch Shell – betrug im Jahr 2009 knapp 460 Mrd. US-$. Im Vergleich dazu betrug der Haushalt Irlands im Jahr 2008 lediglich etwa 110 Mrd. US-$. Allein diese Tatsache lässt vermuten, dass weltweit tätige Unternehmen größeren Einfluss als manche Staaten haben. Zieht man die Tatsache, dass die 500 größten Konzerne der Welt etwa die **Hälfte des Weltsozialproduktes** kontrollieren, in seine Überlegungen ein, so wird die Aussage fast zur Gewissheit.

Wie machen multinationale Konzerne ihren Einfluss geltend?

- Kritiker der Globalisierung sprechen von einer entfesselten Wirtschaft. Sie meinen damit eine Wirtschaft, die im Sinn des **Neoliberalismus** dereguliert (z. B. Flexibilisierung von Arbeitszeit- und Arbeitsschutzregelungen, Steuersenkungen) wurde. In einer derart entfesselten Wirtschaft unterliegen große multinationale Konzerne praktisch keiner Kontrolle. Im Wortsinn ist die ganze Welt ihr Markt und ihr Produktionsstandort geworden. Große Konzerne können erheblichen Druck auf nationale Regierungen ausüben, da sie im Rahmen des Standortwettbewerbs fast immer den Trumpf der Abwanderung in der Hand halten. Diese Trumpfkarte wird eingesetzt, um die Bedingungen an den Produktionsstandorten (Steuererleichterungen, Subventionen, Abbau von Arbeitnehmerrechten und Sozialleistungen) zu beeinflussen, manche sagen: zu diktieren.
- In noch höherem Maß als auf produzierende multinationale Konzerne trifft die obige Aussage auf **Banken** und andere Einrichtungen der **Finanzmärkte** zu, wie die Finanz- und Wirtschaftskrise 2008/09 gezeigt hat. Es ist deutlich geworden, dass die unkontrollierte Deregulierung der Finanzmärkte sowie die Profitsucht der Banken und Anleger ursächlich für die weltweite Finanzkrise waren. Es ist auch deutlich geworden – und wird von der Politik auch weitgehend akzeptiert – dass nur mehr **demokratische Kontrolle wirtschaftlicher Macht** ähnliche Entwicklungen in der Zukunft hoffentlich verhindern bzw. wenigstens eindämmen kann.

KAPITEL 9

Grundlagen der Wirtschaftsordnung

Alle Fragen im Überblick

AFB I

1 Beschreiben Sie, welche Funktionen der Wettbewerb in einer Marktwirtschaft erfüllt.

2 Nennen Sie die Auswirkungen inflationärer und deflationärer Prozesse auf private Haushalte und Unternehmen.

3 Das Problem der Arbeitslosigkeit ist eine zentrale Herausforderung für die soziale Marktwirtschaft. Beschreiben Sie die Formen der Arbeitslosigkeit.

4 In der wirtschaftspolitischen Diskussion wird ein Verbot staatlicher Neuverschuldung gefordert. Stellen Sie Nachteile und Vorteile eines solchen Verbotes für unterschiedliche Akteure dar.

5 Benennen Sie Vorstellungen von Gerechtigkeit in der sozialen Marktwirtschaft.

6 Beschreiben Sie ausgehend von der Grafik der Pigou-Steuer die Wirkung einer Umweltsteuer im Modell.

AFB II

7 Erläutern Sie an einem selbst gewählten Beispiel das Spannungsverhältnis zwischen Ökonomie und Ökologie.

8 Erklären Sie die Eigenschaften des Gleichgewichtspreises.

9 Analysieren Sie die in der Grafik dargestellten Preiselastizitäten der Nachfrage.

10 Charakterisieren Sie anhand der Tabelle die Entwicklung der Zusammensetzung des Verbraucherpreises für Superbenzin.

11 Analysieren Sie die Grafik zur Entwicklung der durchschnittlichen monatlichen Verdienste.

12 Erläutern Sie Handlungsmöglichkeiten des Staates zur Bekämpfung der Arbeitslosigkeit.

13 Charakterisieren Sie die Wirtschafts- und Eigentumsordnung der Bundesrepublik Deutschland. Gehen Sie dabei auch auf Bestimmungen des Grundgesetzes ein.

14 Erläutern Sie die einzelnen Wirtschaftssektoren und analysieren Sie die Entwicklung der Erwerbstätigen nach Wirtschaftsbereichen.

AFB III

15 Überprüfen Sie anhand des Schaubildes, ob gestiegene Steuern und Abgaben verantwortlich für die Strompreiserhöhungen sind.

16 In Deutschland wurden in den letzten Jahren u. a. die Märkte für Telekommunikation, Energie und Schienenverkehr geöffnet. Erörtern Sie ausgehend von einem der genannten Beispiele die Chancen und Risiken der Liberalisierung von Märkten.

17 Diskutieren Sie Leistungen und Defizite der sozialen Marktwirtschaft in Deutschland.

18 Erörtern Sie den im Text vorgestellten Vorschlag eines Grundeinkommens.

1

Beschreiben Sie, welche Funktionen der Wettbewerb in einer Marktwirtschaft erfüllt.

AFB I

Der Wettbewerb in der Marktwirtschaft erfüllt sowohl für Produktion und Distribution wie auch für den technischen Fortschritt und die Struktur der Einkommen wichtige Funktionen.

- **Steuerung:** Um im Markt erfolgreich zu sein, orientieren sich die Anbieter an den Bedürfnissen der Kunden und versuchen, bedarfsgerechte Angebote zu möglichst niedrigen Preisen anzubieten.
- **Allokation von Ressourcen:** Im Wettbewerb versuchen die Anbieter, ihre Produktionsfaktoren (Arbeit, Boden, Kapital) optimal einzusetzen.
- **Innovation:** Um keinen Wettbewerbsnachteil zu erleiden, sind die Anbieter stetig bestrebt, ihre Produktion qualitativ zu verbessern und den Herstellungspreis des Produkts unter Berücksichtigung bestimmter Qualitätsvorgaben zu senken. So fördern die Anbieter wesentlich auch den technischen Fortschritt.
- **Anpassung:** Um keinen Wettbewerbsnachteil zu erleiden, reagieren die Anbieter auf sich verändernde Marktdaten.
- **Verteilung:** Der Wettbewerb soll zu einer möglichst leistungsgerechten Einkommensverteilung führen.

Neben diesen vorrangig wirtschaftlichen Funktionen werden dem Wettbewerb auch gesellschaftspolitische Funktionen zugeschrieben.

- **Handlungs- und Wahlfreiheit:** Die Marktteilnehmer sollen auf dem Markt ohne Wettbewerbsbeschränkungen handeln können. Für Verbraucher bedeutet dies, dass sie zwischen verschiedenen Angeboten (Produkten) frei wählen können, für Arbeitnehmer, dass sie – nach den Gesetzen von Angebot und Nachfrage – den Arbeitsplatz frei wählen können.
- **Kontrolle:** Ein funktionierender Wettbewerb setzt Regeln und ein bestimmtes Maß an Kontrolle voraus. Zu glauben, er funktioniere dann am besten, wenn es keinerlei Kontrolle und Eingriffsmöglichkeiten gäbe, wäre ein falsch verstandener Begriff von freiem Wettbewerb. Vielmehr sind Regeln und Kontrolle nötig, damit der Wettbewerb sich entfalten kann. Die Kontrolle übernimmt in vielen Ländern eine Wettbewerbsbehörde (Kartellamt). Sie hat die Aufgabe, darauf zu achten, dass dem Wettbewerb nicht durch zu hohe Machtkonzentration auf den Märkten (infolge von Zusammenschlüssen oder Übernahmen) die Grundlage entzogen wird.

2

AFB I

Nennen Sie die Auswirkungen inflationärer und deflationärer Prozesse auf private Haushalte und Unternehmen.

Inflationäre Prozesse

- Sofern die Entwicklung ihrer Realeinkommen die Inflationsrate nicht ausgleicht, sind **private Haushalte,** die ihr Einkommen über Löhne und Gehälter beziehen, negativ von einer Inflation betroffen. Das gilt auch für die Bezieher von staatlichen Transferleistungen, falls Renten, Kindergeld usw. erst verspätet an die Inflation angepasst werden.
- **Unternehmen** sind ebenfalls negativ von einer Inflation betroffen, falls sie die Kosten der Inflation nicht auf die Preise abwälzen können oder eine Preis-Lohn-Spirale ausgelöst wird, die die Produktion verteuert.
- Generell kann man festhalten, dass bei inflationären Prozessen Sachvermögen an Wert gewinnt und Geldvermögen an Wert verliert. Für **Sparer** verschlechtert sich, für **Schuldner** verbessert sich die Situation.

Deflationäre Prozesse

- Auch von einer Deflation können die **Unternehmen** negativ betroffen sein. Oft geht in einer Phase der Deflation die Nachfrage nach Investitions- und Konsumgütern zurück, da die Akteure weitere Preisniveausenkungen erwarten und sich zurückhalten.
- **Beschäftigte** müssen in einer solchen Situation deshalb auch damit rechnen, dass in Reaktion auf die geringere Nachfrage Arbeitsplätze abgebaut werden.

Inflation und Deflation

Inflation bezeichnet einen andauernden und signifikanten **Anstieg des Preisniveaus.** Das Austauschverhältnis von Geld zu allen anderen Gütern verändert sich zulasten des Geldes: Für eine Geldeinheit gibt es weniger Güter (für Güter muss mehr bezahlt werden, sie werden teurer). Aus diesem Grund kann man unter Inflation auch eine **Geldentwertung** verstehen. Der Grund für eine Inflation kann darin liegen, dass die Zentralbank eines Landes eine zu hohe Geldmenge in Umlauf bringt.

Deflation ist der anhaltende und signifikante **Rückgang des Preisniveaus** für Waren und Dienstleistungen. Eine **Ursache** einer Deflation kann in schlechten Erwartungshaltungen und daraus resultierender Kaufzurückhaltung liegen, z. B. in einer Phase des Abschwungs der Konjunktur.

Das Problem der Arbeitslosigkeit ist eine zentrale Herausforderung für die soziale Marktwirtschaft. Beschreiben Sie die Formen der Arbeitslosigkeit.

AFB I

Saisonale Arbeitslosigkeit

Saisonale Arbeitslosigkeit ist jahreszeitlich bedingt. Der Bauarbeiter wird wegen einer langen Frostperiode entlassen, ein Ausflugslokal entlässt im Winter Mitarbeiter, da die Geschäfte nicht so gut laufen wie im Sommer, und der Tennislehrer verliert im Winter seinen Job, während der Skilehrer im späten Frühjahr arbeitslos wird.

Friktionelle Arbeitslosigkeit

Friktionelle Arbeitslosigkeit kann entstehen, wenn ein Arbeitnehmer den Arbeitsplatz wechselt. Nicht immer fügen sich Kündigungstermin und Antritt der neuen Arbeitsstelle nahtlos aneinander. Auch mangelnde Mobilität oder Flexibilität der Arbeitssuchenden können zu friktioneller Arbeitslosigkeit führen.

Konjunkturelle Arbeitslosigkeit

Diese Form der Arbeitslosigkeit entsteht meist dann, wenn aus Gründen einer schwachen Nachfrage das Produktionspotenzial der Unternehmen nicht ausgelastet ist und die Unternehmen deshalb Arbeitskräfte abbauen.

Strukturelle Arbeitslosigkeit

Hier spielt der Strukturwandel der Wirtschaft die entscheidende Rolle. Ursachen der strukturellen Arbeitslosigkeit können der technische Wandel (Maschinen statt Menschen), der Niedergang bestimmter Industriezweige, die veränderten Qualifikationsanforderungen an die Arbeitnehmer, die Verlagerung von Produktionsstandorten ins Ausland oder Strukturanpassungsprobleme einer ganzen Region sein.

Sockelarbeitslosigkeit

So wird der Anteil der Arbeitslosigkeit bezeichnet, der nach Ansicht der meisten Ökonomen selbst unter günstigsten konjunkturellen Bedingungen nicht abgebaut werden kann. Es besteht ein enger Zusammenhang zur friktionellen und strukturellen Arbeitslosigkeit.

4

AFB I

In der wirtschaftspolitischen Diskussion wird ein Verbot staatlicher Neuverschuldung gefordert. Stellen Sie Nachteile und Vorteile eines solchen Verbotes für unterschiedliche Akteure dar.

Unter Neuverschuldung versteht man den Teil des Staatshaushalts, der über Kredite finanziert wird. Laut Euro-Stabilitätspakt soll die jährliche Neuverschuldung der öffentlichen Hand maximal 3% des Bruttoinlandsprodukts betragen.

Nachteile eines Neuverschuldungsverbotes

- Für den Staat bedeutet ein Verbot der Neuverschuldung eine **Einengung seines Handlungsspielraumes.** Er muss sich mit staatlichen Ausgaben zurückhalten, wodurch er weniger Spielraum für notwendige Zukunftsinvestitionen hat. Dies kann bedeuten, dass staatliche Aufgaben entweder nicht mehr erfüllt werden können oder durch eine Erhöhung von Steuern und Abgaben finanziert werden müssen. Denkbar ist auch eine Privatisierung bestimmter staatlicher Leistungen, die dann nicht mehr von allen Bürgern beansprucht werden können.
- Die **Möglichkeiten antizyklischer Konjunkturpolitik** in einer Phase der Rezession werden deutlich eingeschränkt. Bei einem Verbot der Neuverschuldung in der Finanz- und Wirtschaftskrise 2008/09 wäre der Staat faktisch handlungsunfähig gewesen.
- Für Unternehmen und private Haushalte ergeben sich möglicherweise **Einbußen** bei Transferzahlungen, Steuervergünstigungen und Subventionen.

Vorteile eines Neuverschuldungsgebotes

- Für den Staat kann sich der Handlungsspielraum mittel- und langfristig erhöhen, wenn die Kosten für Zinszahlungen und Schuldentilgung zurückgehen. Dies kann auch zu mehr Gerechtigkeit im Sinn der **Generationengerechtigkeit** führen. Eine kreditinduzierte Inflation kann vermieden und die Stabilität der Währung gesteigert werden.
- Für Unternehmen und private Haushalte kann das Verbot der Neuverschuldung mittel- und langfristig **geringere Steuerbelastungen** bedeuten.
- Seit Mitte 2009 kennt das Grundgesetz eine **Schuldenbremse** für den Bund und die Länder (Art. 115). Sie verbietet dem Bund ab 2016 und den Ländern ab 2020 die Aufnahme neuer Schulden, außer im Fall von Naturkatastrophen oder außergewöhnlichen Notsituationen.

5

Benennen Sie Vorstellungen von Gerechtigkeit in der sozialen Marktwirtschaft.

AFB I

Soziale Gerechtigkeit ist eines der **Grundprinzipien** der sozialen Marktwirtschaft. Alfred Müller-Armack, einer der Begründer der sozialen Marktwirtschaft, wollte „das Prinzip der Freiheit auf dem Markt mit dem Prinzip des sozialen Ausgleichs" verbinden.
Gerechtigkeit in der sozialen Marktwirtschaft lässt sich als Verteilungs-, Bedarfs-, Chancen-, Leistungs-, Generationen- und Teilhabegerechtigkeit fassen.

- **Verteilungsgerechtigkeit:** Um mehr Verteilungsgerechtigkeit mit dem Ziel des sozialen Ausgleichs zu erreichen, greift der Staat in das Marktgeschehen ein und korrigiert die Ergebnisse der marktvermittelten Primärverteilung. Die wichtigsten Methoden der staatlichen Umverteilung sind die Steuerpolitik (z. B. progressive Einkommenssteuer) und staatliche Transferleistungen (z. B. Kindergeld).
- **Bedarfsgerechtigkeit:** Unter Bedarfsgerechtigkeit wird der Anspruch aller auf Grundsicherung verstanden. Diese Grundsicherung wird z. B. durch das Arbeitslosengeld II, die Sozialhilfe bzw. die Grundsicherung im Alter und bei Erwerbsminderung verwirklicht.
- **Chancengerechtigkeit:** Durch die Schaffung gleicher Ausgangschancen und Startbedingungen für unterschiedliche Begabungen soll Chancengerechtigkeit hergestellt werden.
- **Leistungsgerechtigkeit:** Die Leistungsgerechtigkeit soll sicherstellen, dass im freien Spiel der Kräfte derjenige mehr erhält, der mehr leistet.
- **Generationengerechtigkeit:** Die Generationengerechtigkeit zielt auf eine angemessene Verteilung von Lebenschancen, Lebensqualität und Ressourcen unter den Generationen. Gerade vor dem Hintergrund einer alternden Gesellschaft wird diese Gerechtigkeitsvorstellung zunehmend wichtiger.
- **Teilhabegerechtigkeit:** Darunter werden das Recht und die Fähigkeit, an den allgemeinen Chancen der Gesellschaft (z. B. Bildung, Arbeitsmarkt, Kultur, Politik) teilhaben zu können, verstanden.

6

AFB I

Beschreiben Sie ausgehend von der Grafik der Pigou-Steuer die Wirkung einer Umweltsteuer im Modell.

M1 **Die Pigou-Steuer (benannt nach dem britischen Nationalökonomen Arthur Pigou, 1877–1959)**

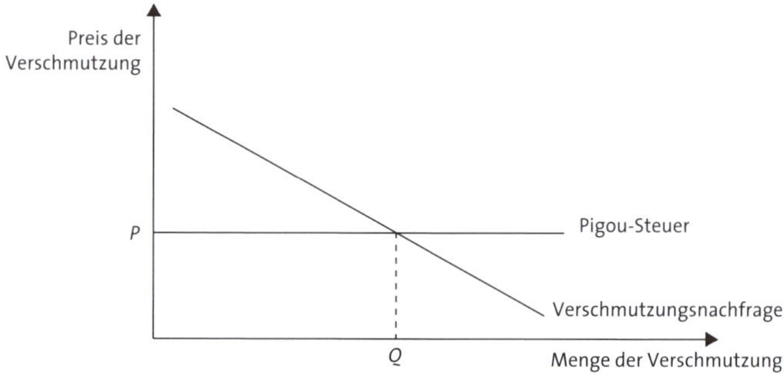

(N. Gregory Mankiw/Mark P. Taylor: Grundzüge der Volkswirtschaftslehre. 2. A., S. 237. © 2001 Schäffer-Poeschel Verlag für Wirtschaft·Steuern·Recht GmbH&Co. KG in Stuttgart.)

Das Diagramm zeigt die Menge der Verschmutzung in Relation zum Preis. Die Verschmutzungsmenge Q bestimmt die Nachfrage. Durch die Erhebung einer Pigou-Steuer wird ein Preis P auf die Umweltverschmutzung gelegt. Wer umweltfreundlicher produziert (z.B. geringerer CO_2-Ausstoß), spart Steuern.

Zweck der Pigou-Steuer

- Die Pigou-Steuer hat **Lenkungsfunktionen,** d.h., sie dient der gezielten Lenkung des Verhaltens und nicht primär fiskalischen Zwecken.
- Eine Pigou-Steuer kann dazu dienen, durch die **Internalisierung externer Effekte** ein **Marktversagen** zu korrigieren.

Ist Energie aus ökologischer Sicht zu „billig“, da beispielsweise die Kosten für die Entsorgung des bei der Produktion der Energie anfallenden Abfalls nicht oder kaum berücksichtigt sind, kann durch eine Pigou-Steuer Energie verteuert und so die Verbraucher zu einem sparsameren Umgang mit Energie veranlasst werden.

7

Erläutern Sie an einem selbst gewählten Beispiel das Spannungsverhältnis zwischen Ökonomie und Ökologie.

AFB II

Grundsätzlich besteht ein Spannungsverhältnis zwischen Ökonomie und Ökologie, da jeder Bereich – ohne gesetzgeberische Eingriffe – unterschiedlichen Prinzipien folgt:

- Die **Umwelt** ist ein öffentliches Gut, das grundsätzlich in ausreichendem Maß vorhanden ist, bei dem keine Konkurrenz besteht und das deshalb per se keinen Preis hat. Die Verschmutzung der Umwelt führt zu **externen Kosten,** die den Steuerbezahler belasten, aber nicht den Verursacher.
- **Wirtschaftliche Güter** sind knapp und müssen durch menschliche Tätigkeit erzeugt oder bereitgestellt werden. Der Ausgleich zwischen knappem Güterangebot und (der meist höheren) Nachfrage erfolgt über den Preis.

Das Spannungsfeld von Ökologie und Ökonomie soll am Beispiel des globalen Klimawandels und der Autoindustrie verdeutlicht werden:
Der Verkehr trägt mit einem nicht unbedeutenden Anteil zur globalen Erwärmung bei. Verantwortlich dafür sind Verbrennungsmotoren (fossile Brennstoffe), die CO_2 ausstoßen. Solange es **keine gesetzlichen Vorschriften oder Marktanreize** gibt, befriedigt die Autoindustrie die Nachfrage nach Fahrzeugen mit Verbrennungsmotoren, da sie dadurch wirtschaftliche Vorteile hat. Die damit verbundenen Nachteile für die Umwelt interessiert die Autoindustrie erst einmal nicht, da es sich um externe Kosten handelt, für die die Gesellschaft aufkommt. Die Autoindustrie verfolgt weiter ihre kurzfristigen ökonomischen Interessen. **Dieses Verhalten** der Autoindustrie **ändert sich erst,** wenn

- der Staat durch gesetzliche Vorschriften eingreift,
- die Marktbedingungen sich ändern (z. B. durch drastisch ansteigende Kraftstoffpreise),
- ein Wertewandel in der Bevölkerung einsetzt und die Nachfrage sich verändert.

Erst wenn diese Bedingungen gegeben sind, reagiert die Autoindustrie aus eigenem Interesse, um keine wirtschaftlichen Nachteile zu erleiden.
Die Erfahrung zeigt, dass **ohne staatliches Handeln** (gesetzliche Vorschriften, Eingriffe in das Marktgeschehen) **das Spannungsverhältnis** zwischen Ökonomie und Ökologie **kaum befriedigend** aufzulösen ist.

8

AFB II

Erklären Sie die Eigenschaften des Gleichgewichtspreises.

Beim **Gleichgewichtspreis** herrscht ein **Marktgleichgewicht,** da die angebotene und die nachgefragte Menge eines Gutes auf einem (idealtypischen) vollkommenen Markt übereinstimmen.

- Für die **Konsumenten** bedeutet der Gleichgewichtspreis, dass die Kaufwünsche der Nachfrager erfüllt werden, die bereit sind, diesen Preis zu bezahlen.
- Für die **Anbieter** bedeutet der Gleichgewichtspreis, dass diejenigen verkaufen können, die zu diesem Preis verkaufen wollen. Der Gleichgewichtspreis ist also der Preis, zu dem auf Konkurrenzmärkten so viel angeboten wie nachgefragt wird.

Dies ist ein gesamtwirtschaftliches Optimum, das auch als **Pareto-Optimum** oder **Pareto-Optimalität** bezeichnet wird.

Markt

In der Wirtschaftswissenschaft bezeichnet Markt das Zusammentreffen von Angebot und Nachfrage nach einem wirtschaftlichen Gut (Ware, Dienstleistung). Eine auf Märkten beruhende Wirtschaft wird als **Marktwirtschaft** bezeichnet.

- Das Grundprinzip des Marktes ist der **Tausch.** Allgemein anerkanntes Tauschmittel ist in der Regel **Geld.**
- Als **Marktpreis** wird derjenige Preis eines Gutes bezeichnet, der zur Übereinstimmung von angebotener und nachgefragter Menge führt (Marktgleichgewicht).
- Ein **Angebot** ist eine Gütermenge, die ein Verkäufer auf dem Markt absetzen möchte. Eine **Nachfrage** ist die Menge der Güter, für die ein zahlungsfähiger Bedarf auf dem Markt besteht.
- Ein Markt, auf dem die Preisbildung funktioniert, wird als **vollkommener Markt** bezeichnet. In der Realität gibt es allerdings kaum vollkommene Märkte; es handelt sich lediglich um ein theoretisches **Modell** eines homogenen Marktes.
- Um dem Ideal des vollkommenen Marktes nahezukommen, muss freier **Marktzugang** und **Markttransparenz** bestehen; Anbieter und Nachfrager müssen zahlreich sein **(atomistischer Markt).**

9

Analysieren Sie die in der Grafik dargestellten Preiselastizitäten der Nachfrage.

AFB II

M1

Preiselastizität der Nachfrage auf unterschiedlichen Märkten

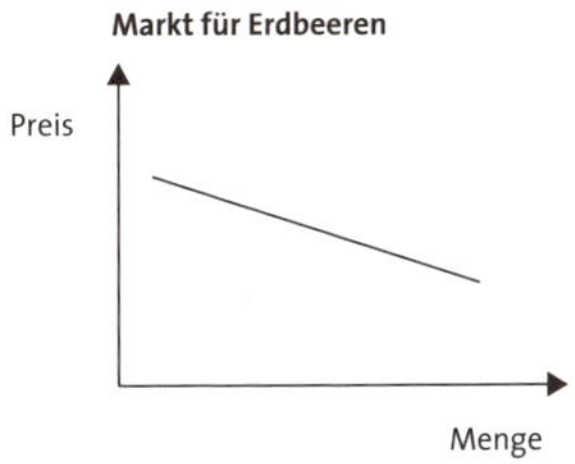

Die Preiselastizität ist ein Maß für die Reaktion der Nachfrage auf Preisveränderungen. Man unterscheidet zwischen elastischer und unelastischer Nachfrage, wie die Analyse des Marktes für Erdbeeren und des Marktes für Dieselkraftstoff zeigt.

Markt für Erdbeeren

- Auf dem Markt für Erdbeeren ist die Nachfrage elastisch; man spricht auch davon, dass die Preiselastizität der Nachfrage > 1 ist.
- Dies hat seine Ursache darin, dass Erdbeeren im Prinzip ein verzichtbares Gut sind, da sie letztlich durch andere Obstsorten ersetzt werden können.

Markt für Dieselkraftstoff

- Auf dem Markt für Dieselkraftstoff ist die Nachfrage unelastisch. Dies liegt daran, dass Dieselkraftstoff nicht durch ein anderes Gut zu ersetzen ist. So steigen z. B. die Kraftstoffpreise regelmäßig vor der Reisezeit bzw. dem Beginn der Schulferien deutlich an. Die Verbraucher haben im Allgemeinen keine Möglichkeit, auf solche Preissteigerungen mit zurückhaltender Nachfrage zu reagieren. Eine Ausnahme stellt der „Tanktourismus" im grenznahen Bereich dar.
- Die Nachfrage kann sich erst dann auf breiter Front elastisch zeigen, wenn die Verbraucher auf Kraftfahrzeuge, die preisgünstigere Kraftstoffe verbrauchen, bzw. auf sparsamere Fahrzeuge umsteigen.

10

AFB II

Charakterisieren Sie anhand der Tabelle die Entwicklung der Zusammensetzung des Verbraucherpreises für Superbenzin.

M1 **Zusammensetzung des Verbraucherpreises für Superbenzin in Cent**

	Tankstellenpreis	Importkosten	steuerliche Belastung (Mineralöl- und Mehrwertsteuer)	davon: Mineralölsteuer	Vermarktungskosten und Gewinn
1980	60,2	25,2	29,4	22,5	5,6
1984	70,7	29,8	34,8	26,1	6,1
1988	51,9	11,8	33,5	27,1	6,6
1992	76,7	13,0	51,4	41,9	12,4
1996	89,8	13,9	61,8	50,1	14,1
2000	101,8	24,6	70,3	56,2	6,9
2004	114,0	24,3	81,2	65,5	8,5
2008	139,9	42,1	87,8	65,5	9,9

(Quelle: Mineralölwirtschaftsverband, www.mwv.de)

Die Tabelle wurde vom deutschen Mineralölwirtschaftsverband veröffentlicht und zeigt die Zusammensetzung des Preises für einen Liter Superbenzin für den Zeitraum von 1980 bis 2008.

- Neben dem Importpreis und dem Deckungsbetrag (letzte Spalte: Vermarktungskosten und Gewinn) bestimmen vor allem **Steuern** den Benzinpreis an der Tankstelle.
- Der **Benzinpreis** hat sich zwischen 1980 und 2008 mehr als **verdoppelt,** der **Importpreis fast verdoppelt** und die **steuerliche Belastung nahezu verdreifacht.**
- 1988 wurde der Anstieg der Verbraucherpreise deutlich unterbrochen – eine Folge der rückläufigen Importpreise. Während sich im Untersuchungszeitraum der Anteil der Importkosten am Verbraucherpreis von etwa 40 % im Jahr 1980 auf etwas mehr als ein Drittel im Jahr 2008 verringert, schwankt der Anteil der steuerlichen Belastung im gleichen Zeitraum zwischen rund 50 % im Jahr 1980 und etwas mehr als 60 % im Jahr 2008.

11 **Analysieren Sie die Grafik zur Entwicklung der durchschnittlichen monatlichen Verdienste.**

AFB II

M1

Die Entwicklung der durchschnittlichen monatlichen Verdienste (Löhne und Gehälter) je Arbeitnehmer in Deutschland von 1991 bis 2006

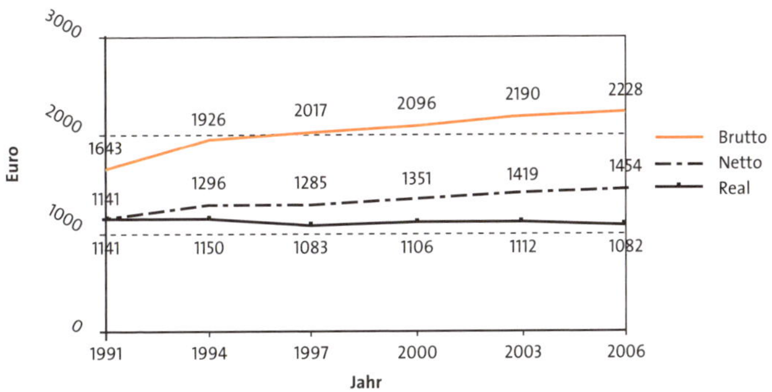

(Quelle: Statistisches Bundesamt, Datenreport 2007)

Die Grafik zeigt die Entwicklung der durchschnittlichen monatlichen Brutto-, Netto- und Realverdienste je Arbeitnehmer in Deutschland von 1991 bis 2006. Ausgehend vom Jahr 1991 bildet die y-Achse die jeweiligen Eurobeträge für die Verdienste ohne Abzüge, die Verdienste nach Abzug der Steuern und Sozialabgaben und die kaufkraftbereinigten Verdienste ab.

- Die durchschnittlichen **Bruttoverdienste** im angegebenen Zeitraum stiegen im Schnitt pro Jahr um 2,4 % (um 584 € in 15 Jahren). Die durchschnittlichen **Nettoverdienste** stiegen im Schnitt pro Jahr um 1,8 % (um 313 € in 15 Jahren). Im Gegensatz dazu sanken die **Realverdienste** im Schnitt pro Jahr um 0,3 % (um 59 € in 15 Jahren).
- Die Gründe für die zurückgehenden Realverdienste liegen wohl zum einen an der Inflation, zum anderen aber auch an niedrigen **Lohnabschlüssen.** Dazu kommt, dass sich die durchschnittliche monatliche **Steuer- und Abgabenlast** der Arbeitnehmer zwischen 1991 und 2006 von 502 € auf 774 € erhöht hat (Kosten der deutschen Einheit, Kosten der Sozialsysteme).
- Insgesamt sind die **Realeinkommen** der Arbeitnehmer in Deutschland geringfügig gesunken.

12

AFB II

Erläutern Sie **Handlungsmöglichkeiten des Staates zur Bekämpfung von Arbeitslosigkeit.**

Der Staat kann die Arbeitslosigkeit mit den Mitteln einer aktiven und passiven **Arbeitsmarktpolitik** bekämpfen. Darunter versteht man alle Maßnahmen der öffentlichen Hand, die eine regulierende Funktion auf das Zusammenspiel von Arbeitsangebot und Arbeitsnachfrage in einer Volkswirtschaft haben. Ziele einer **aktiven Arbeitsmarktpolitik** sind sowohl die Reduzierung der Arbeitslosigkeit bzw. die Schaffung zusätzlicher Arbeitsplätze als auch die Reintegration von eher schwierig zu vermittelnden Personengruppen wie Langzeitarbeitslose und ältere Arbeitnehmer in den ersten Arbeitsmarkt.

Die wichtigsten **Instrumente der aktiven Arbeitsmarktpolitik** sind:

- die Förderung der beruflichen Weiterbildung (z. B. Umschulungen),
- die subventionierte Beschäftigung (z. B. Arbeitsbeschaffungsmaßnahmen oder Lohnzuschüsse),
- die Mobilitätsförderung (Umzugs- und Fahrtkosten).

Im Vordergrund der **passiven Arbeitsmarktpolitik** stehen kompensatorische Leistungen für Einkommensausfälle. Dazu gehören:

- Arbeitslosengeld (Lohnersatz),
- Arbeitslosengeld II (Hilfe zum Lebensunterhalt),
- Insolvenzgeld (Lohnersatz),
- Kurzarbeitergeld (Lohnersatz) und
- Zahlungen für Vorruhestand.

Zu den **weiteren Möglichkeiten** des Staates, die Arbeitslosigkeit zu bekämpfen, zählen Maßnahmen, die das **Wirtschaftswachstum**, die **Deregulierung** (Lockerung des Kündigungsschutzes, Erleichterung des Abschlusses befristeter Arbeitsverträge) und den **Ausbau des Niedriglohnsektors** fördern. Wenngleich kaum zu bestreiten ist, dass der Ausbau des Niedriglohnsektors in gewissem Maß zum Abbau der Arbeitslosigkeit beiträgt, ist dieser Ansatz dennoch umstritten, da die im Niedriglohnsektor Beschäftigten trotz einer Vollzeitstelle oft nicht ihr Auskommen sichern können und auf staatliche Transferleistungen angewiesen sind. Der Ausbau des Niedriglohnsektors trägt auch nicht dazu bei, dass das **Lohnabstandgebot** eingehalten wird.

Charakterisieren Sie die Wirtschafts- und Eigentumsordnung der Bundesrepublik Deutschland. Gehen Sie dabei auch auf Bestimmungen des Grundgesetzes ein.

AFB II

Das Grundgesetz legt die Wirtschaftsordnung der Bundesrepublik Deutschland nicht abschließend fest, da es sowohl Bestimmungen enthält, die eine zentrale Lenkung der Wirtschaft ermöglichen könnten, als auch Bestimmungen, die für eine Marktwirtschaft sprechen.

Folgende Artikel des Grundgesetzes fixieren wesentliche **Grundbedingungen für die Marktwirtschaft:**

- die Freiheit der Einzelnen (Art. 2 GG),
- die freie Berufswahl (Art. 12 GG),
- das Recht auf Eigentum (Art. 14 GG),
- die Vertragsfreiheit (Art. 2 GG),
- die Gewerbefreiheit (Art. 2 GG),
- die Vereinigungs- und Koalitionsfreiheit (Art. 9 GG),
- die Freizügigkeit (Art. 11 GG).

Allerdings sieht das Grundgesetz in Art. 14 auch die Möglichkeit der **Enteignung** zum Wohl der Allgemeinheit und in Art. 15 die Möglichkeit der **Sozialisierung** der Produktionsmittel vor.

Das **Bundesverfassungsgericht** hat festgestellt, dass die konkrete Ausbildung der Wirtschafts- und Eigentumsordnung Aufgabe der Politik ist. In jedem Fall sind die Bestimmungen hinsichtlich der Marktwirtschaft und das **Sozialstaatsgebot** des Grundgesetzes zu beachten.

Die Wirtschafts- und Eigentumsordnung der Bundesrepublik Deutschland wird mit dem Begriff **soziale Marktwirtschaft** beschrieben. Damit ist eine Ordnung gemeint, die das Ziel hat, auf der Basis der **Marktwirtschaft** die freie Initiative mit einem durch wirtschaftliche Leistung gesicherten **sozialen Fortschritt** zu verbinden. Die Wirtschaftsordnung Deutschlands wird gelegentlich auch mit Begriffen wie **gezähmter Kapitalismus** belegt. Damit ist in erster Linie die **staatliche Ordnungspolitik** gemeint, deren Aufgabe es ist, „Auswüchse" der „reinen" Marktwirtschaft zu verhindern, z.B. dadurch, dass es gesetzliche Regelungen zur Mitbestimmung, zum Arbeits- und Kündigungsschutz oder zu Finanzgeschäften gibt.

14

AFB II

Erläutern Sie die einzelnen Wirtschaftssektoren und analysieren Sie die Entwicklung der Erwerbstätigen nach Wirtschaftsbereichen.

M1 **Erwerbstätige nach Wirtschaftsbereichen**

Anteile in Prozent, Arbeitsort in Deutschland (Inlandskonzept), 1991 bis 2007

Bereich	1991	1996	2001	2007
Erwerbstätige in Tsd.	38 621	37 498	39 316	39 765
primärer Sektor	3,9	2,6	2,4	2,1
sekundärer Sektor	36,6	31,7	28,3	25,4
tertiärer Sektor	59,5	65,7	69,2	72,4
davon Handel, Gastgewerbe, Verkehr	24,1	24,8	25,1	24,9
davon Finanzierung, Vermietung, Unternehmensdienstleister	9,7	12,3	15,2	17,3
davon öffentliche und private Dienstleister	25,7	28,6	28,9	30,2

(Quelle: Bundeszentrale für politische Bildung 2008)

Sektorenmodell der Wirtschaft

Das sogenannte **Sektorenmodell** der Wirtschaft (Drei-Sektoren-Hypothese) geht davon aus, dass sich der Schwerpunkt der wirtschaftlichen Tätigkeit vom zunächst dominanten primären Wirtschaftssektor (Rohstoffgewinnung) auf den sekundären (Rohstoffverarbeitung) und anschließend auf den tertiären Sektor (Dienstleistung) verlagert.

- Der **primäre Sektor** ist der **Agrarsektor** und umfasst die Land- und Forstwirtschaft sowie die Fischerei.
- Der **sekundäre Sektor** ist das **Waren produzierende Gewerbe** und umfasst die Industrie, den Bergbau, die Energie- und Wasserversorgung sowie das Baugewerbe.
- Der **tertiäre Sektor** ist der **Dienstleistungsbereich** und umfasst den Handel, das Gaststättengewerbe, Unternehmensdienstleistungen, das Finanzierungsgewerbe sowie sonstige private und öffentliche Dienstleistungen.

14

Fortsetzung: Erläutern Sie die einzelnen Wirtschaftssektoren und analysieren Sie die Entwicklung der Erwerbstätigen nach Wirtschaftsbereichen.

AFB II

Da die Bedeutung des **Informationssektors** in den letzten Jahrzehnten immer mehr zunahm, wurde das Drei-Sektoren-Modell auf ein **Vier-Sektoren-Modell** erweitert und ein weiterer Sektor hinzugefügt, der meist die Informationsdienstleistungen, die Kommunikationstechnologie und die Beratung (z. B. Wirtschaftsberater, Anwälte, Ingenieure) umfasst.
Die vorliegende Tabelle teilt jedoch die Erwerbstätigen nach dem „klassischen" **Drei-Sektoren-Modell** auf.

Entwicklung der Erwerbstätigkeit nach Wirtschaftsbereichen

Die Tabelle wurde auf der Grundlage von Zahlen des Statistischen Bundesamtes erstellt und zeigt die Entwicklung der Erwerbstätigkeit nach Wirtschaftsbereichen zwischen 1991 und 2007 in Deutschland. Sie enthält die absoluten Zahlen der Beschäftigten in allen Wirtschaftszweigen und weist vor allem den prozentualen Anteil der Beschäftigten bezogen auf die drei Wirtschaftssektoren aus.

Entwicklung in den einzelnen Wirtschaftsbereichen

- Die Tabelle belegt, dass Deutschland schon lange eine **Dienstleistungsgesellschaft** ist und dass dieser Trend weiter anhält. Bereits 1991 sind fast 60 % der Erwerbstätigen im **Dienstleistungssektor** beschäftigt. Dieser Anteil erhöht sich in weniger als 20 Jahren auf über 70 %. Der größte Zuwachs innerhalb des Dienstleistungssektors findet im Bereich Finanzierung, Vermietung, Unternehmensdienstleister statt, während sich der Bereich Handel, Gastgewerbe und Verkehr kaum verändert und der Bereich öffentliche und private Dienstleistungen nur mäßig zunimmt.
- Parallel zu dieser Entwicklung nimmt der Anteil der Beschäftigten, die in der **Industrie** und im Baugewerbe arbeiten, von gut einem Drittel im Jahr 1991 auf ein Viertel im Jahr 2007 ab. Diese Entwicklung hängt vor allem mit der zunehmenden **Rationalisierung** im produzierenden Gewerbe zusammen, wo immer mehr Maschinen eingesetzt und menschliche Arbeitskräfte ersetzt werden.
- Auch der **Agrarsektor** – obwohl ohnehin sehr klein – verliert weiter an Bedeutung. 2007 sind nur noch gut 2 % der Erwerbstätigen in der Landwirtschaft tätig, 1991 waren es noch knapp 4 %.

15

AFB III

Überprüfen Sie anhand des Schaubildes, ob gestiegene Steuern und Abgaben verantwortlich für die Strompreiserhöhungen sind.

M1 Durchschnittliche Stromkosten eines Drei-Personen-Haushalts im Monat mit 3500 kWh Jahresverbrauch

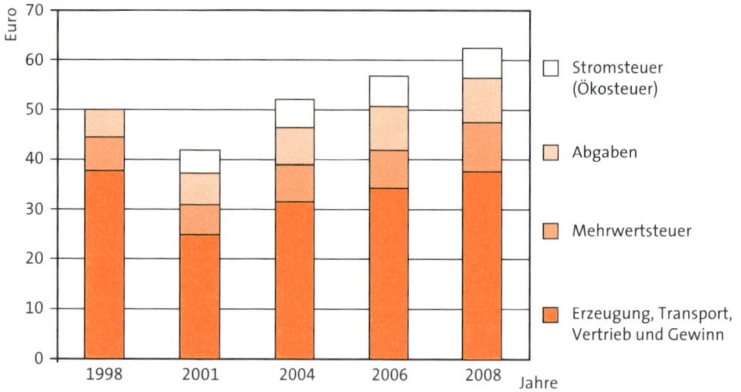

(Quelle: Bundesverband der Energie- und Wasserwirtschaft (BDEW) 2008)

Die Tabelle wurde vom BDEW veröffentlicht, umfasst den Zeitraum von 1998 bis 2008 und stellt die Zusammensetzung der durchschnittlichen Stromkosten eines Drei-Personen-Haushalts in ausgewählten Jahren dar.

- Die **Stromkosten** nehmen im gesamten Zeitraum um etwa ein Viertel zu. Der Anteil von Steuern und Abgaben verdoppelt sich, der Kosten- und Gewinnanteil der Produzenten sinkt um mehr als 15 %.
- Im Jahr 1998 betrug der **Anteil von Steuern und Abgaben** am Gesamtpreis für Strom knapp ein Viertel (24,7 %). In den Folgejahren stieg dieser Anteil auf etwa 40 %. Diese Steigerung ist auf die 2001 eingeführte Ökosteuer und auf die 2007 erhöhte Mehrwertsteuer zurückzuführen.

Bewertung: Auf den ersten Blick sieht es so aus, als ob **gestiegene Steuern** (allein) verantwortlich für die Strompreiserhöhungen sind. **Einschränkend** ist zu bemerken, dass die Angaben nicht aus einer unparteiischen Quelle stammen und dass nicht ausgewiesen ist, wie sich „Erzeugung, Transport, Vertrieb und Gewinn" zusammensetzen. Der Kosten- und Gewinnanteil der Stromanbieter erreicht in absoluten Zahlen im Jahr 2008 wieder die Höhe von 1998 und stieg zwischen 2001 und 2008 um knapp 50 % an.

16

In Deutschland wurden in den letzten Jahren u.a. die Märkte für Telekommunikation, Energie und Schienenverkehr geöffnet. Erörtern Sie ausgehend von einem der genannten Beispiele die Chancen und Risiken der Liberalisierung von Märkten.

AFB III

Unter der **Liberalisierung** von Märkten versteht man die Beseitigung von gesetzlichen Vorschriften, die den Wettbewerb behindern oder den freien Zugang zu Märkten erschweren. Hierzu gehören die Auflösung staatlicher Monopole und die (Teil-)Privatisierung öffentlicher Unternehmen. Statt Liberalisierung wird oft auch der Begriff **Deregulierung** benutzt.

Am Beispiel der **Liberalisierung des Marktes für Telekommunikation** lassen sich die Chancen und Risiken der Liberalisierung im Allgemeinen beschreiben.

Chancen der Liberalisierung

Trotz der Tatsache, dass die Deutsche Telekom als Nachfolgerin des ehemaligen Monopolisten noch immer gewisse Marktvorteile hat, kann man feststellen, dass

- es mehr Wettbewerb im Markt für Telekommunikation gibt,
- die Preise in diesem Markt deutlich gesunken sind,
- es eine größere Vielfalt an Produkten und Leistungen gibt,
- neue Wettbewerber in den Markt eingetreten sind und
- es zu einem Anstieg der Zahl der Beschäftigten in diesem Sektor gekommen ist.

Risiken der Liberalisierung

Die Öffnung des Telekommunikationsmarktes führte jedoch auch zu einer Reihe von Nachteilen und Problemen:

- Bei der Telekom kam es zu einem beträchtlichen Stellenabbau.
- Die Deregulierung führte zu Bedingungen, die zum Teil nachteilig für die Verbraucher sind (z.B. beim Anbieterwechsel).
- Ohne die Lenkungsfunktion des Staates werden bestimmte Bereiche der Telekommunikation vernachlässigt, da sie keinen kurzfristigen Gewinn versprechen (z.B. Breitbandausbau in ländlichen Gebieten).

Zusammenfassung: Trotz bestehender Probleme kann man die Ansicht vertreten, dass in der Summe die Vorteile der Liberalisierung des Marktes für Telekommunikation größer sind als die Nachteile.

17

AFB III

Diskutieren Sie Leistungen und Defizite der sozialen Marktwirtschaft in Deutschland.

Man kann wohl ohne Übertreibung feststellen, dass es sich bei der sozialen Marktwirtschaft um ein **Erfolgsmodell** handelt. Die Bundesrepublik Deutschland ist die größte Volkswirtschaft Europas und gehört mit zu den am höchsten entwickelten und wohlhabendsten Ländern weltweit.

Zu den wichtigsten **Leistungen** der sozialen Marktwirtschaft gehören:

- der wirtschaftliche Wiederaufbau der Bundesrepublik Deutschland nach dem Zweiten Weltkrieg,
- die Einrichtung des Sozialstaats,
- die Tarifautonomie und Mitbestimmung,
- die erfolgreiche Globalsteuerung der Wirtschaft in den 1960er- und 1970er-Jahren (Konjunkturpolitik),
- ein hohes Maß an sozialem Frieden und sozialer Stabilität,
- die Integration zweier unterschiedlicher Wirtschaftssysteme im Rahmen der deutschen Vereinigung.

Zu den **Problemen und Defiziten** der sozialen Marktwirtschaft zählen:

- die anhaltende Massenarbeitslosigkeit,
- die Probleme der Finanzierbarkeit des Sozialstaats und die Notwendigkeit von Reformen,
- die zunehmende Armut und das Entstehen eines Niedriglohnsektors,
- die Konkurrenzfähigkeit des Wirtschaftsstandortes Deutschland,
- das Verhältnis von Ökonomie und Ökologie.

Zusammenfassung: Die soziale Marktwirtschaft wird in der Bevölkerung und auch von den meisten politischen Gruppierungen weitgehend akzeptiert. Dass sie gelegentlich trotzdem als „Auslaufmodell" angesehen wird, ist auf den **Reformstau** zurückzuführen, den viele als das zentrale Problem deutscher Politik begreifen. Die auf **Konsens** ausgerichtete Politik tut sich momentan schwer, die soziale Marktwirtschaft an sich verändernde Gegebenheiten anzupassen. Als ein Beispiel kann die Tatsache genannt werden, dass 2010 über die Hälfte der Staatsausgaben in den Bereich Sozialausgaben fließen und dass die gesamten Sozialleistungen in Deutschland ungefähr einem Drittel des Sozialprodukts entsprechen.

18

Erörtern Sie den im Text vorgestellten Vorschlag eines Grundeinkommens.

AFB III

M1

Hamburger Wirtschaftsinstitut hält Grundeinkommen für finanzierbar (26.3.2007): Das heute [...] in Berlin vorgestellte Konzept geht davon aus, jedem Bürger „von der Wiege bis zur Bahre“ steuerfrei ein monatliches Grundeinkommen von 400 Euro auszuzahlen. Eine zusätzliche Pauschale von 200 Euro soll an Kranken- und Pflegeversicherung abgeführt werden. [...] Sozialabgaben auf die Löhne fallen bei dem Modell komplett weg, dagegen wird jegliches Einkommen über dem Grundeinkommen mit einem einheitlichen Steuersatz von 49 Prozent belastet. Dieser Wert liegt laut Institut deutlich unter der aktuellen Steuer- und Abgabenquote [...]. In einer Variante wurde ein Grundeinkommen von 800 Euro durchgerechnet: Auch dieses wäre bei einem Einheitssteuersatz von 61 Prozent ohne neue Staatsschulden finanzierbar. [Institutsleiter) Straubhaar betonte, es handele sich um ein „bedingungsloses Grundeinkommen“[1], das „ohne Gegenleistung“ bezahlt werde und das jeder durch Erwerbsarbeit aufstocken könne und solle. Das Konzept komme als „Umverteilungsmodell“ mit einem Minimum an Bürokratie aus, entlaste den Faktor Arbeit und sei damit auch „ökonomisch effizient“. Am Arbeitsmarkt lasse es – vor allem im Niedriglohnbereich – einen Stellenzuwachs „im Millionenbereich“ erwarten.

[1] In den Modellen für ein bedingungsloses Grundeinkommen fallen Transferzahlungen wie Rente, Arbeitslosengeld oder Kindergeld weg.

(Michael Kröger, SPIEGEL ONLINE – 26.3.2007; www.spiegel.de/wirtschaft/0,1518,473946,00.html, [Stand 15.4.2010])

Argumente für die Einführung eines Grundeinkommens

- Immer wieder beschwören Analytiker das **Ende der Arbeitsgesellschaft.** Der Ökonom Jeremy Rifkin ist beispielsweise der Auffassung, dass durch den technischen Fortschritt, insbesondere die **digitale Revolution,** langfristig die Erwerbsarbeit verschwindet. Die Vorstellung von Vollbeschäftigung in einer hoch entwickelten Volkswirtschaft wird so zur Illusion und es stellt sich die Frage, wie die Menschen ihren Lebensunterhalt bestreiten sollen.
- Geht man davon aus, dass die Vorstellung vom Ende der Arbeitsgesellschaft zumindest nicht ganz falsch ist, so kann das bedingungslose Grundeinkommen ein geeigneter Weg sein, die **materiellen Grundbedürfnisse** von immer mehr Menschen ohne Erwerbstätigkeit zu befriedigen. Einschränkend sollte man hinzufügen, dass ein Grundeinkommen allein die Probleme einer Gesellschaft ohne oder mit zu wenig Erwerbsarbeit nicht lösen kann.

18

AFB III

Fortsetzung: Erörtern Sie den im Text vorgestellten Vorschlag eines Grundeinkommens.

- Die Einführung eines bedingungslosen Grundeinkommens und die damit verbundene Abschaffung fast aller Sozialleistungen (Ausnahmen: Kranken- und Pflegeversicherung) vereinfacht die **Sozialstaatsbürokratie** und ermöglicht gleichzeitig die Finanzierung des Grundeinkommens.
- Durch ein Grundeinkommen müssen sich die Menschen nicht länger **Bedürftigkeitsprüfungen** aussetzen, die oft menschenunwürdig sind, oder Stunden mit dem Ausfüllen von komplizierten Formularen zubringen, was häufig auf eine Überforderung hinausläuft und dazu führt, dass auf Leistungen verzichtet wird.
- **Wirtschaftlich** gesehen kann das Grundeinkommen für alle positive Auswirkungen haben: Arbeitskosten und Sozialkosten werden entkoppelt, für die Unternehmen sinken die Arbeitskosten und die Lohnstückkosten. Dies kann zu sinkenden Güterpreisen und zur Entstehung von neuen Arbeitsplätzen im Dienstleistungssektor führen.
- Die **Finanzierung** des Grundeinkommens ist nach Angaben des Hamburger Wirtschaftsinstituts ohne zusätzliche Staatsschulden zu realisieren.

Argumente gegen die Einführung eines Grundeinkommens

- Ein bedingungsloses Grundeinkommen ist **leistungsfeindlich** und kann negative wirtschaftliche Auswirkungen haben (geringes Wirtschaftswachstum, sinkendes Volkseinkommen).
- Kaum jemand wird eine **unattraktive Arbeit** annehmen. Dies führt dazu, dass sich solche Arbeiten verteuern, ins Ausland verlagert werden oder nur als Schwarzarbeit existieren.
- Durch ein Grundeinkommen von 400 € kann die (relative) **Armut** ganz sicher nicht verhindert werden.
- Bei der Einführung des Grundeinkommens gibt es auch Gruppen von Menschen, deren **Situation** sich deutlich **verschlechtert**. Dazu gehören beispielsweise Behinderte und chronisch Kranke, die auf das Niveau des Grundeinkommens zurückfallen.
- Die **Unternehmen** werden aus der solidarischen Verantwortung und Finanzierung des Sozialstaats entlassen. Es ist fraglich, ob dies mit dem Sozialstaatspostulat des Grundgesetzes vereinbar ist.

KAPITEL 10

Wirtschaftspolitik

Alle Fragen im Überblick

AFB I

1 Stellen Sie die wirtschaftlichen Auswirkungen der Arbeitslosigkeit für den Staat und die privaten Haushalte dar.

2 Beschreiben Sie die Entwicklung der Zahl der Arbeitslosen zwischen 1950 und 2009. Gehen Sie dabei insbesondere auf die langfristigen Trends ein.

3 Beschreiben Sie, welche Auswirkungen die Aufwertung einer Währung modellhaft für den Import und Export hat.

AFB II

4 Erläutern Sie mögliche Folgen einer Senkung der Steuern und Abgaben auf Strom für Staat, private Haushalte und Unternehmen.

5 Erläutern Sie, ausgehend von dem Text, Lösungsansätze zur Bekämpfung der Arbeitslosigkeit.

6 Ordnen Sie den im Text vorgestellten Lösungsansatz zur Senkung der Arbeitslosigkeit einem wirtschaftspolitischen Konzept zu und begründen Sie Ihre Zuordnung.

7 Erläutern Sie, mit welchen Instrumenten der Staat im Rahmen der sozialen Marktwirtschaft für Umverteilung sorgt.

9 Arbeiten Sie heraus, wie der Autor des Textes seine These begründet, Leistungsträger würden bestraft.

10 Stellen Sie mithilfe eines Preis-Mengen-Diagramms grafisch dar, welche Auswirkungen ein staatlich festgesetzter Mindestlohn hat, und erklären Sie Ihre Darstellung.

AFB III

11 Gestalten Sie unter Bezugnahme auf den Text einen Leserbrief aus der Sicht eines Befürworters von Mindestlöhnen.

12 Erörtern Sie unter Berücksichtigung des Textes, ob die Lohnquote ein Maßstab für Verteilungsgerechtigkeit sein kann.

13 Überprüfen Sie mithilfe der beiden Tabellen, ob die These (vgl. Text in Aufgabe 8) richtig ist, Leistungsträger würden bestraft.

14 Diskutieren Sie, ausgehend von der aktuellen wirtschaftlichen Situation, die zukünftigen Chancen und Risiken der deutschen Wirtschaft im internationalen Wettbewerb.

15 Überprüfen Sie die These, der Nationalstaat verliere im Zug der Globalisierung in der Umwelt- und Arbeitsmarktpolitik an Bedeutung.

16 Erörtern Sie die Problematik der Rolle des Staates in der Wirtschaft, die in der Karikatur angesprochen wird.

AFB I

1 Stellen Sie die wirtschaftlichen Auswirkungen der Arbeitslosigkeit für den Staat und die privaten Haushalte dar.

Auswirkungen von Arbeitslosigkeit für den Staat

Der Staat (Bund, Länder, Gemeinden) ist durch Arbeitslosigkeit sowohl auf der Ausgaben- als auch auf der Einnahmenseite negativ betroffen:

- Auf der **Ausgabenseite** steigen die Aufwendungen durch die erhöhten Kosten für **Arbeitslosengeld** I und II.
- Auf der **Einnahmenseite** sinken durch Mindereinnahmen bei **Steuern** und **Sozialabgaben** die Erträge.

Um diese Belastungen auszugleichen, werden Steuern und Sozialabgaben erhöht und Leistungen gekürzt.

Auswirkungen von Arbeitslosigkeit für die privaten Haushalte

Auch die privaten Haushalte sind in vergleichbarer Weise betroffen:

- Arbeitslosigkeit führt bei den betroffenen Haushalten zu niedrigeren **Einkommen,** da die Transferleistungen deutlich unter dem Haushaltseinkommen, das im Fall der Erwerbstätigkeit zur Verfügung steht, liegen.
- Arbeitslosigkeit führt bei vielen Haushalten, die nicht direkt von Arbeitslosigkeit betroffen sind, in Form von höheren **Beiträgen** für die Sozialkassen zu einem Anstieg der Ausgaben.

Kommen noch Kürzungen bei öffentlichen Leistungen sowie Steuererhöhungen dazu, sinken die verfügbaren Einkommen allgemein und wirken sich negativ auf die private Nachfrage und somit die gesamte Binnenkonjunktur aus.

Private Nachfrage

Die Bedeutung der privaten Nachfrage auf die Gesamtwirtschaft wird oft unterschätzt. In Deutschland liegt der **Anteil des privaten Konsums am Bruttoinlandsprodukt** etwas unter 60 %. Der Rest verteilt sich auf die Nachfrage nach Investitionsgütern (etwa 20 %) und die Nachfrage des Staates (etwa 19 %). Diese Zahlen verdeutlichen die Bedeutung des privaten Konsums für die gesamtwirtschaftliche Entwicklung. Die Erfahrungen der Jahre 2008/09 haben gezeigt, dass eine trotz der widrigen Umstände überraschend hohe private Nachfrage die Auswirkungen einer Wirtschaftskrise dämpfen kann.

2

Beschreiben Sie die Entwicklung der Zahl der Arbeitslosen zwischen 1950 und 2009. Gehen Sie dabei insbesondere auf die langfristigen Trends ein.

AFB I

M1

Entwicklung der Anzahl der Arbeitslosen in Deutschland, West- und Ostdeutschland (in Tausend)

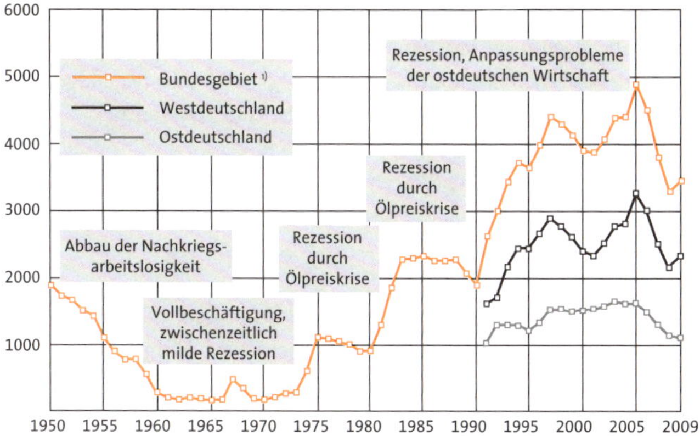

[1] Bundesgebiet bis 1949 ohne Berlin (West) und Saarland, bis 1958 ohne Saarland, bis 1990 Bundesgebiet West (ohne das Gebiet der ehemaligen DDR).

(Quelle: Bundesagentur für Arbeit)

Die Grafik der Bundesagentur für Arbeit stellt die Entwicklung der Anzahl der Arbeitslosen in Tausend zwischen 1950 und 2009 dar. Die Zahlen der Jahre 1950–90 beziehen sich auf die Bundesrepublik, ab 1991 werden die Zahlen sowohl für Gesamtdeutschland als auch für West- und Ostdeutschland angegeben.

- In den1950er-Jahren nahm die Zahl der Arbeitslosen stetig ab. Die erste Krise Mitte der 1960er-Jahre führte zwar zu einem deutlichen Anstieg der Arbeitslosenzahl, doch ging sie nach Überwindung der Krise wieder zurück.
- Dieses Muster wiederholte sich in den Krisen seit Mitte der 1970er-Jahre jedoch nicht. Vielmehr verharrte die Arbeitslosenzahl auch nach der Krise auf einem hohen Niveau (Sockelarbeitslosigkeit) bzw. stieg weiter an: eine Million (1975 ff.), zwei Millionen (1983 ff.), vier Millionen (1996 ff.). 2005 belief sie sich auf knapp fünf Millionen; danach nahm die Arbeitslosenzahl zum ersten Mal seit rund 30 Jahren deutlich ab.

3

AFB I

Beschreiben Sie, welche Auswirkungen die Aufwertung einer Währung modellhaft für den Import und Export hat.

Von der Aufwertung einer Währung ist der **Export negativ** betroffen. Inländische Güter verteuern sich für das Ausland, da sich durch die Aufwertung das Wechselkursverhältnis für ausländische Nachfrager verschlechtert. Ausländische Nachfrager müssen mehr Einheiten ihrer Währung für die in Europreisen bestellten Produkte bezahlen als erwartet. Bei steigenden Preisen gehen deshalb die Exporte wegen sinkender Nachfrage zurück.

Auf den **Import** ausländischer Waren wirkt sich eine Aufwertung der Währung dagegen **positiv** aus. Die Importpreise sinken, die Nachfrage nach Importgütern steigt.

Bei einer starken Nachfrage nach Importgütern besteht die Gefahr einer **importierten Inflation,** da durch die starke Nachfrage die Importpreise steigen und sich auf das inländische Preisniveau auswirken können.

Eurozone

Mit Eurozone bezeichnet man das Gebiet der Mitgliedstaaten der Europäischen Union, die den Euro als offizielle Währung eingeführt haben. 2010 gehören der Eurozone 16 EU-Staaten an. Der Euro ist zudem in Andorra, Kosovo, Monaco, Montenegro, San Marino und Vatikanstadt gesetzliches Zahlungsmittel. Diese Länder werden aber nicht zur Eurozone gerechnet, da sie nicht Mitglied der EU sind.

Vorteile einer Mitgliedschaft in der Eurozone

- Durch die Mitgliedschaft in der Eurozone vermeiden die Länder, die den Euro als offizielle Währung eingeführt haben, ein **Wechselkursrisiko** im Handel untereinander. Früher übliche und teure Währungsabsicherungen sind für europäische Unternehmen im Binnenhandel der EU nicht mehr nötig, da es **keine Auf- oder Abwertung** unterschiedlicher Währungen innerhalb der EU mehr gibt.
- Auch eine **Spekulation gegen den Euro** ist sehr viel schwieriger als gegenüber kleineren Währungen.
- Zudem kann sich **Investitionskapital** innerhalb der Eurozone freier bewegen als in einem Wirtschaftsraum mit vielen nationalen Währungen.
- Die Einführung des Euro führt allmählich auch zu einer **Angleichung der Preise** für Produkte und Dienstleistungen in den Ländern der Eurozone.

Erläutern Sie mögliche Folgen einer Senkung der Steuern und Abgaben auf Strom für Staat, private Haushalte und Unternehmen.

AFB II

Auswirkungen auf den Staat

- Die **Einnahmen** des Staates gehen zurück, falls der Stromverbrauch nicht überproportional ansteigt. Damit steht auch weniger Geld für Ausgaben zur Verfügung.
- Darüber hinaus kann der Staat nicht länger lenkend eingreifen, z.B. durch die Bevorzugung sparsamen (ökologischen) Verhaltens und verliert somit auch ein politisches Steuerungsinstrument.

Auswirkungen auf private Haushalte

- Strom für die privaten Haushalte kann **billiger** werden. Dadurch bleibt mehr **verfügbares Einkommen** für den Konsum übrig. Haushalte mit niedrigem Einkommen werden relativ stärker entlastet.
- Zugleich sinken die Anreize zum **Stromsparen** und zum Kauf Strom sparender Geräte.

Auswirkungen auf Unternehmen

- Vor allem **energieintensive Branchen** profitieren von sinkenden Stromkosten. Ihre internationale Konkurrenzfähigkeit steigt, die Gewinnsituation verbessert sich.
- Durch die steigende Nachfrage nach Strom können die **Energieversorger** profitieren.
- Zugleich zahlt sich Energiesparen für die Unternehmen weniger aus und der Druck, die Kosten durch Innovation zu senken, verringert sich.

Bruttoinlandsprodukt und Bruttonationaleinkommen

Bruttoinlandsprodukt (BIP) und **Bruttonationaleinkommen** sind Messgrößen für das Wachstum einer Volkswirtschaft. Gemessen wird der jährliche Zuwachs (im Vergleich zum Vorjahr). Diese Veränderung wird in Prozent angegeben, sodass (mathematisch) eine Wachstumsrate vorliegt.
Das **BIP** stellt den Wert aller Güter und Dienstleistungen dar, die in einem Jahr in einer Volkswirtschaft erwirtschaftet werden. Das **Bruttonationaleinkommen** stellt den Wert aller Güter und Dienstleistungen dar, die in einer Volkswirtschaft in einem Jahr zur Verfügung stehen.
Zur Berechnung des Wirtschaftswachstums hat sich weitgehend das BIP durchgesetzt.

5

AFB II

Erläutern Sie, ausgehend von dem Text, Lösungsansätze zur Bekämpfung der Arbeitslosigkeit.

M1 **Arbeitsmarkt und Sozialstaat – Cordula Tutt plädiert für ein Umdenken (2005):**
Globalisierung wird in Deutschland vorrangig als Gefahr für Arbeitsplätze und Wohlstand wahrgenommen. [...] [Norbert Walter, Chefökonom der Deutschen Bank] sagt, die Regierung habe kaum noch Möglichkeiten für populäre Politik, sie müsse vielmehr mit langem Atem die Lage durchstehen. „Bei Steuern ist kein großer Spielraum", sagt er mit Blick auf die Unternehmen. Die könnten schnell abwandern, wenn Steuern steigen. Weniger Steuern verbietet der marode Etat. Bleibt eigentlich fast nur Spielraum durch eine höhere Einkommens- und Mehrwertsteuer [...].
Am Arbeitsmarkt zwinge die Globalisierung gerade zu Einschnitten, sagt Walter. „Da haben die Deutschen ja gezeigt, dass sie nicht so mobil sind. Sonst wäre zum Beispiel der Bäcker längst in den USA." Damit Leute mit einfacher Ausbildung eine Chance hätten, müssten eben die Lohnnebenkosten sinken – also die Kosten für Krankenversicherung, Rente und Arbeitslosenkasse. Das heißt länger arbeiten und Leistungen kürzen. Gerecht wäre auch, den Wohlfahrtsstaat schrittweise stärker aus Steuern zu finanzieren und dafür die Lohnnebenkosten zu senken.
[...] Eine der wichtigsten Aufgaben für die Regierung ist, neu zu definieren, was sozial ist. Sparen tut weh und braucht gute Argumente vor den Wählern. Wer braucht wirklich Unterstützung? Wie lassen sich Chancen schaffen? Wenn sich die Deutschen von dem Mythos verabschiedeten, dass ihr System bisher sozial war, wäre schon viel gewonnen. Dabei würde aber die Mittelschicht schlechter abschneiden als bisher. In Deutschland wird sie noch immer durch Subventionen [...] oder Transfers wie Kindergeld gestützt. Nötig wäre jedoch vor allem, Langzeitarbeitslose gezielt in Arbeit zu bringen oder Kinder aus sozial schwachen Familien zu fördern.
Es geht auch darum einzugestehen, dass der Vollzeitjob mit unbefristetem Arbeitsvertrag seltener wird. Wenn der Kündigungsschutz lockerer wird, haben sowohl Jobbesitzer und Arbeitslose größere Chancen, eine neue Stelle zu finden.

(Cordula Tutt: Eine neue Definition des Sozialen ist nötig. In: Das Parlament Nr. 47 vom 21. 11. 2005)

Folgende Möglichkeiten, Arbeitslosigkeit zu bekämpfen, werden genannt:

- Senkung der Lohnnebenkosten,
- Lockerung des Kündigungsschutzes,
- Förderung von Langzeitarbeitslosen und von Kindern aus sozial schwachen Familien.

Die **Senkung der Lohnnebenkosten** verbilligt den Produktionsfaktor Arbeit. Theoretisch werden die Unternehmen dadurch in die Lage versetzt, neue

5 **Fortsetzung:** Erläutern Sie, ausgehend von dem Text, Lösungsansätze zur Bekämpfung der Arbeitslosigkeit.

AFB II

Arbeitsplätze zu schaffen bzw. auf den Abbau von Arbeitsplätzen zu verzichten. Die Senkung der Lohnnebenkosten kann z.B. durch die Finanzierung der Sozialversicherungssysteme durch Steuern erreicht werden. Auch eine einseitige Verlagerung wichtiger Sozialabgaben (künftige Kostensteigerungen) auf den Rücken der Arbeitnehmer ist denkbar. Auch Leistungskürzungen und längere Arbeitszeiten können zu einer Senkung der Lohnnebenkosten beitragen.

Das angebliche Einstellungshemmnis **Kündigungsschutz** kann dadurch entschärft werden, dass die gesetzlichen Regelungen des Kündigungsschutzes – wie zum Teil bereits geschehen – liberalisiert werden. So können Arbeitgeber ermutigt werden, bei Bedarf mehr Arbeitskräfte einzustellen, da diese auch leichter zu entlassen sind.

Die **Förderung Langzeitarbeitsloser** kann durch Qualifikationsprogramme der Bundesagentur für Arbeit oder die staatliche Förderung des Billiglohnsektors erfolgen. Bei der **Förderung von Kindern aus sozial schwachen Familien** muss zentral im Bildungsbereich angesetzt werden, um deren Chancen auf dem Arbeitsmarkt zu verbessern.

Weitere Möglichkeiten zur Bekämpfung der Arbeitslosigkeit sind:

- Neuverteilung der Arbeit durch Arbeitszeitverkürzung,
- mehr Teilzeit,
- Abbau von Überstunden,
- Bekämpfung der Schwarzarbeit,
- niedrigere Unternehmenssteuern,
- staatliche Investitions- und Konjunkturprogramme.

Das wohl erfolgreichste Instrument zur Bekämpfung der Arbeitslosigkeit in der Finanz- und Wirtschaftskrise 2008/09 war die **Ausweitung der Bezugsdauer des Kurzarbeitergeldes.** Es brachte viele Unternehmen dazu, Arbeitskräfte zu halten, statt sie zu entlassen. Dies hat wohl auch damit zu tun, dass es für viele Unternehmen schwierig ist, in der Phase des Aufschwungs geeignete Arbeitskräfte in ausreichender Zahl zu finden.

6

AFB II

Ordnen Sie den im Text vorgestellten Lösungsansatz zur Senkung der Arbeitslosigkeit einem wirtschaftspolitischen Konzept zu und begründen Sie Ihre Zuordnung.

M1 **Johann Eekhoffs Vorschläge zur Bekämpfung der Arbeitslosigkeit (27.5.2005):**
Die aufgetürmten Probleme der Arbeitslosigkeit, der öffentlichen Schulden und der Unsicherheit in den Sozialsystemen sind [...] nicht allein mit neuer Zuversicht und mit geringen Modifikationen der gegenwärtigen Politik zu überwinden. Jetzt kommt es darauf an, [...] die Voraussetzungen für einen nachhaltigen Abbau der Arbeitslosigkeit zu schaffen. Diese Herkulesaufgabe lässt sich nicht durch mehr staatliche Aktivitäten lösen. Die privaten Kräfte und marktwirtschaftlichen Prozesse müssen genutzt werden, nicht zuletzt im Interesse der sozial Schwachen.
Der Schlüssel für die wirtschaftliche und soziale Erneuerung liegt auf dem Arbeitsmarkt. [...] Statt den Arbeitslosen unproduktive Arbeitsgelegenheiten bei Wohlfahrtseinrichtungen anzubieten, muss es ihnen erlaubt werden, in normalen Betrieben unbefristet zu arbeiten und zwar zu Entgelten, die von den Betrieben erwirtschaftet werden können. [...] Nur auf diesem Wege kann die entwürdigende Ausgrenzung der Arbeitslosen beendet werden. Auch die Geringqualifizierten erhalten eine Chance, am Arbeitsleben teilzunehmen und ihren Lebensunterhalt überwiegend aus eigener Kraft zu bestreiten. Die staatlichen Aufwendungen steigen nicht mehr unkontrolliert, sondern werden verringert. Die übrigen Arbeitnehmer werden von Teilen der Lohnzusatzkosten entlastet, sodass generell die Beschäftigungschancen steigen.
Es gilt das Vorurteil zu überwinden, dass ein Arbeitsloser, der eine Beschäftigung aufnimmt, einen Beschäftigten verdrängt. Richtig ist, dass jeder, der für seine Arbeit nicht mehr erhält als den dafür am Markt erzielbaren Erlös, die übrigen Bürger nicht schädigt, sondern einen positiven Beitrag leistet.
Die Arbeitslosen [...] wieder in eine Beschäftigung zu bringen, wird mehrere Jahre dauern. Aber die Voraussetzungen dafür müssen schnell geschaffen werden. [...] Wer die sozialen Probleme der Arbeitslosen wirklich ernst nimmt, wird den Streit mit Interessenvertretern aufnehmen müssen.

(J. Eekhoff: Eine Herkulesaufgabe. © Handelsblatt GmbH. Alle Rechte vorbehalten)

Der Autor ist ein Vertreter der **angebotsorientierten Wirtschaftspolitik.**

- Eekhoff lehnt eine staatliche Intervention auf dem Arbeitsmarkt ab und vertraut auf die Selbstheilungskräfte des Marktes.
- Er propagiert „Entgelte, die von den Unternehmen erwirtschaftet werden können“ (untertarifliche Bezahlung). Dies lässt einen Bezug zum sayschen Theorem vermuten, wonach sich jedes Angebot seine Nachfrage schafft.
- Auf mögliche negative Folgen seines Lösungsansatzes, z. B. den daraus entstehenden allgemeinen Lohnsenkungsdruck, geht der Autor nicht ein.

7

Erläutern Sie, mit welchen Instrumenten der Staat im Rahmen der sozialen Marktwirtschaft für Umverteilung sorgt.

AFB II

Unter **Umverteilung** versteht man finanz- oder sozialpolitische Maßnahmen, mit denen der Staat die Ungleichheiten der Einkommensverteilung oder Vermögensverteilung verringern will. In der sozialen Marktwirtschaft der Bundesrepublik stehen dafür verschiedene Instrumente zur Verfügung.

Finanzpolitische Instrumente

- Zum einen kann eine Umverteilung mithilfe **direkter Steuern** (z. B. progressive Einkommenssteuer, Körperschaftssteuer, Kapitalertragssteuer, Vermögenssteuer, Erbschaftssteuer, Grundsteuer) vorgenommen werden.
- Auch die **Mehrwertsteuer** als indirekte Steuer dient der Umverteilung, da es reduzierte Steuersätze für Güter des Grundbedarfs gibt.

Transferzahlungen und Subventionen

- **Staatliche Transferzahlungen** sind z. B. ALG II (Hartz IV), Sozialhilfe, BAFöG, Elterngeld, Kindergeld und Wohngeld.
- **Staatliche Subventionen** gibt es in Form von Geldzahlungen oder als kostenlose bzw. kostengünstige Bereitstellung von öffentlichen Leistungen.
- **Umverteilung innerhalb der Sozialversicherungen** gibt es in der gesetzlichen Kranken- und Pflegeversicherung, die bei unterschiedlichen Beiträgen gleiche Leistungen gewähren. In der Renten- und Arbeitslosenversicherung findet kaum Umverteilung statt, da die Leistungen von der Beitragshöhe abhängig sind.

Transferleistungen

Unter staatlichen Transferzahlungen oder Transferleistungen werden alle **Geld- oder Sachleistungen** verstanden, die eine Person erhält, **ohne** dafür eine direkte **Gegenleistung** erbringen zu müssen. Leistungen aus Versicherungen sind keine Transferleistungen, da hier eine direkte Gegenleistung in Form von Einzahlungen erbracht wurde.
Häufig sind Transferleistungen an **Bedürftigkeit** gebunden (z. B. ALG II). Dabei spielen die Höhe des persönlichen Einkommens und des persönlichen Vermögens meist die entscheidende Rolle. Es gibt aber auch Transferleistungen, die nicht an Bedürftigkeit gebunden sind (z. B. Elterngeld, Kindergeld).
Staatliche Transferleistungen werden über **Steuereinnahmen** finanziert.

8

AFB II

Arbeiten Sie heraus, wie der Autor des Textes seine These begründet, Leistungsträger würden bestraft.

M1

Zum System der Steuern und Sozialabgaben (2007):

Deutschland tut sich schwer im Umgang mit seinen Leistungsträgern. Gerade diejenigen, die durch ihre Arbeit großen Anteil haben am Aufschwung, diejenigen, die gut ausgebildet sind und viel arbeiten, werden in Deutschland bestraft: Die oberen 50 Prozent der Einkommenssteuerpflichtigen zahlen 92,5 Prozent der Einkommenssteuer. Dabei liegt die Grenze bei 27 216 Euro. […] Sozialromantische Politiker gefallen sich zu sehr mit ihrer Aussage, dass die 10 Prozent Spitzenverdiener ruhig mehr zahlen könnten. Nach Angaben des Finanzministeriums zahlen ebendiese zehn Prozent 52,9 Prozent des gesamten Einkommenssteueraufkommens. Dabei handelt es sich nicht um den geheimen Klub der Millionäre, sondern um all die, deren jährliches Bruttoeinkommen bei mindestens 67 000 Euro liegt. Das ist gutes Geld, aber noch lange kein Reichtum. Das Gros dieser Top-Verdiener sind engagierte Angestellte, hoch qualifizierte Facharbeiter und fleißige Selbstständige. In der Regel haben sie sich ihren Status hart erarbeitet, und die 35-Stunden-Woche endet für sie meistens mittwochs. […] Fakt ist, dass die große Koalition den Menschen einiges zugemutet hat durch die Kürzung des Sparerfreibetrages, die Streichung der Eigenheimzulage und durch steigende Beiträge zur Renten-, Gesundheits- und Pflegeversicherung. Fakt ist auch, dass der Beitrag zur Arbeitslosenversicherung zu Jahresbeginn von 4,2 auf 3,3 Prozent gesenkt wird. Das trifft den Nerv des Übels. Die Bruttolöhne in Deutschland sind ordentlich, doch was hinten rauskommt, lässt Brutto-Leistungsträger, überspitzt gesagt, zu Netto-Prekariern[1] werden. […] Die Politik darf nicht zulassen, dass Leistungsträger zu Lastenträgern der Gesellschaft degenerieren, oder wie Abraham Lincoln sagte: Wir werden die Schwachen nicht stärken, indem wir die Starken schwächen.

[1] Prekarier: Personen in ungesicherten Beschäftigungsverhältnissen mit geringem Einkommen und geringer sozialrechtlicher Absicherung; wird häufig als Synonym für Personen aus der neuen Unterschicht gebraucht.

(Michael Fuchs: Bestrafte Leistungsträger. In: Frankfurter Allgemeine Zeitung vom 29. 11. 2007)

Nach Ansicht des Autors besteht die Gefahr, „dass Leistungsträger zu Lastenträgern der Gesellschaft degenerieren". Er argumentiert wie folgt:

- Spitzenverdiener würden dadurch bestraft, dass sie über die Hälfte des Steueraufkommens tragen müssten. Überdies habe sich durch Sparmaßnahmen ihre Steuerlast noch erhöht.
- Darüber hinaus würden sie durch im Allgemeinen steigende Sozialbeiträge weiter belastet.
- So verdienten sie zwar brutto gut, würden aber zu „Netto-Prekariern".

9

Stellen Sie mithilfe eines Preis-Mengen-Diagramms grafisch dar, welche Auswirkungen ein staatlich festgesetzter Mindestlohn hat, und erklären Sie Ihre Darstellung.

AFB II

Grafische Darstellung:

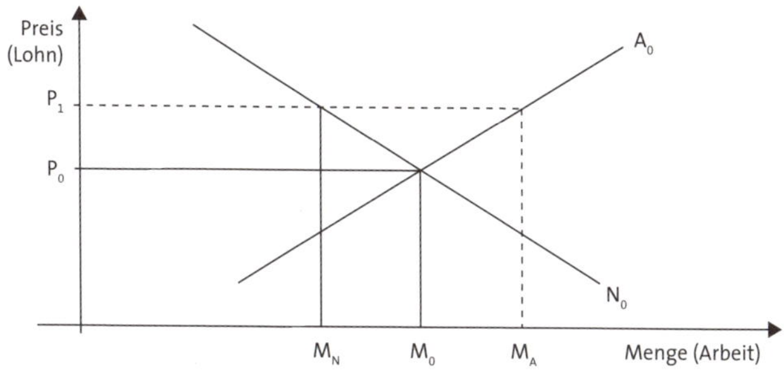

Der Mindestlohn muss über dem Gleichgewichtspreis liegen (P_0 wird P_1). Man kann im Modell erkennen, dass der Mindestlohn P_1 zu einer Reduzierung der nachgefragten Menge an Arbeit von M_0 auf M_N führt, während das Angebot an Arbeit von M_0 auf M_A zunimmt.

Nach diesem Modell wird es für die **Arbeitgeber unattraktiver,** neue Arbeitskräfte einzustellen.

magisches Viereck

Das **Stabilitätsgesetz** von 1967 definiert vier gleichwertige bzw. gleichrangige wirtschafts- und finanzpolitischen Ziele, die auch als **magisches Viereck** bezeichnet werden:

- angemessenes Wirtschaftswachstum,
- stabiles Preisniveau,
- Vollbeschäftigung und
- außenwirtschaftliches Gleichgewicht.

Das Viereck wird **magisch** genannt, weil es aufgrund von **Zielkonflikten** sehr schwierig bis praktisch unmöglich ist, alle Ziele gleichzeitig zu erreichen. So besteht bei einem hohen Beschäftigungsstand die Gefahr einer hohen Inflationsrate.

Oft wird das magische Viereck um weitere Ziele zu einem **Sechs- oder Siebeneck** erweitert. Hinzu kommen Umweltschutz bzw. Nachhaltigkeit, gerechte Einkommensverteilung und gerechte Verteilung von Arbeit.

10

AFB II

Gestalten Sie unter Bezugnahme auf den Text einen Leserbrief aus der Sicht eines Befürworters von Mindestlöhnen.

M1 **Zur Forderung nach einem Mindestlohn (2006):**

In Deutschland grassiert die Angst vor Niedriglöhnen. Eine Antwort der Politik ist der Kombilohn, der Arbeitgebern von gering qualifizierten Arbeitnehmern Lohnkostenzuschüsse verspricht. Dieser Vorschlag nährt die Befürchtung von Mitnahmeeffekten durch die Unternehmen. Deshalb wird als notwendige Konsequenz der Mindestlohn gefordert. [...] Diese Forderung steht in einem klaren Widerspruch zur bisherigen Arbeitsmarktreform, nach der erstmals auch Löhne unterhalb des Sozialhilfeniveaus zumutbar sind. Denn der beschleunigte Strukturwandel, getrieben durch Wissensintensivierung und internationalen Standortwettbewerb, verstärkt in jeder entwickelten Volkswirtschaft das Problem der working poor.

Mit den Reformen verbindet sich das Ziel, den gering Qualifizierten in einem Niedriglohnsektor mehr Beschäftigungschancen zu bieten. Das setzt vor allem eine Öffnung der Lohnstruktur nach unten voraus, um produktivitätsorientierte Löhne zahlen zu können. Mindestlöhne, zumal mit den derzeit geforderten Niveaus, würden aber gerade das Gegenteil bewirken: Sie stauchen die Lohnstruktur von unten, sie reduzieren Beschäftigungschancen bisher Arbeitsloser, und sie vernichten in nicht unerheblichem Ausmaß bestehende Niedriglohntätigkeiten. Zahlreiche Tarifverträge in Deutschland unterschreiten das diskutierte Mindestlohnniveau von 7,50 Euro je Stunde.

Wer in diesem Sinn »faire Löhne« fordert, der fordert die Vernichtung dieser Arbeitsplätze. Rationalisierung und Dienstleistungsimport werden die Folge sein. Allerdings ist das nicht die einzige Konsequenz, denn die für die meisten drohende Arbeitslosigkeit ist mit deutlichen Verlusten an Lebenszufriedenheit verbunden. Wie jüngste Auswertungen des Instituts der deutschen Wirtschaft Köln (...) zeigen, ist die Zufriedenheit von Menschen mit Niedriglohnarbeit größer als die von Menschen in Arbeitslosigkeit und Einkommensarmut. Also gilt: Besser working poor als nur poor. [...]

Noch deutlicher als bei den gesetzlichen Mindestlöhnen sind die beschäftigungspolitischen Risiken bei branchenbezogenen Vorgaben. Wer dies fordert, der enttarnt sein wahres Ziel: Es geht um die Absicherung gewerkschaftlicher Gestaltungsmacht. Denn durch die Festlegung der jeweils untersten Entgeltgruppe eines Branchentarifvertrags als Mindestlohn würde faktisch die Tarifbindung auch dort ansatzweise restituiert [= wiederhergestellt], wo in den letzten anderthalb Jahrzehnten die Wirkung der Flächentarifverträge deutlich nachgelassen hat. [...]

Ein gesetzlicher Mindestlohn ist in Deutschland nicht notwendig, sein Schadenspotenzial wäre beachtlich.

(Michael Hüther: Ein Mindestlohn in Deutschland? In: Die Zeit vom 9.3.2006, Auszug)

10

Fortsetzung: Gestalten Sie unter Bezugnahme auf den Text einen Leserbrief aus der Sicht eines Befürworters von Mindestlöhnen.

AFB II

Der Artikel zur Problematik von Mindestlöhnen von Michael Hüther ist einseitig und interessengeleitet, seine zentralen Aussagen sind falsch:

- Besser working poor als poor? Nein, besser working als poor muss das Ziel lauten. **Wer arbeitet, soll von seinem Einkommen leben können!** Und dafür sind Mindestlöhne ein geeignetes Instrument.
- Das Argument, selbst eine nicht so gut bezahlte Arbeit sei besser als keine Arbeit, ist falsch, weil schlecht bezahlte Arbeit lediglich zur **Ausweitung des Niedriglohnsektors** führt, der in Deutschland in den letzten Jahren ohnehin überproportional gewachsen ist. Die Ausweitung des Niedriglohnsektors setzt eine Lohnspirale nach unten in Gang. Schon heute sind die Löhne so weit gespreizt, dass viele Menschen zwar Beschäftigung haben, aber trotzdem – als sogenannte Aufstocker – auf Hartz IV angewiesen sind. Und dabei handelt es sich keineswegs nur um schlecht qualifizierte Arbeitskräfte. Im Gegenteil – über die Hälfte der Menschen im Niedriglohnsektor haben qualifizierte Abschlüsse. Es darf nicht sein, dass immer mehr Menschen vom Ertrag ihrer Arbeit nicht mehr angemessen leben können. Dies ist auch eine Frage der Menschenwürde.
- Die breitflächige Einführung von Mindestlöhnen kann diesem Trend entgegenwirken. Mindestlöhne sorgen für **existenzsichernde Beschäftigung.** Wer eine existenzsichernde Beschäftigung hat, entlastet faktisch den Sozialstaat, da er nicht länger oder in deutlich geringerem Umfang auf seine Leistungen angewiesen ist.
- Zwar steigen durch Mindestlöhne die Arbeitskosten, doch dieser Effekt wird durch eine **steigende Binnennachfrage** kompensiert. Deshalb haben Mindestlöhne keineswegs ein „beträchtliches Schadenspotenzial", sondern sie können mittelfristig durchaus zu mehr Produktivität und mehr Beschäftigung führen. Dies zeigt das Beispiel vieler europäischer Nachbarländer, die Mindestlöhne eingeführt haben. Nicht zuletzt sorgt die Einführung von Mindestlöhnen auch dafür, dass die Hartz-IV-Regelsätze nicht weiter sinken, orientieren die sich doch an den unteren 20 % der Einkommen.

Zusammenfassend lässt sich festhalten: Es ist Aufgabe des Staates, dafür zu sorgen, dass Arbeit ein menschenwürdiges Auskommen garantiert – ohne dass die Menschen zusätzlich auf staatliche Unterstützung angewiesen sind.

11

AFB III

Erörtern Sie unter Berücksichtigung des Textes, ob die Lohnquote ein Maßstab für Verteilungsgerechtigkeit sein kann.

M1

Zur Entwicklung der Lohnquote (2006):
Die Lohnquote misst den Anteil der Arbeitnehmerentgelte am gesamten Volkseinkommen. Der andere Teil des Volkseinkommens sind die Einnahmen aus Unternehmertätigkeit und Vermögen. Die Lohnquote gilt daher als Maßstab für die Verteilung [...]. 1952 lag die Lohnquote in Westdeutschland bei etwa 57 % des Volkseinkommens, stieg dann an und erreichte 1982 ihre Spitze mit 77 %. Seitdem geht es mehr oder weniger abwärts. 2005 schrumpfte sie auf 67%, und in diesem Jahr dürften es laut Bundesregierung 66 % werden – so wenig wie vor 30 Jahren. Noch ärger sieht es bei der Nettolohnquote aus [...]. Sie lag 1960 bei 56 % und 2004 bei 41,5 %. Dass sich die Schere verstärkt öffnet, liegt zum einen daran, dass es „der Wirtschaft" wieder gut geht. 2004 stiegen zum Beispiel die Gewinne der 30 Konzerne aus dem Deutschen Aktienindex um rund 30 %, 2005 um 35 % und dieses Jahr dürften es noch mal 11 % mehr werden. Das freut die Vermögensbesitzer: 18,3 Mrd. an Dividenden werden allein die 30 Dax-Firmen dieses Jahr an sie auszahlen: 23 % mehr als im Vorjahr und so viel wie noch nie. Ursache dieses Erfolgs sind unter anderem niedrigere Lohnkosten. [...] Aus der sinkenden Lohnquote ziehen Gewerkschafter einen Schluss: Sie muss steigen, um Gerechtigkeit wiederherzustellen. Die Arbeitgeber sehen das naturgemäß anders.

(Stephan Kaufmann: Tendenzieller Fall der Lohnquote. In: Berliner Zeitung vom 27. 1. 2006)

Definition

Die Lohnquote ist das **Verhältnis von Einkommen** aus nicht selbstständiger Arbeit **zum Volkseinkommen.** Man unterscheidet zwischen der **Bruttolohnquote** (Einkommen vor Abzug von Steuern und Sozialabgaben) und der **Nettolohnquote** (Einkommen nach Abzug von Steuern und Sozialabgaben).

Ausgangsüberlegung

Die Lohnquote ist zweifellos ein wichtiger **Indikator** für die funktionelle **Einkommensverteilung** und – **mit Einschränkungen** – auch ein **Maßstab für die Verteilungsgerechtigkeit.**

Die Einschränkungen ergeben sich zum einen daraus, dass in die Berechnung der Lohnquote auch die Einkünfte der Arbeitnehmer aus Kapitalerträgen einfließen. Zum anderen gibt die Lohnquote keine Auskunft über die Verteilung der Lohnzahlungen innerhalb der Gruppe der Lohnempfänger.

Fortsetzung: Erörtern Sie unter Berücksichtigung des Textes, ob die Lohnquote ein Maßstab für Verteilungsgerechtigkeit sein kann.

AFB III

Ausführlich lässt sich die Frage, ob die Lohnquote ein Maßstab für Verteilungsgerechtigkeit sein kann, wie folgt beantworten:

- Die Gewerkschaften argumentieren häufig mit der Lohnquote. Die Tatsache, dass sie seit Beginn der 1980er-Jahre abnimmt – und dass sich dieser Trend seit Beginn des neuen Jahrhunderts beschleunigt –, kann durchaus als ein **Indikator für mangelnde Verteilungsgerechtigkeit** gesehen werden. Bedeutet dieser Trend doch, dass die Einkommen der Arbeitnehmer im Vergleich zu den Einnahmen aus Unternehmertätigkeit und Vermögen deutlich abnehmen. Besonders deutlich ist die Entwicklung der Nettolohnquote, die von 56 % im Jahr 1960 auf 41,5 % im Jahr 2004 zurückging, während im Jahr 2004 und in den Folgejahren die Gewinne der Dax-Konzerne deutlich stiegen.
- Allerdings ist die Lohnquote lediglich eine relative Größe. So können die Einkommen aus unselbstständiger Arbeit in absoluten Zahlen steigen und die Lohnquote kann trotzdem sinken und umgekehrt. Auch muss berücksichtigt werden, welche Einkünfte überhaupt in der Lohnquote ausgedrückt werden, welche Personengruppen diese erzielen und wie groß diese sind. So beziehen heute auch manche Arbeitnehmer Einkommen aus Vermögen und die (hohen) Gehälter der Manager werden dem unselbstständigen Einkommen zugeschlagen. Auf der Seite der Einnahmen aus Unternehmenstätigkeit taucht das Einkommen von Kleinselbstständigen auf, das den statistischen Wert drücken kann. Alle diese Faktoren tragen dazu bei, dass die Lohnquote nur **bedingt aussagekräftig** in Bezug auf die Verteilungsgerechtigkeit ist.

Zusammenfassung

Will man das Thema Verteilungsgerechtigkeit in unserer Gesellschaft thematisieren und mit empirischen Belegen arbeiten, kommt man kaum um die statistische Größe „Lohnquote" herum. Sie taugt zumindest als grober Indikator für Verteilungsgerechtigkeit. Wie immer bei gesellschaftlich umstrittenen Themen ist darauf zu achten, **wer welche statistischen Angaben mit welchen Interessen einsetzt.** So ist es nicht überraschend, dass für die Gewerkschaften die Lohnquote eine entscheidende Größe ist, während die Arbeitgeber die Bedeutung der Lohnquote meist herunterspielen.

12

AFB III

Überprüfen Sie mithilfe der beiden Tabellen, ob die These (vgl. Text in Aufgabe 8) richtig ist, Leistungsträger würden in unserer Gesellschaft bestraft.

M1

Wer schultert die Steuerlast?

Von den steuerpflichtigen Bundesbürgern trugen im Jahr 2007 ...

		...mit dem jeweiligen Einkommen	...so viel Prozent zur gesamten Einkommenssteuer bei
... die unteren	20 %	bis 8200	0,3 %
	50 %	bis 25 500	6,2 %
... die oberen	50 %	ab 25 500	93,8 %
	10 %	ab 64 500	53,1 %

Veränderungen des durchschnittlichen realen Nettoeinkommens pro Kopf gegenüber 1992, in Prozent

Jahr	1995	1998	2000	2003	2006
bei den reichsten 10 % der Bevölkerung	+ 6	+ 3	+ 12	+ 26	+ 31
bei den ärmsten 10 % der Bevölkerung	- 10	- 4	+ 6	- 2	- 13

(oben: Bundesfinanzministerium 2008; unten: Deutsches Institut für Wirtschaftsforschung 2007)

Die Daten in den Tabellen

- Die **erste Tabelle** enthält Daten des Bundesfinanzministeriums zur Einkommenssteuer 2007. Sie zeigt auf, wie viel Prozent der gesamten Einkommenssteuer im Jahr 2007 die unteren 20 % bzw. 50 % sowie die oberen 50 % bzw. 10 % der Bevölkerung bezahlt haben. Zudem enthält sie Angaben zur Einkommenshöhe (maximal, minimal) der aufgeführten Gruppen.
- Die **zweite Tabelle** des Deutschen Instituts für Wirtschaftsforschung von 2007 gibt die Veränderung des durchschnittlichen realen Nettoeinkommens pro Kopf für das reichste und das ärmste Zehntel der Bevölkerung 1995, 1998, 2000, 2003 und 2006 wieder. Basisjahr ist 1992.

Leistungsträger sind in aller Regel Menschen mit **hohem Einkommen.** Deshalb ist es sinnvoll, davon auszugehen, dass die oberen 10 % als solche definiert werden. Ausgehend davon kann man feststellen:

- Die **erste Tabelle** bestätigt auf den ersten Blick die Behauptung, Leistungsträger würden durch hohe Steuern bestraft. Obwohl sie nur 10 % der

Fortsetzung: Überprüfen Sie mithilfe der beiden Tabellen, ob die These (vgl. Text in Aufgabe 8) richtig ist, Leistungsträger würden in unserer Gesellschaft bestraft.

AFB III

Gesamtbevölkerung ausmachen, tragen die Bezieher der höchsten Einkommen 53,1 % zur gesamten Einkommenssteuer bei. Betrachtet man die Gruppe der oberen 50 %, beträgt der Anteil sogar 93,8 %. Dies ist letztlich nicht besonders überraschend, da die unteren 20 % bzw. 50 % lediglich 0,3 % bzw. 6,2 % zum Einkommensteueraufkommen beitragen. Dies erklärt sich auch dadurch, dass in diesen Gruppen viele Menschen überhaupt keine Einkommensteuer zahlen, da ihr Einkommen zu niedrig ist.

- Die **zweite Tabelle** relativiert die These von der finanziellen Bestrafung der Leistungsträger deutlich. Während die realen Nettoeinkommen des ärmsten Zehntels der Bevölkerung im gesamten Zeitraum zurückgehen, triff dies für das reichste Zehntel überhaupt nicht zu. Vielmehr steigen diese über den gesamten Zeitraum kontinuierlich an, in den letzten Jahren sogar mit zunehmender Tendenz. Dies bedeutet, dass die Leistungsträger zwar viel Einkommensteuer bezahlen, ihnen jedoch trotzdem immer mehr Geld zum Leben bleibt, da ihr Nettoeinkommen deutlich ansteigt.

Schlussfolgerung

Man kann festhalten, dass die These von der Bestrafung der Leistungsträger nur sehr eingeschränkt richtig ist. Zwar tragen die „Top-Verdiener" **mehr als die Hälfte der Einkommensteuer** und werden in diesem Sinn belastet. Die Entwicklung ihrer realen Nettoeinkommen zeigt jedoch, dass sie zu den **Einkommensgewinnern** im beobachteten Zeitraum gehören.

Einkommensteuer

Die Einkommensteuer wird auf das Einkommen natürlicher Personen erhoben und ist die wichtigste **direkte Steuer** in der Bundesrepublik Deutschland. Sie wird in Form der Lohnsteuer und der Kapitalertragsteuer erhoben. Eines der Prinzipien der Einkommensteuer ist die **Besteuerung nach der Leistungsfähigkeit.** Deshalb gibt es Menschen, die keine Einkommensteuer bezahlen (ihr Einkommen ist zu niedrig und von der Steuer befreit) und Menschen, die besonders viel Einkommensteuer bezahlen (ihr Einkommen ist hoch und wird überproportional besteuert). Die Einkommensteuer ist eine **progressive Steuer.** Der höchste Steuersatz beträgt zurzeit 45 %. Niemand zahlt jedoch 45% auf sein gesamtes Einkommen; die „unteren" Teile des Einkommens werden niedriger besteuert.

13

AFB III

Diskutieren Sie, ausgehend von der aktuellen wirtschaftlichen Situation, die zukünftigen Chancen und Risiken der deutschen Wirtschaft im internationalen Wettbewerb.

Es sind vor allem die konjunkturelle Entwicklung und der Standortwettbewerb, die maßgeblich die Chancen und Risiken der deutschen Wirtschaft künftig bestimmen werden.

Konjunkturelle Entwicklung

- Zentral wird sein, wie schnell sich die Weltwirtschaft und die deutsche Wirtschaft von den Folgen der weltweiten Finanz- und Wirtschaftskrise der Jahre 2008/09 erholen kann. Zwar gilt die Krise grundsätzlich als überwunden, da wieder Wachstumsraten erzielt werden, doch bleiben noch Unwägbarkeiten, die zu Rückschlägen führen können. In der Krise hat sich die **Exportabhängigkeit** der deutschen Wirtschaft als Problem dargestellt, da sie dadurch besonders verwundbar ist.
- Aus dem gleichen Grund aber können die Chancen der deutschen Wirtschaft im internationalen Wettbewerb wieder steigen, da in wichtigen ausländischen Märkten die Nachfrage nach deutschen Produkten wieder deutlich ansteigt. Dies gilt z. B. für die Automobilindustrie und den Maschinenbau.

Standortwettbewerb

- Ob der Wirtschaftsstandort Deutschland attraktiv bleibt, ist im Wesentlichen davon abhängig, ob seine Vorteile im internationalen Wettbewerb weiter ausgebaut und mögliche Nachteile verringert werden können. Vorteile sind die hohe Produktivität, das Ausbildungsniveau der Arbeitskräfte und die gute Infrastruktur. Mögliche Nachteile sind hohe Lohnnebenkosten, hohe Sozial- und Umweltstandards und arbeitsrechtliche Vorschriften.
- Im **internationalen Vergleich gilt Deutschland** noch immer **als einer der besten Wirtschaftsstandorte.** Wenn es gelingt, die Stärken des Wirtschaftsstandortes Deutschland weiter auszubauen, z. B. auch durch eine aktive Bildungs- und Ausbildungspolitik, gibt es mittelfristig gute Chancen für den Standort Deutschland.

Die **aktuelle wirtschaftliche Situation** infolge der großen Wirtschaftskrise 2008/09 macht es schwer, zurzeit (März 2010) die Chancen und Risiken der deutschen Wirtschaft halbwegs zuverlässig einzuschätzen.

14

Überprüfen Sie die These, der Nationalstaat verliere im Zug der Globalisierung in der Umwelt- und Arbeitsmarktpolitik an Bedeutung.

AFB III

Folgende Argumente sprechen dafür, dass der Nationalstaat in der Umwelt- und Arbeitsmarktpolitik an seine **Grenzen** stößt:

- Der **internationale Standortwettbewerb** führt zu einem Wettlauf um Steuersenkungen und zu einem Abbau von Arbeitsplätzen sowie von Umwelt- und Sozialstandards.
- Infolge sinkender Steuereinnahmen verringert sich der **Spielraum staatlicher Politik.** Staatliche Investitionen zur Belebung des Arbeitsmarktes werden dadurch erschwert.
- Der **Einfluss transnationaler Konzerne** auf politische Entscheidungen nimmt deutlich zu. Dies verwundert nicht, wenn man bedenkt, dass ihr Umsatz teilweise höher ist als das Bruttoinlandsprodukt mancher Volkswirtschaften.
- Im Bereich der **Umweltpolitik** sind viele Probleme auf nationaler Ebene nicht (mehr) zu lösen. Dies gilt z. B. für den Klimaschutz und die Gewässerverschmutzung.

Folgende Argumente sprechen dafür, dass der Nationalstaat in der Umwelt- und Arbeitsmarktpolitik doch noch **Handlungsmöglichkeiten** hat:

- Nur **Staaten** können verbindlich auf nationaler Ebene **Gesetze** verabschieden sowie umsetzen und haben ein Mandat für **internationale Verhandlungen.**
- Staaten können sich zu **supranationalen und internationalen Organisationen** zusammenschließen und so ihre politischen und wirtschaftlichen **Handlungsspielräume** erweitern.
- Staaten haben die Möglichkeit, durch geeignete Maßnahmen **Innovationen** zu fördern und Standards zu setzen, z. B. im Bereich der erneuerbaren Energien.

Zusammenfassung

Der These, der Nationalstaat verliere im Zug der Globalisierung in der Umwelt- und Arbeitsmarktpolitik an Bedeutung, kann grundsätzlich zugestimmt werden. Völlig handlungsunfähig ist er dennoch nicht. Lösungen auf nationalstaatlicher Ebene sind – wenn auch mit Einschränkungen – weiterhin möglich. Zudem gehen Lösungen oft noch von Nationalstaaten aus.

15

Erörtern Sie die Problematik der Rolle des Staates in der Wirtschaft, die in der Karikatur angesprochen wird.

AFB III

M1

(T. Plaßmann, Essen, aus: Frankfurter Rundschau vom 20. 9. 2008)

Die Karikatur aus der Frankfurter Rundschau stammt vom September 2008. Es war die Zeit, in der sich die weltweite **Finanzkrise** zuspitzte und (drohende) **Bankenpleiten** sowie milliardenschwere **staatliche Rettungsmaßnahmen** die öffentliche Debatte bestimmten.

Die Karikatur thematisiert die **Rolle des Staates in der kapitalistischen Wirtschaft.** Während es in den 1960er- und 1970er-Jahren weitgehend akzeptiert war, dass der Staat eine aktive Rolle in der Wirtschaft spielen sollte (**Keynesianismus,** vgl. unten), setzten sich ab den 1980er-Jahren immer stärker Wirtschaftstheorien durch, die eine aktive Rolle des Staates in der Wirtschaft weitgehend ablehnten und darauf bestanden, dass die **Selbstheilungskräfte des Marktes** ausreichten, um Fehlentwicklungen zu berichtigen (**Liberalismus/Monetarismus,** vgl. unten). In der Finanzkrise war der Staat indes wieder gefragt, worauf die Karikatur pointiert hinweist.

Fortsetzung: Erörtern Sie die Problematik der Rolle des Staates in der Wirtschaft, die in der Karikatur angesprochen wird.

AFB III

Keynesianismus

- John Maynard Keynes entwickelte in den 1930er-Jahren eine Theorie, nach der der Staat – auch zum Zweck der Überwindung von Krisen – aktiv in das Wirtschaftsgeschehen eingreifen solle. Als Hochphase des Keynesianismus gilt die Zeit nach dem Zweiten Weltkrieg bis in die 1970er-Jahre.
- Als Hauptursache der periodisch wiederkehrenden Krisen machte Keynes die oft zu geringe gesamtwirtschaftliche Nachfrage aus. Um Krisen zu vermeiden bzw. abzumildern, sollte der Staat die Nachfrage nach Gütern und Dienstleistungen mit einer **antizyklischen Konjunkturpolitik** steuern.
- In Abschwungsphasen der Wirtschaft steigert der Staat die gesamtwirtschaftliche Nachfrage durch staatliche Investitionen (die durch staatliche Kreditaufnahme finanziert werden können, sog. *deficit spending*), Steuer- und Zinssenkungen. In Aufschwungphasen der Wirtschaft dämpft der Staat die gesamtwirtschaftliche Nachfrage durch Erhöhung der Steuern und Zinsen. Ziel dieser Politik ist es, durch staatliche Eingriffe in die gesamtwirtschaftliche Nachfrage Arbeitslosigkeit zu bekämpfen und die Konjunktur zu lenken. Man spricht deshalb von **nachfrageorientierter Wirtschaftspolitik.**

Liberalismus/Monetarismus

- Die Gegenmodelle zum Keynesianismus waren ab den 1980er-Jahren der Neoliberalismus und der Monetarismus. Diese Theorien lehnten ein Eingreifen des Staates in die Wirtschaft weitgehend ab. Der Staat sollte lediglich einen **Ordnungsrahmen** bereitstellen, der den Wettbewerb fördert und günstige Bedingungen für die Unternehmen garantiert. Man spricht deshalb auch von **angebotsorientierter Wirtschaftspolitik.**
- Lediglich über die **Steuerung der Geldmenge** sollte der Staat bei Bedarf in die Wirtschaft eingreifen.
- Zudem forderten sie die **Privatisierung** staatlicher Monopole und die allgemeine **Deregulierung** der Wirtschaft.

Die **Finanzkrise von 2008/09** sorgte dafür, dass die Befürworter eines aktiven Eingreifens des Staates in die Wirtschaft zumindest kurzfristig wieder Oberhand gewannen. Ob das Modell des Liberalismus sich prinzipiell diskreditiert hat, ist jedoch offen.

KAPITEL 11

Betriebswirtschaft

Alle Fragen im Überblick

AFB I

1 Nennen Sie die Grundfunktionen eines Betriebs.

2 Preispolitik und Produktpolitik sind wichtige Instrumente des Marketings. Beschreiben Sie die Funktion dieser Instrumente.

3 Nennen Sie die häufigsten Rechtsformen von Unternehmen und beschreiben Sie, welche Überlegungen bei der Wahl der Rechtsform eines Unternehmens eine Rolle spielen.

4 Die Wahl eines geeigneten Standorts gehört zu den wichtigsten Entscheidungen eines Unternehmens. Stellen Sie dar, welche Überlegungen normalerweise in die Standortwahl einfließen.

AFB II

5 Analysieren Sie den „Code of Ethics" der Firma Puma im Hinblick auf die gesellschaftliche Verantwortung des Unternehmens.

6 Arbeiten Sie auf Grundlage der vorhandenen Informationen je zwei betriebswirtschaftliche Chancen und Risiken einer Investition in das Vorhaben „Hybrid-City-Cruiser" heraus.

7 Erklären Sie mithilfe der Bilanz die wirtschaftliche Entwicklung der Solar-Wind AG im abgelaufenen Jahr.

AFB III

8 Gestalten Sie auf der Grundlage der Aussagen von Strätling Grundsätze für eine erfolgreiche Absatzpolitik.

9 Beurteilen Sie den Businessplan im Hinblick auf die betrieblichen Chancen und Risiken sowie die Finanzierung.

1

Nennen Sie die Grundfunktionen eines Betriebs.

AFB I

Unabhängig vom Typ eines Betriebs gibt es die folgenden betrieblichen Funktionsbereiche in praktisch jedem Unternehmen:

Leitungsfunktion

Die Leitungsfunktion wird von der Geschäftsführung (Leitung, Management) wahrgenommen und umfasst alle Entscheidungen, die für einen Betrieb von Bedeutung sind. Man kann sagen, dass die Aufgabe der Leitung in erster Linie darin besteht, die übrigen betrieblichen Grundfunktionen zu steuern, zu koordinieren und zu überwachen.

Beschaffungsfunktion

In der Verantwortung dieses Bereichs liegt die Bereitstellung der betriebswirtschaftlichen Produktionsfaktoren wie beispielsweise Werkzeuge, Maschinen und Rohstoffe.

Fertigungsfunktion

Aufgabe dieses Bereichs ist es, die betrieblichen Produktionsfaktoren so einzusetzen, dass die gewünschten Produkte daraus entstehen. Dabei sind Fertigungsabläufe (Fertigungstechnik) und Verfahrenstechnik gleichermaßen zu berücksichtigen.

Absatzfunktion

Zum Aufgabenbereich der Mitarbeiter, die für den Absatz zuständig sind, gehören die Preis- und Produktpolitik, die Marktforschung sowie Kommunikation und Distribution.

Finanzierungsfunktion (Rechnungswesen)

Dieser Bereich ist dafür verantwortlich, dass dem Betrieb jederzeit genügend finanzielle Mittel zur Erfüllung seiner Aufgaben zur Verfügung stehen – beispielsweise für den Einkauf von Materialien, für Investitionen in Maschinen und für Lohn- und Gehaltszahlungen. Kann dies nicht aus den Eigenmitteln des Betriebs geleistet werden, muss Geld geliehen werden. Hat der Betrieb Geld zur freien Verfügung, muss es zinsbringend angelegt oder investiert werden.

2

AFB I

Preispolitik und Produktpolitik sind wichtige Instrumente des Marketings. Beschreiben Sie die Funktion dieser Instrumente.

Produkt- und Preispolitik sind zwei von vier wichtigen Instrumenten, um den Absatz von Produkten zu steigern. Hinzu kommen noch die Distributions- und Kommunikationspolitik. Zusammen bilden sie im Marketingmix die vier Ps: *product, price, place, promotion.*

Preispolitik

Die Preispolitik dient dazu, den Preis für ein Produkt zu finden, der

- den Absatz des Produkts maximiert,
- den Marktanteil des Produkts erweitert oder aufrechterhält und
- die Unternehmensgewinne langfristig maximiert.

Über den Verkaufspreis eines Produkts sollen **Kaufanreize** gesetzt werden. Die **Preisuntergrenze** wird meist – aber nicht immer (Rabattaktionen, Lagerräumung, Reaktion auf Preise der Konkurrenz) – durch die Herstellungskosten markiert, während die **Preisobergrenze** in erster Linie durch die Nachfrage festgelegt ist. Bei der **marktorientierten Preisfindung** richten sich Unternehmen nach den Preisen der Konkurrenzunternehmen sowie am Verhalten der Konsumenten aus. Ist die **Preiselastizität** der Nachfrage hoch, kann ein Unternehmen für ein Produkt vergleichbarer Qualität kaum höhere Preise als die Konkurrenz verlangen. Ist die Preiselastizität jedoch niedrig, können Preise auch erhöht werden, ohne dass Kunden abwandern.

Produktpolitik

Die **Produktpolitik** dient dazu, solche Produkte zu entwickeln und auf den Markt zu bringen, welche die **Bedürfnisse der Konsumenten** bzw. bestimmter Gruppen unter den Konsumenten befriedigen. Mittels einer geeigneten Produktpolitik soll der Absatz gesichert oder gesteigert werden.

Das Produktprogramm (Sortiment) eines Unternehmens muss stetig an die sich ändernden Bedürfnisse der Verbraucher bzw. an eine sich verändernde Marktsituation (Konkurrenz) angepasst werden. Die Mittel dazu sind:

- **Produktvariation** (Änderung einer Produktlinie),
- **Produktdifferenzierung** (Ergänzung einer Produktlinie),
- **Produktelimination** (ein Produkt wird vom Markt genommen) und
- **Produktdiversifikation** (Aufnahme neuer Produkte).

3

Nennen Sie die häufigsten Rechtsformen von Unternehmen und beschreiben Sie, welche Überlegungen bei der Wahl der Rechtsform bei der Gründung eines Unternehmens eine Rolle spielen.

AFB I

Die häufigsten Rechtsformen von Unternehmen sind:

- **Einzelunternehmen,**
- **Personengesellschaften** (Gesellschaft des bürgerlichen Rechts [GbR]),
- **Kapitalgesellschaften** (Gesellschaft mit beschränkter Haftung [GmbH], Gesellschaft mit beschränkter Haftung & Compagnie Kommanditgesellschaft [GmbH & Co. KG], Limited und Aktiengesellschaft [AG]).

Jede Rechtsform hat spezifische Vor- und Nachteile. Es ist deshalb insbesondere bei der Gründung eines Unternehmens wichtig zu überlegen, welche Rechtsform gewählt wird. Dies soll an drei unterschiedlichen Rechtsformen verdeutlicht werden:

- Der größte Vorteil der Rechtsform **Einzelunternehmen** besteht darin, dass ein solches Unternehmen unkompliziert und ohne große finanzielle Rücklagen ins Leben gerufen werden kann. Es gibt nur einen Betriebsinhaber, der uneingeschränkt mit seinem gesamten Vermögen – auch dem Privatvermögen – haftet. Darin besteht auch der potenziell größte Nachteil dieser Rechtsform. Die Rechtsform Einzelunternehmen eignet sich beispielsweise für ein kleineres Unternehmen im Bereich Handwerk oder Dienstleistungen oder für einen freien Beruf.
- Die **Gesellschaft des bürgerlichen Rechts** hat mindestens zwei Gesellschafter, die einen formfreien Gesellschaftsvertrag abschließen. Ein Mindestkapital ist nicht erforderlich. Die Gesellschafter haften persönlich für alle Verbindlichkeiten der Gesellschaft mit ihrem Privatvermögen. Die Gründung einer GbR ist verhältnismäßig unkompliziert. Sie eignet sich ebenfalls für Kleingewerbetreibende und Freiberufler (Praxisgemeinschaft von Ärzten, Sozietät von Rechtsanwälten).
- Die **Gesellschaft mit beschränkter Haftung** hat mindestens einen Gesellschafter. Der Gesellschaftsvertrag muss notariell beurkundet sein, das Unternehmen muss im Handelsregister eingetragen sein und über mindestens 25 000 € Stammkapital verfügen. Die Gesellschafter haften nur mit ihrer Einlage. Eine GmbH eignet sich für Unternehmer, die die Haftung beschränken oder nur „stiller“ Teilhaber sein wollen. Ihre Gründung ist relativ kompliziert. Sonderkonditionen bestehen seit 1.11.2008 für die sog. Mini-GmbH („Unternehmergesellschaft [haftungsbeschränkt]“).

4

AFB I

Die Wahl eines geeigneten Standorts gehört zu den wichtigsten Entscheidungen eines Unternehmens. Stellen Sie dar, welche Überlegungen normalerweise in die Standortwahl einfließen.

In die Auswahl eines geeigneten Standorts für ein Unternehmen fließen mehrere Faktoren ein. Im Wesentlichen geht es darum, den Standort auszuwählen, der für die Produktionsziele des Unternehmens am geeignetsten ist. Je nach Gewichtung der einzelnen **Standortfaktoren** kann ein bestimmtes Unternehmen zu einer anderen Entscheidung kommen als (potenzielle) Konkurrenzunternehmen. Einen für alle Bedürfnisse optimalen Standort gibt es deshalb nicht. Faktoren, die normalerweise die **Standortwahl** beeinflussen, sind z. B. Marktnähe, infrastrukturelle Voraussetzungen, staatliche Rahmenbedingungen, Arbeitskräfteangebot und Lebensqualität.

- **Relative Marktnähe:** Wie nah ist der Markt für das Produkt oder die Dienstleistung des Unternehmens? Ist das Einzugsgebiet groß genug (stationärer Einzelhandel)? Gibt es Zulieferer in der Nähe?
- **Infrastruktur:** Ist die Anbindung an Verkehrswege gut? Sind Flughäfen, Häfen oder Güterbahnhöfe in der Nähe?
- **Arbeitskräfte:** Gibt es genügend gut ausgebildete Arbeitskräfte? Wie hoch ist das Lohnniveau? Wie hoch ist die Arbeitslosigkeit?
- **Clustering:** Gibt es Synergieeffekte durch die Zusammenarbeit mit Zulieferern und Forschungseinrichtungen?
- **Lebensbedingungen am Standort:** Welche Angebote gibt es z. B. in den Bereichen Wohnen, Kindererziehung, Bildung, Kultur? Wie belastet ist die Umwelt? Gibt es interessante und vielfältige Freizeitangebote?
- **Staatliche Hilfen:** Gibt es Steuervergünstigungen, Subventionen oder verbilligte Betriebsgrundstücke?
- **Perspektiven:** Bestehen die infrastrukturellen Voraussetzungen (z. B. genügend Fläche) für Betriebserweiterungen?

Will ein Unternehmen eine Standortwahl treffen, so wird es eine **Gewichtung** der Standortfaktoren vornehmen und die Faktoren höher gewichten, die für das Unternehmen besonders wichtig sind. Für ein Unternehmen der Automobilindustrie wird eine gute verkehrstechnische Anbindung besonders wichtig sein, während für einen großen Elektronikmarkt die Größe des Einzugsgebiets und die Frage nach einer Verkaufslage in oder „vor“ der Stadt von besonderer Wichtigkeit sind.

5 **Analysieren Sie den „Code of Ethics" der Firma Puma im Hinblick auf die gesellschaftliche Verantwortung des Unternehmens.**

AFB II

M1

PUMA Code of Ethics

PUMA AG
PUMA-Way 1
D-91074 Herzogenaurach

Mit diesem Kodex bekennt sich PUMA sowohl im individuellen als auch im unternehmerischen Bereich zu ethischem und verantwortungsvollem Verhalten. Der Kodex erläutert unsere wichtigsten Prinzipien und beinhaltet Richtlinien für den Umgang mit unseren Stakeholdern. In diesem Zusammenhang haben wir zusätzlich zu dem bereits existierenden Code of Conduct, der sich primär an unsere Hersteller richtet, den folgenden Kodex entwickelt:

- **PUMA achtet in allen Ländern, in denen das Unternehmen vertreten ist, das geltende Recht und die gesetzlichen Bestimmungen.**
- **PUMA und seine Mitarbeiterinnen und Mitarbeiter werden Situationen, die einen Interessenskonflikt zur Folge haben könnten, vermeiden. Vorteilsannahmen sind strikt untersagt.**
- **PUMA unterstützt finanziell keine politischen Parteien.**
- **PUMA bestärkt und unterstützt seine Mitarbeiterinnen und Mitarbeiter darin, sich karitativ zu engagieren.**
- **PUMA ist der Überzeugung, dass niemand diskriminiert werden darf. PUMA stellt seine neuen Mitarbeiterinnen und Mitarbeiter unter Berücksichtigung des Prinzips der Chancengleichheit ein und erwartet, dass alle Mitarbeiterinnen und Mitarbeiter sich im täglichen Umgang ethisch korrekt verhalten und die Menschenrechte respektieren.**
- **PUMA zeigt keinerlei Toleranz gegenüber jedweder Form von Gewalt oder Missbrauch und sucht nach Möglichkeiten der aktiven Konfliktlösung.**
- **PUMA achtet das Recht jedes einzelnen auf Religionsfreiheit.**
- **PUMA respektiert die Privatsphäre seiner Kunden und gibt ohne ausdrückliches vorheriges Einverständnis keinerlei persönliche Daten an Dritte weiter.**
- **PUMA ist sich seiner Verantwortung gegenüber seinen Stakeholdern, seinen Kunden und gegenüber der Umwelt bewusst und folgt dem Prinzip der nachhaltigen Entwicklung.**

# # #

(www.puma.com/about/downloads/172.pdf)

5

AFB II

Fortsetzung: Analysieren Sie den „Code of Ethics“ der Firma Puma im Hinblick auf die gesellschaftliche Verantwortung des Unternehmens.

Der „Code of Ethics“ der Firma Puma ist ein Beispiel für **Corporate Social Responsibility** (CSR). Mit diesem Begriff – oft als unternehmerische Gesellschaftsverantwortung übersetzt – drückt ein Unternehmen seinen freiwilligen Beitrag zu einer **nachhaltigen Entwicklung** aus, der über die gesetzlichen Forderungen hinausgeht. CSR steht für verantwortliches unternehmerisches Handeln bezogen auf die eigentliche Geschäftstätigkeit (Markt) und berücksichtigt darüber hinaus ökologisch relevante Aspekte (Umwelt), die Beziehungen des Unternehmens zu Mitarbeitern sowie den Austausch mit den relevanten Anspruchs- bzw. Interessengruppen (Stakeholdern). Das verdeutlicht der vorliegende „Code of Ethics“ mit folgenden Bestimmungen:

- Ablehnung von Korruption und von parteipolitischer Parteinahme;
- Ablehnung von Diskriminierung und von Gewalt zur Lösung von Konflikten;
- Anerkennung des Prinzips der Chancengleichheit und Respektierung der Menschenrechte und der Religionsfreiheit;
- Anerkennung der Privatsphäre und des Rechts auf Datenschutz;
- Bekenntnis zu einer Verantwortung gegenüber den Stakeholdern und der Umwelt sowie Anerkennung des Prinzips der nachhaltigen Entwicklung.

Unternehmen handeln letztlich im **Eigeninteresse,** wenn sie sich überzeugend zur Corporate Social Responsibility bekennen:

- CSR kann bei börsennotierten Unternehmen dazu beitragen, von Investoren, die Wert auf die gesellschaftliche Verantwortung von Unternehmen legen, berücksichtigt zu werden.
- In der Öffentlichkeit dient CSR dazu, die Reputation eines Unternehmens zu erhöhen.
- CSR kann in der Werbung als Argument eingesetzt werden, z. B. um das soziale oder umweltpolitische Engagement eines Unternehmens zu betonen.

Stakeholder

Stakeholder sind sog. Anspruchsgruppen, die vom Verlauf und Ergebnis eines Prozesses betroffen sind. Bezogen auf die Tätigkeit eines Unternehmens zählen hierzu Mitarbeiter, Manager, Eigentümer, Lieferanten, Gläubiger, Kunden, Gesellschaft und Staat.

6

Arbeiten Sie auf Grundlage der vorhandenen Informationen je zwei betriebswirtschaftliche Chancen und Risiken einer Investition in das Vorhaben „Hybrid-City-Cruiser" heraus.

AFB II

M1

Die Oberhuber KG ist ein Unternehmen, das schon seit über 60 Jahren im Omnibusbau tätig ist. Das rasante Wachstum des Unternehmens von umgerechnet 6 Mio. € Umsatz im Jahre 1965 auf 350 Mio. € im Jahre 2000 zeugt von dem Aufstieg des süddeutschen Familienbetriebs zu einem international erfolgreichen Unternehmen. Trotz gestiegener Umsatzzahlen im letzten Jahr wertet die Geschäftsführung den Gewinn aus dem Kerngeschäft als unbefriedigend, weil zum einen die geplante Produktionsleistung nur teilweise realisiert wurde und sich zum anderen die Kosten für die Markteinführung neuer Produkte negativ auf das Ergebnis ausgewirkt haben. Innerhalb eines Jahres ist der Preis für Dieselkraftstoffe stark gestiegen und ein weiteres Ansteigen des Preises ist abzusehen.
Die Oberhuber KG reagiert auf die gestiegenen Kraftstoffpreise mit der Entwicklung des „Hybrid-City-Cruisers", eines mittelgroßen Busses für den Stadt- und Nahverkehr, der wahlweise von einem Elektro- oder einem Verbrennungsmotor angetrieben wird. Zu diesem Zweck hat das Unternehmen in den Aufbau einer Entwicklungsabteilung für Hybridmotoren investiert.

(© Abituraufgabe Bayern; die Lösung entspricht nicht dem amtlichen Lösungsvorschlag.)

Betriebswirtschaftliche Chancen der Investition

Sollte die Entwicklung des Hybrid-City-Cruisers erfolgreich verlaufen, kann die Firma sowohl ihren **Absatz** als auch ihren **Gewinn** steigern, da am Markt wahrscheinlich höhere Preise für das innovative Produkt durchgesetzt werden können. Darüber hinaus kann das Unternehmen seinen **Marktanteil** steigern und gegebenenfalls die Rolle eines technologischen **Marktführers** übernehmen.

Betriebswirtschaftliche Risiken der Investition

Die Markteinführung neuer Produkte (und die damit verbundenen Kosten) wirkten sich bereits negativ auf das Ergebnis der Firma aus. Es besteht das Risiko, dass die **Entwicklungskosten** für den Hybrid-City-Cruiser so hoch sind, dass sie in angemessener Zeit nicht amortisiert werden können. Ein zweites Risiko besteht in der Entwicklung des Preises für **Dieselkraftstoff.** Sollte er nicht – wie erwartet – weiter deutlich ansteigen, könnte dies bei den Abnehmern dazu führen, weiter auf traditionelle und preiswertere Busse zu setzen. Offen ist auch, ob es steuerliche oder andere **Förderungsmaßnahmen** geben wird, um den hohen Preis des Hybridbusses indirekt zu subventionieren und den Kauf dadurch attraktiver zu machen.

7

AFB II

Erklären Sie mithilfe der Bilanz die wirtschaftliche Entwicklung der Solar-Wind AG im abgelaufenen Jahr.

M1 **Bilanz der Solar-Wind AG (in Mio. €)**

Aktiva	Jahr 2	Jahr 1	Passiva	Jahr 2	Jahr 1
Immaterielle Vermögensgegenstände (z. B. Patente)	2 300	2 000	Eigenkapital	12 900	11 300
Sachanlagen	17 500	16 300	Bilanzgewinn	1 200	900
Forderungen (an Kunden)	5 000	5 600	Langfristige Verbindlichkeiten (z. B. gegenüber Banken)	11 300	11 800
Flüssige Mittel (z. B. Bargeld)	2 200	1 800	Lieferverbindlichkeiten (gegenüber Lieferanten)	1 600	1 700
Bilanzsumme	**27 000**	**25 700**	**Bilanzsumme**	**27 000**	**25 700**

Die Bilanz zeigt folgende wichtige Entwicklungen:

- Der Bestand der **immateriellen Vermögensbestände** hat sich innerhalb eines Jahres um mehr als 10 % vergrößert. Ein Grund dafür könnte sein, dass die Firma neue Patente entwickelt und angemeldet hat.
- Die **Sachanlagen** haben ebenfalls zugenommen. Ein Grund dafür könnten Investitionen in neue Gebäude bzw. Fertigungsanlagen sein.
- Die **Forderungen an Kunden** haben sich verringert, d. h., die Solar-Wind AG hat weniger Außenstände. Dies könnte mit einer besseren Zahlungsmoral der Kunden zu erklären sein.
- Die **flüssigen Mittel** haben deutlich zugenommen.

Diese positiven Entwicklungen finden auch darin ihren Niederschlag, dass sich die Ausstattung mit **Eigenkapital** verbessert hat, der **Bilanzgewinn** gewachsen ist und die **Verbindlichkeiten** gegenüber Banken und Lieferanten abgenommen haben. **Die wirtschaftliche Situation der Solar-Wind AG hat sich innerhalb eines Jahres somit deutlich verbessert.**

Gestalten Sie auf Grundlage der Aussagen von Thomas Strätling Grundsätze für eine erfolgreiche Absatzpolitik.

AFB III

M1

Der Kommunikationsforscher Thomas Strätling zur Einführung des iPhones der Firma Apple (2007):

Apple profitiert von dem Markenimage, dass sich das Unternehmen in Teilen der Computerszene aufgebaut hat. Apple-Rechner gelten bei vielen als unkonventionell, anwenderfreundlich und verlässlicher als PCs, die unter Windows laufen. Vor allem aber: In der Welt des breiten, „schnäppchenorientierten" Massenkonsums werden ursprünglich aufregende Produkte heute sehr schnell austauschbar und trivial. Durch seine turbulente Firmengeschichte, seine spektakulären Produkteigenschaften und seine Positionierung als teurer, ursprünglich exklusiver Nischenanbieter konnte sich Apple bei vielen Verbrauchern ein glaubwürdiges David-Image als „Streiter gegen die entwertende Banalisierung des Massenkonsums" verschaffen. Das macht Apple-Produkte aus der Sicht vieler Verbraucher spannend und einzigartig. Mit dem iPhone versucht Apple nun, sich auch am überfüllten und eher langweiligen Handymarkt als hochwertiger Anbieter zu positionieren. Dieses Absetzen vom Rest der Welt gehörte schon immer zur Strategie von Apple. [...]
Auch mit dem iPhone begibt sich Apple in eine Gegenposition zum restlichen Handymarkt, der den Kunden kaum noch Möglichkeiten bietet, sich von der Masse abzugrenzen. Die Modellvielfalt und die immer schnelleren Modellwechsel sorgen für eine Entwertung des Produkts Handy, das längst zum austauschbaren Billigartikel geworden ist. Hinzu kommt, dass die Netzbetreiber die Geräte fast verschenken, um neue Vertragskunden zu gewinnen. Das bietet für Apple die Möglichkeit, mit hochwertigen, designorientierten Produkten eine Gegenposition einzunehmen – gegen die Geiz-ist-Geil-Mentalität. [...]
Apple hat hier eine besondere Position, weil alle anderen Hersteller sich fast ausschließlich über zusätzliche technische Eigenschaften definieren. Diesen aufrüstenden Technikfetischismus hat Apple nie mitgemacht. Es gibt natürlich technische Standards, die ich unbedingt haben muss, aber Apple verkauft nicht in erster Linie ein Produkt, sondern einen Lebensstil. [...]
Beim iPhone kommt noch eine Sache hinzu: Handys sind Persönlichkeitsausweise, die man auf den Tisch legt wie eine Zigarettenmarke. Seit sich praktisch jeder ein Handy leisten kann, ist diese Funktion verlorengegangen. Mit dem iPhone bringt Apple diese Differenzierungsmöglichkeit zurück. [...]
Apple nimmt damit die Rolle eines Gefährten in der verwirrenden Konsumwelt der Unterhaltungselektronik ein. Wichtig ist dabei nicht nur das Produkt, sondern die Geschichte dahinter. Nur damit kann man sich in Zeiten der Globalisierung von der Konkurrenz abheben. Und da hat Apple mit seinem Revoluzzer-Image und seiner bewegten Unternehmensgeschichte eine besonders starke Position.

(T. Strätling: Die Märkte als Selbstläufer. Aus: Stuttgarter Zeitung vom 29. 8. 2007)

8

AFB III

Fortsetzung: Gestalten Sie auf Grundlage der Aussagen von Strähling Grundsätze für eine erfolgreiche Absatzpolitik.

Nach Strätling sind folgende Aspekte wichtig für eine erfolgreiche Absatzpolitik der Firma Apple und ihres neuen Produkts iPhone:
Markenimage; hochwertige Produkte, die sich klar von Konkurrenzprodukten abgrenzen; designorientierte Produkte gegen die Langweiligkeit des Massenmarktes und die „Geiz-ist-Geil-Mentalität"; Betonung von Lebensstil und Prestige statt austauschbarem Technikprodukt und besondere Bindung zwischen Konsumenten und Unternehmen.

Strätlings Aussagen beziehen sich auf eine „besondere" Firma und ihre Produkte. Dies ist bei einer Verallgemeinerung der Aussagen zu berücksichtigen. Nach Strätling könnten **allgemeingültige Grundsätze** für eine erfolgreiche Absatzpolitik wie folgt lauten:

- Ein Unternehmen sollte genau überlegen, **wie sein Markenimage ist** und ob eine **Veränderung des Markenimages positive Auswirkungen auf den Absatz haben könnte.** In diese Überlegungen sind sowohl die Produkte des Unternehmens als auch ihre Wahrnehmung bei den Konsumenten einzubeziehen. Durch Veränderungen in der Produktlinie und in der Werbung kann – in Grenzen – ein neues Markenimage kreiert werden.
- **Alle Produkte eines Unternehmens sollten auf den Prüfstand.** Unterscheiden sich die Produkte von denen der Konkurrenten? Wenn ja, wodurch unterscheiden sie sich? Kann – außer über den Preis – etwas getan werden, um die **Akzeptanz der Produkte bei den Käufern zu erhöhen?** Sind die Konsumenten bereit, für Produkte des Unternehmens einen höheren Preis zu bezahlen, weil sie einen besonderen Mehrwert – sei es technisch, sei es vom Prestige her – in den Produkten sehen?
- Ein Unternehmen sollte überlegen, **auf welchen Märkten es mit welchen Produkten konkurrieren will.** Der Wechsel von einem Massenmarkt mit hohen Absatzzahlen und niedrigen Gewinnmargen in einen begrenzteren Markt mit höheren Gewinnmargen kann sich auszahlen.
- Ein Unternehmen sollte überlegen, wie es die **Loyalität der Kunden erhöhen kann.** Dies kann durch die Betonung bestimmter Eigenschaften des Produkts gelingen. Das Produkt sollte aus Sicht der Kunden begehrenswert sein und sich – zumindest im Hinblick auf Image und Prestige – deutlich von den Konkurrenzprodukten abheben.

9

Beurteilen Sie den Businessplan im Hinblick auf die betrieblichen Chancen und Risiken sowie die Finanzierung.

AFB III

M1

Die Tintenstation

Benjamin K. lebt in einem Stadtteil mit knapp 30 000 Einwohnern in einer süddeutschen Großstadt. In bester Einkaufslage kann er einen Laden mieten, der aus einem Raum von etwa 20 qm und einem kleinen Lagerraum besteht und eine große Schaufensterfläche hat. Er will eine Tintenstation eröffnen und das preiswerte Nachfüllen bzw. den preiswerten Ersatz von Druckerpatronen für Tintendrucker anbieten. Er rechnet sich gute Chancen aus, da er weiß, wie extrem teuer die originalen Tintenpatronen der Druckerhersteller sind. In seinem Stadtteil bietet bislang noch niemand diesen Service an. Da es in dem Stadtteil auch kein Computergeschäft gibt und er befürchtet, allein vom Nachfüllen der Tintenpatronen nicht existieren zu können, will er zusätzlich noch eine kleine Auswahl fertig konfigurierter Computer und etwas Computerzubehör anbieten. Er will den Laden allein betreiben und auf die Einstellung eines ständigen Mitarbeiters verzichten. Seine Schwester ist allerdings bereit, für wenig Geld bei Bedarf auszuhelfen. Auf teuere Werbung zum Geschäftsstart will er weitgehend verzichten und sich mit einigen preiswerten Anzeigen in den lokalen Anzeigenblättern begnügen.
Die Miete des Ladens beträgt 1200 € monatlich, die Renovierung und Einrichtung des Geschäfts kosten 20 000 € und die technischen Geräte für das Nachfüllen sowie eine Grundausstattung mit Tinten und Tintenpatronen 5000 €. Für die Aushilfsdienste seiner Schwester rechnet er mit 400–600 € monatlich. Benjamin K. hat 5000 € auf dem Sparbuch, 25 000 € leiht er sich von seiner Hausbank.

Ein **Businessplan** (Geschäftsplan) ist die Zusammenfassung eines unternehmerischen Vorhabens. Auf Grundlage einer **Geschäftsidee** werden die Strategie und die Ziele dargestellt, die mit der **Produktion,** dem **Vertrieb** und der **Finanzierung** eines Produkts oder einer Dienstleistung zusammenhängen. Bei einer **Unternehmensgründung** bildet der Businessplan die Grundlage der Kommunikation für die Gespräche mit Beratern, Banken und anderen Geldgebern zur Finanzierung des Vorhabens. Im Mittelpunkt des **Finanzierungsplans,** der gleichsam das Herzstück des Businessplans bildet, stehen Fragen nach der Höhe des einzusetzenden Kapitals und der Finanzierung durch **Eigen- und Fremdkapital.** Dabei ist zu überlegen, wie hoch der Kapitalbedarf in den verschiedenen Phasen der Existenzgründung ist – z.B. vor der Gründung und in der betrieblichen Anlaufphase. Nicht zu vergessen sind dabei der Kapitalbedarf zur Sicherung des persönlichen Lebensunterhaltes und die Kosten für den Kredit.

9

AFB III

Fortsetzung: Beurteilen Sie den Businessplan im Hinblick auf die betrieblichen Chancen und Risiken sowie die Finanzierung.

Grundsätzlich kann man davon ausgehen, dass die **Geschäftsidee** tragfähig ist. Tintenstrahldrucker haben sich bei Privatkonsumenten auf breiter Front durchgesetzt und werden auch in Betrieben immer häufiger eingesetzt. Während die Geräte preiswert sind, entstehen beim Nachkauf der Druckerpatronen bzw. Tinten der Druckerhersteller extrem hohe Kosten für die Verbraucher. Eine Nachfrage nach preiswerteren Alternativen zu den Originalpatronen der Hersteller dürfte vorhanden sein. Im Einzelnen gibt es folgende Chancen und Risiken:

- Von Vorteil sind die **zentrale Lage** des Ladengeschäfts (Laufkundschaft) und die Größe des Marktes (bevölkerungsreicher Stadtteil). Auch die Tatsache, dass es im Stadtteil keinen unmittelbaren Konkurrenten gibt, ist positiv.
- Ob der zusätzliche **Verkauf von Computern und Computerperipherie** gewinnbringend sein kann, ist fraglich, da Benjamin K. aus Platzgründen nur ein sehr beschränktes Angebot haben und kaum mit den Preisen der großen Anbieter (z. B. Elektronikmärkte) konkurrieren kann. Es ist jedoch nicht auszuschließen, dass Kunden, die eigentlich wegen der Dienstleistung „Tinte nachfüllen“ in den Laden kommen, auch von den anderen Angeboten Gebrauch machen. Als zweites geschäftliches „Standbein“ kann der Verkauf von Computern und Computerperipherie sinnvoll sein.
- Der **Kapitalbedarf** für die Existenzgründung ist relativ gering, ebenso das damit verbundene finanzielle Risiko. Von Nachteil ist, dass Benjamin K. weniger als 20 % des gesamten Kapitalbedarfs als **Eigenkapital** hat. Von Vorteil ist hingegen, dass die **laufenden Betriebskosten** überschaubar sind, da neben Miete (und Nebenkosten) keine weiteren nennenswerten Fixkosten anfallen. Die Kosten für die Beschäftigung seiner Schwester sind zudem variabel, da er ihre Hilfe nicht ständig braucht und er in der Startphase des Geschäftes möglichst darauf verzichten will.
- Die Kosten für Zinsen und Tilgung des langfristigen **Kredits,** den er von seiner Hausbank erhalten hat, belasten Benjamin K. monatlich nur mäßig.

Zusammenfassend lässt sich sagen, dass die Geschäftsidee tragfähig ist. Allerdings muss sich Benjamin K. wohl auf eine „Durststrecke“ einstellen, bis sein Geschäft einen bestimmten Bekanntheitsgrad erlangt hat.